*LES CLASSIQUES FRANÇAIS DU MOYEN AGE*
publiés sous la direction de MARIO ROQUES

# LA QUESTE
# DEL SAINT GRAAL

ROMAN DU XIII<sup>e</sup> SIÈCLE

ÉDITÉ PAR

**ALBERT PAUPHILET**

**PARIS**
LIBRAIRIE HONORÉ CHAMPION, ÉDITEUR
7, QUAI MALAQUAIS (VI<sup>e</sup>)

**1907**

© 1967 Editions CHAMPION Paris.
Reproduction et traduction, même partielles, interdites.
Tous droits réservés pour tous pays
y compris l'U.R.S.S. et les pays scandinaves.

# INTRODUCTION

### I. Manuscrits et éditions.

La *Queste del Saint Graal* (ou, selon une appellation qu'on trouve fréquemment dans les manuscrits, les *Aventures del saint Graal*) fut composée pour être liée au *Lancelot* en prose, qui s'attribue comme elle à Gautier Map. La *Mort Artur* se donne expressément pour l'épilogue du *Lancelot* et de la *Queste*, et s'attribue aussi à Gautier Map. En outre le *Grand Saint Graal* ou *Estoire du Graal* et le *Merlin* se rattachent également à cet ensemble, dont ils forment le prologue. On appelle communément cycle de Map ou du *Lancelot-Graal* la série composée de ces romans, rangés comme suit : *Estoire*, *Merlin* et sa suite ordinaire, *Lancelot*, *Queste* et *Mort Artur*.

Il est possible que certaines parties de ce vaste ensemble aient été plus remaniées que d'autres avant d'arriver à l'état où nous les possédons. On ne saurait donc parler d'une date générale de composition. Pour ce qui est de la *Queste*, comme elle utilise le poème de Robert de Borron et qu'à son tour elle est utilisée par Manessier, elle se place entre ces deux écrivains ; on peut admettre la date moyenne de 1220. C'est dire que l'attribution à Gautier Map, mort avant 1210, est fantaisiste et qu'il n'y a pas lieu de la discuter.

Manuscrits. — Voici les manuscrits actuellement connus de la *Queste* :

Paris, Bibliothèque nationale. Ms. fr. n° 98 (ffos 636-685), magnifique ms. du XVe siècle, qui contient tout le cycle de Map (désigné par la lettre *M*). — Fr. 110 (ffos 405-440), XIIIe s. ; ms. cyclique (*P*). — Fr. 111 (ffos 236-268), XVe s. ; contient *Lancelot*,

*Queste* et *Mort Artur* (*Q*). — Fr. 112 (ff⁰ˢ 1-182), daté de 1470 ; compilation qui mêle à la *Queste* des fragments du *Tristan* et du *Palamedes*. — Fr. 116 (ff⁰ˢ 611-677), xv⁰ s. ; dernier volume d'un cycle en 4 tomes à pagination continue (*N*). — Fr. 120 (ff⁰ˢ 522-564), xiv⁰ s. ; dernier tome d'un cycle qui comprend les mss. 117 à 120 (*O*). — Fr. 122 (ff⁰ˢ 219-272), daté de 1344 ; fin du *Lancelot, Queste, Mort Artur* (*L*). — Fr. 123 (ff⁰ˢ 197-228), xiv⁰ s. ; fin du *Lancelot, Queste, Mort Artur*. — Fr. 339 (ff⁰ˢ 231-263), xiii⁰ s. ; *Lancelot, Queste, Mort Artur* (*A*). — Fr. 342 (ff⁰ˢ 58-150), daté de 1274 ; fin du *Lancelot, Queste* et *Mort Artur* (ce dernier texte publié par J. Douglas Bruce, Halle, 1910) (*D*). — Fr. 343 (ff⁰ˢ 1-105), xiv⁰ s. ; *Queste* et *Mort Artur* (*B*). — Fr. 344 (ff⁰ˢ 476-517), xiii⁰ s. ; cycle de Map, la perte de quelques feuillets a enlevé la fin de la *Queste* (*R*). — Fr. 751 (ff⁰ˢ 350-415), xiii⁰ s. ; *Lancelot, Queste* (une lacune au début), *Mort Artur* (*V*). — Fr. 768 B (ff⁰ˢ 178-199), xiv⁰ s. ; *Lancelot* et fragment final de la *Queste*. — Fr. 771 (ff⁰ˢ 145-206), xiii⁰ s. ; fin du *Lancelot* et *Queste* (*X*). — Fr. 1423-1424, xiii⁰ s. ; avec le n⁰ 1422, contient la fin du *Lancelot, Queste* et *Mort Artur* (*Y*). — Fr. 12573 (ff⁰ˢ 182-256), fin du xiii⁰ s. ; fin du *Lancelot, Queste* et *Mort Artur* (*T*). — Fr. 12580 (f⁰ 152 sqq.), xiii⁰ s. ; fin du *Lancelot, Queste* et *Mort Artur* incomplète (*U*). — Fr. 12581 (ff⁰ˢ 1-83), xiii⁰ s. ; *Queste* seule et diverses pièces (*C*). — Fr. 25520, xiii⁰ s. ; *Queste* seule (*U'*). — Nᵒˡˡᵉˢ acq. fr. 1119 (ancien ms. Didot), xiii⁰ s. ; fin du *Lancelot* et *Queste* (*Z*).

Paris, Bibliothèque de l'Arsenal. Ms. 3347 (p. 214), xiii⁰ s. ; fin du *Lancelot, Queste, Mort Artur* (*Aa*). — 3480 (pp. 490-590), xv⁰ s. ; forme, avec le n⁰ 3479, un cycle *Lancelot-Graal* complet (*Ac*). — 3482 (pp. 395-539), xiv⁰ s. ; fin. du *Lancelot, Queste* et *Mort Artur* (*Ad*). — 5218, daté de 1351 ; *Queste* et une chronique (*Ab*).

Lyon, Palais des Arts. Ms. n⁰ 77 (ff⁰ˢ 160-225), xiii⁰ s. ; *Lancelot, Queste* et *Mort Artur* (*K*).

Bruxelles, Bibliothèque royale. Mss. 9627-9628 (ff⁰ˢ 1-68), xiii⁰ s. ; *Queste* et *Mort Artur*.

Londres, British Museum. Royal 14.e.iii. (f⁰ 89), xiv⁰ s. ;

*Estoire, Queste* et *Mort Artur* (*S*). — Roy. 19.c.xiii (fº 280),
xiiiᵉ s. ; *Lancelot, Queste, Mort Artur*. — Roy. 20.c.vi (fº 113),
xivᵉ s. ; fin du *Lancelot, Queste, Mort Artur*. — Add. 10294,
xivᵉ s. ; avec les nᵒˢ 10292 et 10293, forme un cycle de Map (*S'*).
— Add. 17443 (ffᵒˢ 1-62), xiiiᵉ s. ; *Queste* et *Mort Artur*.

CHELTENHAM, PHILLIPS COLLECTION. Nº 130, xivᵉ s. ; fin du
*Lancelot, Queste, Mort Artur*. — 1046, xiiiᵉ s. : *Lancelot, Queste,
Mort Artur*. — 3630, daté de 1301 ; *Lancelot, Queste, Mort Artur*.

MANCHESTER. Ms. John Ryland, xivᵉ s. ; fin du *Lancelot, Queste,
Mort Artur*.

OXFORD, BODLEIAN LIBRARY. Ms. Rawlinson D. 89, xivᵉ s. ; fin
du *Lancelot, Queste, Mort Artur*. — Rawlinson D. 874, xvᵉ s. ;
*Queste, Mort Artur*. — Digby 223, xivᵉ s. ; fin du *Lancelot, Queste,
Mort Artur*.

De tous ces mss., trois seulement présentent des versions particulières de la *Queste*. Ce sont : 1) B. N. 123 ; rédaction à la fois abrégée et indépendante : les coupures y sont très nombreuses, et aussi les passages remplacés par des équivalents plus courts ; sans intérêt pour la connaissance de la *Queste*. — 2) B. N. 343 ; essai d'adaptation de la *Queste* à quelque compilation cyclique : c'est moins une version particulière qu'une contamination obtenue en intercalant, entre les épisodes de la fin de la *Queste*, exactement reproduits, des récits relatifs à Tristan, Palamède, Sagremor, etc... ; c'est là ce qu'on appelle la *Queste* de Robert de Borron, et ce n'est qu'un remaniement de la *Queste* ordinaire, contrairement à ce qu'avait cru Gaston Paris. — 3) B. N. 112 ; composition très analogue au ms. précédent ; c'est aussi une contamination libre de la *Queste* et du *Tristan* en prose : les morceaux de la *Queste* sont, comme dans le ms. 343, assez fidèlement copiés pour qu'on y reconnaisse le texte d'une famille de mss. bien déterminée. — En somme ces trois mss., loin de représenter un état de la *Queste* distinct de la version ordinaire, procèdent de cette version. Il est illusoire d'y chercher, avec certains érudits, les traces d'une prétendue version archaïque, car leurs auteurs ont travaillé sur des mss. de la *Queste* tout semblables aux nôtres, comportant déjà des altérations que nous y reconnaissons. Dans l'établissement du texte de la véritable *Queste*, il n'y a pas à en tenir compte [1].

Certains mss. présentent quelques autres particularités qu'il y a lieu de signaler.

*a*) *Prologue*. Entre la fin du *Lancelot* et le commencement de la *Queste*, *O* et *Ac* intercalent une manière de prologue composé d'une invocation à la Trinité, d'une généalogie du Bon Chevalier, puis d'un passage où la gloire d'Artus est présentée comme à son déclin. Quelques lignes annoncent ensuite, comme dans le *Tristan*, que les chevaliers arrivent en foule à la cour, puis vient le début de la *Queste* : « A la veille de la Penthecouste... » Il est clair que ce n'est là qu'une fantaisie individuelle, surajoutée à la *Queste* ordinaire.

*b*) *Epilogue*. Le début de la *Mort Artur* est un retour sur les événements de la *Queste* : il fait le compte des compagnons de la Table Ronde morts dans l'aventure du Graal. Trois mss., *Q*, *T*, *X*, placent ce passage à la fin de la *Queste*. Mais cette idée de récapituler les événements de la *Queste* d'un point de vue si particulier n'a rien à voir avec le sujet même de la *Queste*, et ne pouvait venir qu'à un auteur désireux de conter la destruction de la Table Ronde, ce qui est précisément le sujet de la *Mort Artur*. La *Queste* se termine naturellement avec la disparition du Graal et la mort des deux chevaliers dont le Graal est l'unique raison d'être : Perceval et Galaad.

*c*) Enfin, dans les dernières pages, *V* et *Ad* intercalent quelques petits développements, notamment la description d'un tournoi où Galaad et Perceval font merveille ; enjolivements sans intérêt, qui prouvent avec quelle facilité les copistes de romans en prose se faisaient remanieurs à l'occasion.

EDITIONS. — 1) *La Queste del Saint Graal*, ed. by F. J. Furnivall ; in-4, Londres, Roxburghe Club, 1864 ; reproduit le ms. *S*. 2) H. O. Sommer, *The Vulgate version of the Arthurian romances*,

---

1. Pour l'exposé détaillé et la justification des opinions résumées dans cette introduction, le lecteur pourra se reporter à mes *Etudes sur la Queste del Saint Graal*.

t. VI, pp. 1-199 ; in-4, Washington, Carnegie Institution, 1913 ; reproduit le texte de S', corrigé d'après d'autres mss. de Londres, qui ne sont pas toujours indiqués.

ÉTABLISSEMENT DE LA PRÉSENTE ÉDITION. La collation méthodique des mss. permet les constatations suivantes :

I. Tous nos mss. de la *Queste* proviennent d'une même copie déjà altérée.

II. Les mss. *A*, *B*, *C*, *D*, *O*, *Ac*, forment une famille, que nous appellerons la famille β. Elle se divise en deux groupes, *A B C D* d'une part, et *O Ac* d'autre part.

III. Tous les autres mss. sont apparentés entre eux, et constituent la famille α. On y reconnaît plusieurs groupes : *N P Y S S'* ; *V* et *Ad* ; enfin *KRZ*, auquel se rattachent *TX*, puis, à un degré moins proche, *U, Aa, M, U', Ab, Q, L*, et les deux mss. de Londres Add. 17443 et Roy. 20.C.VI.

Chacun de ces groupes représente ce qu'on peut appeler une version de la *Queste*. Et ces versions diffèrent entre elles non seulement par leurs fautes, mais par de nombreuses petites variantes de pure forme, dues au caprice individuel des copistes. Vouloir appliquer ici la méthode critique ordinaire serait un labeur infini et sans doute vain. Nous avons préféré une autre méthode, dont voici les principes tout empiriques :

1º Prendre pour base de l'édition la version la plus satisfaisante, et en adopter telle quelle la rédaction.

2º Mais cette version, quelle que soit sa valeur propre, ne représente théoriquement qu'*un* des états de la tradition ; reproduite telle quelle, elle manquerait d'autorité, autant que les éditions précédentes. En outre elle contient nécessairement des fautes particulières, dont d'autres versions sont indemnes. D'où le second principe : contrôler et corriger cette version à l'aide de mss. convenablement choisis.

Ces principes ont été appliqués de la façon suivante :

1º Divers arguments permettent de démontrer que seules les versions *ABCD* et *KRZ* sont propres à servir de base, et que *KRZ* est préférable. Nous l'avons donc choisie, en adoptant la graphie de *K*, qui est la plus constante.

2º Pour le contrôle et la correction de cette version, les mss. collationnés sont : *A* (accessoirement *D*), *S* (accessoirement *S'*), et *V* (accessoirement *Ad*). En effet, partout où notre version de base, — qui appartient à la famille α, — est d'accord avec *A*, — qui est le meilleur de la famille β, — elle doit être tenue pour suffisamment établie. Il en est ainsi pour la plus grande partie du texte. Lorsqu'il y a désaccord, la collation des deux autres mss. α, c'est-à-dire de *S* (*S'*) et *V* (*Ad*), intervient et fournit encore ou bien de légitimes corrections ou, à tout le moins, un contrôle utile de notre texte. Contrôle, si *S* et *V* appuient notre version de base : elle apparaît alors comme la leçon même de la famille α, et non comme une variante particulière. Correction, si *S* ou *V* ou tous deux s'accordent avec *A* : car cette leçon, étant commune à des mss. α et β, doit être préférée à la rédaction particulière de *KRZ*. Par ces moyens, notre texte peut donc être corrigé des erreurs, assez peu nombreuses, qui sont particulières au groupe *KRZ* ; et surtout il devient digne d'être considéré comme assez authentique et assez exempt des caprices des remanieurs pour permettre l'étude littéraire de la *Queste*.

## II. L'AUTEUR ET L'ŒUVRE.

L'auteur de la *Queste* manifeste en de nombreux passages son intention d'opposer son œuvre à la littérature en vogue de son temps. Il méprise la vaillance, les exploits purement chevaleresques, réprouve l'amour, dont il affecte de confondre la forme « courtoise » avec le « vil péché de luxure ». Il emprunte aux romans de la Table Ronde, et spécialement au *Lancelot*, certains de leurs plus brillants héros, Gauvain, Yvain, Lancelot, Hector ; mais c'est pour leur donner des rôles piteux. Par ce moyen et par divers autres procédés, il donne dès le début de son livre l'impression qu'autour du Graal le monde prend un aspect nouveau, où la valeur traditionnelle des hommes et des choses est renversée.

Plusieurs passages décrivent l'apparition du Saint Graal et les effets de sa présence, sans que l'auteur ait jamais expliqué complètement l'idée qu'il se faisait du Vase mystérieux. De la comparaison de ces passages on peut cependant inférer que les attributs du Graal sont ceux mêmes de Dieu : immatériel, omniprésent, entouré des êtres célestes, il a la toute-puissance et la grâce miraculeuse : c'est le symbole de Dieu.

La « quête » du Graal, par suite, n'est, sous le voile de l'allégorie, que la recherche de Dieu, que l'effort des hommes de bonne volonté vers la connaissance de Dieu. Ce livre, sous l'apparence d'un roman de chevalerie, est un tableau de la vie chrétienne telle que pouvait l'observer ou la rêver une conscience du XIIIe siècle.

Quelques traits de ce tableau montrent que l'auteur était informé des questions de théologie, de liturgie ou de politique ecclésiastique qui se posaient de son temps. Sur la transsubstantiation, sur l'Elévation, sur l'intercession des saints, sur la manière de traiter les infidèles, il a exprimé des opinions précises. Mais il s'est surtout attaché à dépeindre la vie morale de l'homme. Il la représente comme un aspect particulier de la lutte universelle du bien contre le mal, de Dieu contre Satan. L'homme combat par la foi, la piété, l'austérité, contre les vices, dont les plus redoutables sont la luxure et l'orgueil. Mais les Puissances spirituelles l'environnent et se mêlent à sa lutte ; leur action échappe aux lois de la réalité humaine, ignore la distinction du possible et de l'impossible : elle est essentiellement miraculeuse. Aussi la vie terrestre est-elle toute baignée de surnaturel et, par suite, la *Queste* est-elle remplie d'irréalité : navires sans équipage qui transportent les héros aux lieux précis où ils doivent aller, champions aux prouesses surhumaines, néophytes qui pendant des mois vivent de la grâce de Dieu, hommes et choses qui échappent durant des siècles à l'universelle fragilité.

Les bons sont ceux qui défendent bien la cause de leur « seigneur céleste », les hommes de foi pure et d'énergique vertu ; mais surtout ce sont ceux qui savent démêler, parmi la fantasmagorie des apparences, les volontés divines qui s'y manifestent : ce sont ceux qui comprennent le sens mystique de l'univers. Ascétisme et mysticisme, ainsi pourrait se résumer la doctrine.

Au sommet du monde chrétien, l'auteur de la *Queste* place,

comme il est naturel, les prêtres, mais plutôt les moines, et particulièrement les Cisterciens. Ses descriptions des religieux, ses allusions précises aux règles et usages monastiques, même ses opinions en matière de dogme et de liturgie, tout concorde avec ce qu'on sait de l'ordre de Cîteaux au début du XIII<sup>e</sup> siècle. Certaines scènes du roman présentent des ressemblances, trop étroites pour être fortuites, avec des légendes proprement cisterciennes. Il est même plusieurs passages où l'on doit voir un reflet des rêves théocratiques que Cîteaux, comme tous les grands ordres, caressa à son heure. Ce sont des « moines blancs » qui expliquent le sens spirituel des événements, qui conseillent, qui dirigent, qui arment les chevaliers et les princes. Cîteaux apparaît ici non seulement comme la plus haute expression de l'idéal chrétien, mais comme la conductrice même du monde.

La *Queste* est donc une description de la vie chrétienne telle qu'on la concevait à Cîteaux. Et cette description revêt la forme du roman grâce à une fiction d'ensemble et à des personnages typiques dont les aventures ont un sens figuré.

La fiction d'ensemble, c'est le thème de la « quête » du Graal, tel que l'avait déjà traité Chrétien de Troyes. Mais pour s'accorder avec les idées nouvelles de l'auteur, avec sa conception particulière du Graal lui-même, les traits traditionnels de la légende ont dû être profondément modifiés. Il ne subsiste plus guère ici qu'un souvenir décoloré, à peine reconnaissable, du château du Graal, du vieux « Roi Méhaignié », gardien du vase merveilleux, et des circonstances qui accompagnaient l'apparition du héros libérateur. Manifestement l'auteur a dédaigné de parti-pris les trésors que lui offrait un des plus beaux contes du monde. Il n'en a guère conservé, outre le cadre, si commode, de la « quête », que des noms prestigieux et ce parfum d'étrangeté surnaturelle qui reste pour toujours attaché aux débris de l'antique légende.

Quant aux personnages, ils représentent divers types d'humanité, jugés du point de vue religieux et échelonnés depuis l'impiété jusqu'à la sainteté. Les uns sont des réprouvés : Lyonel, Hector, Yvain, Gahieret, Gauvain surtout : les grands noms de la Table

Ronde. Gauvain est le plus intéressant : ce n'est ni un scélérat ni un méchant ; il est brave, loyal, généreux, aimé de tous ; mais il est perverti par l'esprit mondain, par l'amour des femmes et la folie de la gloire militaire ; la pratique de la religion est le moindre de ses soucis, et il refuse de renoncer à son erreur. Gauvain, c'est la chevalerie courtoise jugée selon l'esprit cistercien.

Lancelot représente ici le pécheur repentant. Depuis sa prime jeunesse il aime la reine Gueniève, et cet amour, selon la loi de « courtoisie », l'a engagé à s'efforcer toujours vers plus de vaillance, de générosité et de gloire. Mais un jour, éclairé par des aventures singulières, il comprend soudain le crime de son amour et l'erreur de cette vie que le monde admire. Il se convertit, mais sans pouvoir se déprendre tout à fait de son illusion chère, comme si une longue existence passée dans le péché laissait l'âme meurtrie et impuissante à s'élever très haut. Il avait gardé dans le mal quelque chose de sa noblesse native, mais il garde aussi dans le bien quelque chose de sa coupable légèreté. Vertu trébuchante et chancelante, pénitent ballotté du repentir à la rechute, véritable « âme du Purgatoire ». Cette étude pénétrante, ingénieuse, d'un caractère où le bien et le mal se mêlent en nuances subtiles, fait de Lancelot, sinon le héros, du moins le personnage le plus vivant de la *Queste*.

Les élus enfin. Ils sont trois : l'un, Bohort, est le type du saint laborieux, exact, qui gagne le paradis à la sueur de son front ; Perceval, au contraire, symbolise l'ingénuité, la candeur, la simplicité enfantine ; Galaad, le dernier, est le héros parfait, conçu à l'image de Jésus. Son nom même est un des synonymes mystiques du Christ ; ses aventures révèlent en lui un sauveur, un rédempteur, un juge : souvent elles laissent entrevoir une ressemblance symbolique avec des récits de l'Evangile. Un épisode même, celui de la Nef de Salomon, n'est autre chose qu'une adaptation de la célèbre légende de la Croix. On sait que cette légende faisait provenir, à travers une série d'aventures, le bois de la Croix de l'Arbre de la Science : elle rendait ainsi plus sensible l'unité du grand drame qui, commencé par la faute d'Adam et d'Eve, s'achevait par la mort rédemptrice de Jésus. La *Queste* donne de ce poétique récit une version particulière, remarquable à plus d'un titre, et qui, substituant Galaad à Jésus, aboutit non plus à la Passion, mais à la « Quête » du Saint Graal. Notre auteur, on le voit, poussait jusqu'aux plus hardies conséquences cette idée, dont son siècle était imbu, que la grande règle de la vie sainte est l'imitation de Jésus-Christ.

C'est l'abstraction, dans la *Queste*, qui préexiste à la forme romanesque et la détermine. L'auteur combine les détails des épisodes et ordonne les épisodes eux-mêmes uniquement en vue de l'expression des idées. Il compose, si l'on peut dire, dans le plan abstrait et traduit ensuite en langage de roman. Il pouvait déjà trouver, dans la littérature cistercienne, des exemples d'écrits édifiants mis sous forme narrative : le *Dialogus de Miraculis* de Césaire de Heisterbach, notamment, où divers points de doctrine sont successivement exposés, illustrés par des histoires miraculeuses entrecoupées de commentaires. La *Queste*, pour donner à ses personnages des aventures qui eussent une signification religieuse, utilise aussi les récits de miracles ; mais le procédé qu'elle emploie le plus généralement est celui de l'allégorie mystique. Dès longtemps les écrivains religieux, et particulièrement les commentateurs de la Bible, avaient créé une sorte de vaste répertoire de correspondances entre les choses spirituelles et les apparences concrètes des phénomènes. Les formes et les couleurs, les pierres précieuses et les bêtes sauvages, tout avait un sens caché, tout était symbole et équivalent mystique. L'auteur de la *Queste* trouvait là de quoi composer à chacun de ses personnages une biographie qui, tout en ayant l'air d'un conte fantastique, fût en réalité l'illustration d'une pensée systématique. Peu lui importaient, dès lors, les incohérences apparentes de son récit, et notamment les discordances qu'on peut relever dans la chronologie des divers épisodes. Les parties de son livre tiennent ensemble non par leur forme narrative, mais par leur signification morale.

Considérée de cette manière, la *Queste*, au lieu de s'éparpiller en une multitude d'aventures individuelles, offre la belle et simple ordonnance de trois grands ensembles qu'on pourrait intituler : le *Départ*, les *Épreuves*, les *Récompenses*. La première partie est comme un prélude : ce sont les annonciations, la peinture de l'attente universelle, puis l'apparition du Bon Chevalier, celle du Graal, et la dispersion de la Table Ronde, fin des joies et des fêtes mondaines. La deuxième partie, ce sont les épreuves subies par chacun des personnages, et qui servent à définir leurs caractères, à classer leurs mérites. Enfin, dans la troisième partie, seuls les élus paraissent : c'est d'abord le conte messianique de la Nef de Salomon, puis les trois grandes scènes de la liturgie du Graal, analogues et pourtant savamment graduées, qui conduisent finalement les héros, par-delà le monde des vivants, en une cité qui est le transparent symbole de la Jérusalem céleste.

Au service de ces conceptions larges et fortes, l'auteur de la *Queste* a mis un incontestable talent d'écrivain. Plus habile à noter les nuances de la pensée abstraite ou des sentiments que le détail concret des choses, il a écrit quelques pages d'analyse psychologique qui sont parmi les meilleures du moyen âge. Mais les morceaux les plus achevés de son livre sont certainement les modèles de sermons qu'il y a enchâssés en plusieurs endroits, notamment dans le rôle de Lancelot. Bien qu'il eût une imagination riche et singulière, il était, semble-t-il, plus orateur encore que poète ; ses meilleures phrases sont des périodes remarquables de netteté, d'ampleur et d'harmonie. Enfin sa langue est savante, recherchée et, pour le temps, particulièrement abondante en latinismes.

Ce livre subtil et artiste participa à la célébrité du *Lancelot*, auquel il était lié. Néanmoins il paraît avoir été très vite mal compris. Remanié, encombré de nouveaux personnages dont les aventures n'avaient rien de commun avec l'intention morale du premier auteur, il fut mis sous le nom de Robert de Borron et, en cet état, incorporé à la vaste compilation qu'est le *Tristan* en prose. Dans le même temps il fut utilisé par Manessier, le dernier des continuateurs du *Conte del Graal* de Chrétien de Troyes. Mais on en trouve jusqu'à la fin du moyen âge des copies assez fidèles, soigneuses, parfois somptueuses ; preuve que cet étrange et noble roman exerça sur les esprits une longue séduction, à laquelle on peut encore aujourd'hui n'être pas insensible.

BIBLIOGRAPHIE. — Parmi les nombreux ouvrages consacrés à la légende du Graal, ceux qui donnent à la *Queste* une attention particulière sont :

*Merlin*, pp. G. Paris et Ulrich ; Paris, 1886, Société des Anciens Textes (Introduction).

Heinzel, *Uber die französischen Gralromane* (Denkschr. der K. u. K. Wiener Akad., XL, 1891).

A. Pauphilet, *La Queste du ms. B. N. fr. 343* (*Romania*, XXXVI, 1907).

F. Lot, *Etudes sur le Lancelot en prose* (Bibl. de l'Ecole des Hautes Etudes, fasc. 226) ; Paris, 1918.

A. Pauphilet, *Etudes sur la Queste del Saint Graal* ; Paris, Champion, 1921.

# LA QUESTE DEL SAINT GRAAL

A la veille de la Pentecoste, quant li compaignon de la Table Reonde furent venu a Kamaalot et il orent oï le servise et l'en vouloit metre les tables a hore de none, lors entra en la sale a cheval une molt bele damoisele; et fu venue si grant oirre que bien le pooit l'en veoir, car ses chevaus en fu encore toz tressuez. Et ele descent et vient devant le roi; si le salue, et il dit que Diex la beneie. « Sire, fet ele, por Dieu, dites moi se Lancelot est ceenz. » — « Oïl voir, fet li rois, veez le la. » Si li mostre. Et ele va maintenant la ou il est et li dit : « Lancelot, je vos di de par le roi Pellés que vos avec moi venez jusqu'en cele forest. » Et il li demande a qui ele est. « Je sui, fait ele, a celui dont je vos parol. » — « Et quel besoign, fet il, avez vos de moi ? » — « Ce verroiz vos bien », fet ele. — « De par Dieu, fet il, et je irai volentiers. »

Lors dist a un escuier qu'il mete la sele en son cheval et li aport ses armes. Et cil si fet tout maintenant. Et quant li rois et li autre qui ou palés estoient voient ce, si lor en poise molt. Et neporquant, quant il voient qu'il ne remaindroit, il l'en lessent aler. Et la reine li dit : « Que est ce, Lancelot, nos lairez vos a cest jor qui si est hauz ? » — « Dame, fet la damoisele, sachiez que vos le ravroiz demain ceenz ainz hore de disner. » — « Or i voist donc, fet ele ; car se il demain ne deust revenir, il n'i alast hui par ma volenté. » Et il monte et la damoisele ausi.

Si se partent de laienz sanz autre congié et sanz plus de compaignie, fors seulement d'un escuier qui avec la damoisele estoit venuz. Et quant il sont issu de Kamaalot, si chevauchent tant qu'il sont en la forest venu. Si se metent ou grant chemin ferré et errent bien la moitié d'une liue, et tant qu'il vindrent en une valee. Et lors voient devant els en travers dou chemin une abeie de nonains. Et la damoisele torne cele part si tost come il sont pres. Et quant il vindrent a la porte, si apele li escuiers et len li uevre, et il descendent et entrent enz. Et quant cil de laienz sorent que Lancelot estoit venuz, si li vont tuit a l'encontre et li font molt grant joie. Et quant il l'orent mené en une chambre et il fu desarmez, si voit jesir ses deus cousins Boort et Lyonel en deus liz. Et lors est a merveilles liez. Si les esveille; et quant il le voient, si l'acolent et besent. Et lors comence la joie que li cousin firent li uns de l'autre. « Biax sire, fet Boors a Lancelot, quele aventure vos a ça amené ? Ja vos cuidions nos trover a Kamaalot. » Et il lor conte coment une damoisele l'a laienz amené, mes il ne set onques por quoi.

Et endementiers qu'il parloient einsi, si entrerent laienz troi nonains qui amenoient devant eles Galaad, si bel enfant et si bien taillié de toz membres que a peines trovast len son pareil ou monde. Et cele qui estoit la plus dame le menoit par la main et ploroit mout tendrement. Et quant ele vint devant Lancelot, si li dist : « Sire, je vos ameign nostre norriçon, itant de joie com nos avons, nostre confort et nostre espoir, que vos en façoiz chevalier. Car de nul plus preudome de vos ne porroit il, a nostre cuidier, recevoir l'ordre de chevalerie. » Il regarde l'enfant, si le voit garni de toutes biautez si merveilleusement qu'il ne cuide mie qu'il veist onques mes de son eage si bele forme d'ome. Et par la simplece qu'il i voit i espoire il tant de bien qu'il li

plest molt qu'il le face chevalier. Si respont as dames que
de ceste requeste ne lor faudra il ja, et que volentiers le
fera chevalier, puis que eles le vuelent. — « Sire, fet cele qui
le menoit, nos volons que ce soit anuit ou demain. » —
« De par Dieu, fet il, il sera einsi com vos le voulez. »

Cele nuit demora laienz Lancelot et fist toute la nuit
veillier le vaslet au mostier, et a l'endemain a hore de
prime le fist chevalier, et li chauça l'un de ses esperons et
Boorz l'autre. Aprés li ceint Lancelot l'espee et li dona
la colée, et li dist que Diex le feist preudome, car a biauté
n'avoit il mie failli. Et quant il li ot fet tout ce que a novel
chevalier apartenoit, si li dist : « Biaux sire, vendrez vos
avec moi a la cort mon seigneur le roi Artuz ? » — « Sire,
fait il, nanil, avec vos n'irai je pas. » Et lors dist Lancelot a
l'abeesse : « Dame, soffrez que nostre noviaus chevaliers
viegne avec nos a la cort mon seignor le roi. Car il amen-
dera assez plus d'estre la que de ci demorer avec vos. » —
« Sire, fet ele, il n'ira pas ore ; mes si tost com nos cuiderons
qu'il en soit lex et mestiers, nos l'i envoierons. »

Et lors se part Lancelot de laienz entre lui et ses compai-
gnons ; et chevauchent ensemble tant qu'il sont venu a Kamaa-
lot a hore de tierce, et li rois ert alez au mostier por oïr la
messe a grant compaignie de hauz homes. Et quant li troi cou-
sin furent venu, si descendirent en la cort et monterent en la
sale en haut. Et lors comencierent a parler de l'enfant que
Lancelot avoit fet chevalier ; si dist Boorz qu'il n'avoit
onques veu home qui tant resemblast Lancelot come cil
fesoit. « Et certes, fet il, je ne creroie ja mes riens se ce
n'est Galaad, qui fu engendrez en la bele fille au Riche Roi
Pescheor ; car il retret a celui lignage et au nostre trop
merveilleusement. » — « Par foi, fet Lyoniaus, je croi bien
que ce soit il, car il resemble molt bien mon seignor. »
Grant piece parlerent de ceste chose por savoir s'il en

tresissent riens de la bouche Lancelot ; mes a parole que il
deissent de ceste chose ne respondi il onques a cele foiz.

Et en ce qu'il orent lessié a parler de ce, si regarderent
par les sieges de la Table Reonde et troverent en chascun
leu escrit : Ci doit seoir cil. Et einsi alerent tant qu'il
vindrent au grant siege que len apeloit le Siege Peril-
leux. Et lors i troverent lettres qui i avoient novelement
esté escrites, ce lor fu avis. Et il regardent les lettres qui
dient : .cccc. anz et .liiii. sont acompli emprés la Passion
Jhesucrist ; et au jor de la Pentecouste doit cist sieges
trover son mestre. Et quant il voient ces lettres, si dient li
uns a l'autre : « Par foi, ci a merveilleuse aventure ! » — « En
nom Deu, fet Lancelot, qui a droit voldroit conter le terme de
cest brief des le resuscitement Nostre Seignor jusqu'a ore, il
troveroit, ce m'est avis, par droit conte que au jor d'ui doit
estre cist sieges aempliz ; car ce est la Pentecoste apres les
.cccc. ans et .liiij. Et je voldroie bien que nus ne veist mes
hui ces letres devant que cil sera venuz qui ceste aventure
doit escheoir. » Et il dient que le veoir destorneront il bien :
si font aporter un drap de soie et le metent ou siege por
covrir les lettres.

Quant li rois fu revenuz del mostier et il vit que Lance-
lot fu venuz et il ot amené Boort et Lyonel, si lor fet molt
grant joie, et dit que bien soient il venu. Et la feste comence
par laienz grant et merveilleuse, car mout sont liez li
compaignon de la Table Reonde de la venue as deus freres.
Et messires Gauvains lor demande coment il l'ont puis fet
qu'il se partirent de cort. Et il dient : « Bien, Dieu merci » ;
car il ont toz jorz esté sainz et haitiez. — « Certes, fet mes-
sires Gauvains, ce me plest mout. » Granz est la joie que cil
de la cort font a Boort et a Lyonel ; car piec'a mes qu'il
nes avoient veuz.

Et li rois comande que les napes soient mises, car il est

tens de mengier, ce li est avis. — « Sire, fet Kex li seneschaux, se vos asseez ja au disner, il m'est avis que vos enfraindroiz la costume de ceanz. Car nos avons veu toz jorz que vos a haute feste n'asseiez a table devant que aucune aventure fust en vostre cort avenue voiant toz les barons de vostre ostel. » — « Certes, fet li rois, Kex, vos dites voir. Ceste costume ai je toz jors tenue et la tendrai tant come je porrai. Mes je avoie si grant joie de Lancelot et de ses cousins qui estoient venu a cort sain et haitié qu'il ne me sovenoit de la costume. » — « Or vos en soviegne », fet Kex.

Endementres qu'il parloient einsi, si entra laienz uns vaslez qui dist au roi : « Sire, noveles vos aport molt merveilleuses. » — « Queles? fet li rois. Di les moi tost. » — « Sire, la aval desoz vostre palés a un perron grant que j'ai veu floter par desus l'eve. Venez le veoir, qar je sai bien que ce est aventure merveilleuse. » Et li rois descent maintenant por ceste merveille veoir, et si font tuit li autre. Et quant il sont venu a la rive, si troevent le perron qui estoit oissuz de l'eve, et estoit de marbre vermeil ; et ou perron avoit une espee fichee, qui molt estoit et bele et riche par semblant ; et en estoit li ponz d'une pierre preciose ovrez a letres d'or molt soutilment. Et li baron regardent les letres qui disoient : JA NUS NE M'OSTERA DE CI, SE CIL NON A CUI COSTÉ JE DOI PENDRE. ET CIL SERA LI MIELDRES CHEVALIERS DEL MONDE. Et quant li rois voit ces letres, si dit a Lancelot : « Biau sire, ceste espee est vostre par bon droit, qar je sai bien que vos estes li mieldres chevaliers del monde. » Et il respont toz corouciez : « Certes, sire, ne ele n'est moie ne je n'avroie le corage de mettre i main, ne le hardement : car je ne suiz mie dignes ne soffisanz que je la doie prendre. Et por ce m'en tendrai je et n'i metrai ja la main : car ce seroit folie se je tendoie a avoir la. » — « Toutes voies, fet li rois, i essaierez vos se vos la porriez oster. » — « Sire, fet il,

non ferai ge. Car je sai bien que nus n'i essaiera ja por qu'il
i faille qu'il n'en reçoive plaie. » — « Et que savez vos ? »
fet li rois. — « Sire, fet il, je le sai bien. Et encore vos di ge
autre chose ; car je voil que vos sachiez que en cest jor d'ui
comenceront les granz aventures et les granz merveilles
dou Saint Graal. »

Quant li rois ot que Lancelot n'en fera plus, si dist a mon
seignor Gauvain : « Biax niez, essaiez i. » — « Sire, fet il,
sauve vostre grace, non ferai, puis que messires Lancelot
n'i velt essaier. G'i metroie la main por noient, car ce savez
vos bien qu'il est assez mieldres chevaliers que je ne sui. »
— « Toutes voies, fet li rois, i essaierez vos por ce que je le
voil, ne mie por l'espee avoir. » Et il giete la main et prent
l'espee par le heut et sache , mes il ne la puet trere fors.
Et li rois li dist maintenant : « Biax niez, laissiez ester ; car
bien avez fet mon comandement. » — « Messire Gauvain,
fet Lancelot, or sachiez que ceste espee vos touchera encore
de si pres que vos ne la voldriez avoir baillee por un chas-
tel. » — « Sire, fet messires Gauvains, je n'en poi mes ; se
je en deusse orendroit morir, si le feisse je por la volenté
mon seignor acomplir. » Et quant li rois ot ceste parole, si
se repent de ce que messires Gauvains a fait.

Lors dist a Perceval que il essait a l'espee. Et il dist que
si fera il volentiers por fere a mon seignor Gauvain compai-
gnie Si met la main a l'espee et tret, mes il ne la puet
avoir. Et lors croient bien tuit cil de la place que Lancelot
die voir, et que les letres dou pont soient veraies. Si n'i a
mes si hardi qui main i ost metre. Et messire Kex dist au
roi : « Sire, sire, par mon chief, or poez vos seurement
asseoir au disner quant vos plera : car a aventure n'avez vos
pas failli devant mengier, ce me semble. » — « Alons donc,
fet li rois, car ausi en est il bien tens. »

Et lors s'en vont li chevalier et laissent le perron a la

rive. Et li rois fet l'eve corner ; si s'asiet en son haut dois, et li compaignon de la Table Reonde s'asieent chascuns en son leu. Celui jor servirent laienz quatre roi tuit coroné, et avec aus tant de hauz homes que a merveilles le poïst len tenir. Celui jor fu assiz li rois a son haut dois ou palés et ot a lui servir grant compaignie de hauz barons. Si avint einsi quant il se furent tuit assiz par laienz que il troverent que tuit li compaignon de la Table Reonde furent venu et li siege aempli, fors seulement cil que len apeloit le Siege Perilleus.

Quant il orent eu le premier mes, si lor avint si merveilleuse aventure que tuit li huis dou palés ou il mengoient et les fenestres clostrent par eles en tel maniere que nus n'i mist la main ; et neporquant la sale ne fu pas ennubie ; et de ceste chose furent esbahi et li fol et li sage. Et li rois Artuz, qui premiers parla, dist : « Par Dieu, bel seignor, nos avons hui veues merveilles et ci et a la rive. Mes je cuit que nos les verrons encore anuit greignors que ces ne sont. »

Endementres que li rois parloit einsi, si entra laienz uns preudons a une blanche robe, vielz et anciens ; mes il n'ot chevalier laienz qui seust par ou il i entra. Et li preudons venoit a pié et amenoit par la main un chevalier a unes armes vermeilles, sans espee et sans escu. Si dist si tost come il fu en mi le palés : « Pes soit o vos. » Et aprés dist au roi la ou il le vit : « Rois Artus, je t'ameign le Chevalier Desirré, celui qui est estraiz dou haut lignage le Roi David et del parenté Joseph d'Arimacie, celui par cui les merveilles de cest païs et des estranges terres remaindront. Veez le ci. » Et li rois est molt liés de ceste novele ; si dist au preudome : « Sire, bien soiez vos venuz se ceste parole est veraie, et bien soit li chevaliers venus ! Car se ce est cil que nos atendions a achever les aventures del Saint Graal, onques si grant joie ne fut fete d'ome come nos ferons de lui. Et qui

que il soit, ou cil que vos dites ou autres, je voldroie que
biens li venist, puis qu'il est si gentilz hom et de si haut
lignage come vos dites. » —« Par foi, fet li preudons, vos en
verrez par tenz bel comencement. » Et lors fet le chevalier
tout desarmer ; si remest en une cote de cendal vermeil ; et
il li baille maintenant a afubler un mantel vermeil que il
portoit sor s'espaule, tout de samit, et par dedenz estoit
forrez d'un blanc hermine.

Quant il l'a vestu et apareillié, si li dist : « Sivez moi, sire
chevalier. » Et il si fet. Et il le moinne tout droit au Siege
Perilleus delez coi Lancelot se seoit, et souzlieve le drap de
soie que cil i avoient mis ; si troeve les letres qui dient : Cı
EST LI SIEGES GALAAD. Et li preudons resgarde les letres, si
les troeve novelement fetes, ce li est avis, et il conoist le
non ; si li dit si en haut que tuit cil de laienz l'oient : « Sire
chevaliers, aseez vos ci, car cist lex est vostres. » Et cil
s'asiet tout seurement et dit au preudom : « Sire, or vos en
poez raler, car bien avez fait ce que len vos comanda. Et
saluez moi toz cels dou saint hostel et mon oncle le roi
Pellés et mon aiol le Riche Roi Pescheor, et lor dites de par
moi que je les iré veoir au plus tost que je porrai et que je
en aurai loisir. » Et li preudons se part de laienz et comande
le roi Artus a Dieu et toz les autres ausi. Et quant len li
volt demander qui il estoit, il n'en tint onques plet a ax,
ainz respondi tout pleinement qu'il ne lor diroit ore pas, car
il le savroient bien a tens se il l'osoient demander. Si vient
au mestre huis dou palés, qui clos ert, si l'uevre et descent
en la cort aval ; si troeve chevaliers et escuiers jusqu'a quinze
qui l'atendoient et estoient venu avec lui. Et il monte et se
part de la cort en tel maniere qu'il ne sorent plus de son
estre a cele foiz.

Quant cil de la sale virent seoir le chevalier ou siege que
tant preudome avoient redouté, ou tantes granz aventures

estoient ja avenues, si n'i a celui qui n'en ait granz merveille;
car il voient celui si jone home qu'il ne sevent dont tel
grace li puist estre venue, se ce n'est de la volenté Nostre
Seignor. Et la feste comence granz par laienz: si font honor
au chevalier et li un et li autre, car bien pensent que ce soit
cil par cui les merveilles dou Saint Graal doivent faillir, et
bien lou conoissent par l'espruève del Siege, ou onques hom
ne s'estoit assiz a cui il n'en fust mescheu en aucune maniere,
ne mes a cestui. Si le servent et honorent de quant qu'il
pueent, come celui que il tienent a mestre et a seignor par
desuz celz de la Table Reonde. Et Lancelot, qui molt volen-
tiers le resgardoit por la merveille qu'il en a, conoist que ce
est cil qu'il a hui fet chevalier novel; si en a molt grant
joie. Et por ce li fet il le greignor honor que il puet, et le
met en parole de maintes choses, et li demande de son estre
que il l'en die aucune chose. Et cil, qui auques le conoist et
ne l'ose refuser, li respont maintes foiz a ce qu'il li demande.
Mes Boorz, qui tant est liez que nus plus et qui bien conoist
que ce est Galaad, li filz Lancelot, cil qui doit les aventures
mener a chief, parole a Lyonel son frere et li dist : « Biau
frere, savez vos qui cist chevaliers est qui siet ou Siege Peril-
leux ? » — « Je nel sai mie tres bien, fet Lyonel, fors tant
que ce est cil qui hui a esté noviax chevaliers, que messire
Lancelot fist hui chevalier novel de sa main. Et ce est cil
dont entre moi et vos avons toute jor parlé, que messire
Lancelot engendra en la fille le Riche Roi Pescheor. » —
« Veraiement le sachiez vos, fait Boorz, que ce est il, et
qu'il est nostre cousins prochains. Et de ceste aventure
devons nos estre molt lié ; car ce n'est mie doute qu'il ne
viegne encor a greignor chose que chevaliers que je onques
coneusse : si en a ja bel comencement. »

Einsi parolent li dui frere de Galaad, et ausi font tuit li
autre par laienz. Si en cort tant la novele amont et aval que

la roine, qui en ses chambres mengoit, en oï parler par un vaslet qui li dist : « Dame, merveilles sont avenues laienz. » — « Coment, fet ele ? Di le moi. » — « Par foi, dame, fet il, uns chevaliers est a cort venuz qui a acomplie l'aventure dou Siege Perilleus, et est li chevaliers si juenes hom que toz li siecles se merveille dont cele grace li puet estre venue. » — « Voire, fet ele, puet ce estre voirs ? » — « Oïl, fet cil, veraiement le sachiez. » — « En non Dieu, fet ele, dont li est il molt bien avenu ; car cele aventure ne voult onques mes nus hom achever qu'il n'i fust mors ou mehaigniez ainz qu'il l'eust menee a fin. » — « Ha ! Diex, font les dames, tant fu de bone hore nez li chevaliers ! Onques mes hom, tant fust de grant proesce, ne pot avenir a ce que il est avenuz. Et par ceste aventure puet len bien conoistre que ce est cil qui metra a fin les aventures de la Grant Bretaigne, et par cui li Rois Mehaigniez recevra garison. » — « Biax amis, fet la roine au vallet, se Diex t'ait, or me di de quelle façon il est. » — « Dame, fet il, se Diex m'ait, ce est uns des biax chevaliers dou monde. Mes il est juenes a merveilles, et resemble a Lancelot et au parenté le roi Ban si merveilleusement que tuit cil de laienz vont disant por voir que il en est estrez. » Et lors le desirre la roine a veoir assez plus qu'ele ne fesoit devant. Car par ce que ele a oï parler de la semblance pense ele bien que ce soit Galaad, que Lancelot avoit engendré en la fille au Riche Roi Pescheor, einsi com len li avoit ja conté par maintes fois et dit en quel maniere il avoit esté deceuz ; et ce estoit la chose par coi ele fust plus corrouciee vers Lancelot, se la coulpe en fust soie.

Quant li rois ot mengié et li compaignon de la Table Reonde, si se leverent de lor sieges. Et li rois meismes vint au Siege Perilleux et leva le drap de soie et trova le non Galaad, qu'il desirroit molt a savoir. Et il le mostre a mon seignor Gauvain et li dit : « Biax niez, or avons nos Galaad, le bon chevalier parfait que nos et cil de la Table Reonde avons tant desirré a veoir. Or pensons de lui honorer et servir tant come il sera avec nos ; car çaienz ne demorra il pas longuement, ce sai je bien, por la grant Queste dou Graal, qui prochienement comencera si come je croi. Et Lancelot le nos a hui fait entendant, qu'il nel deist pas s'il n'en seust aucune chose. » — « Sire, fet messires Gauvain, et vos et nos le devons servir come celui que Diex nos a envoié por delivrer nostre païs des granz merveilles et des estranges aventures qui tant sovent i sont avenues par si lonc tens. »

Lors vient li rois a Galaad et li dist : « Sire, bien soiez vos venuz : molt vos avons desirré a veoir. Or vos avons çaienz, la Dieu merci et la vostre, qui i daignastes venir. » — « Sire, fet il, je i sui venuz car je le devoie bien fere, por ce que de ceanz doivent movoir tuit cil qui seront compaignon de la Queste dou Saint Graal, qui par tens sera comenciee. » — « Sire, fet li rois, de vostre venue avions nos molt grant mestier por moltes choses, et por les granz merveilles de ceste terre mener a fin, et por une aventure mener a chief qui hui nos est avenue, a quoi cil de ceanz ont failli. Et je sai bien que vos n'i faudrez pas, come cil qui devez achever les aventures a qoi li autre avront failli. Car por ce vos a Diex envoié entre nos, que vos parfaçoiz ce que li autre ne porent onques mener a fin. » — « Sire, fet Galaad, ou est cele aventure dont vos me parlez ? Je la verroie volentiers. » — « Et je la vos mosterrai », fet li rois. Et lors le prent par la main, si descendent dou palés ; et tuit li baron de laienz vont après, por veoir coment l'aventure dou perron sera menee a fin. Si i acorrent li un et li autre en tel maniere qu'il ne remest chevalier en tot le palés qui la ne venist.

Et la novele parvient maintenant a la roine. Et si tost come ele l'ot dire, si fet oster les tables et dist à quatre des

plus hautes dames qui estoient avec li : « Beles dames, venez
avec moi jusq'a la rive ; car je ne lairoie en nule maniere que
je ne voie ceste aventure mener a fin, se je i puis onques
venir a tens. » A tant descent la reine dou palés et ot avec
soi grant compaignie de dames et de damoiseles.

Quant eles furent a l'eve et li chevalier les virent venir, si
comencierent a dire : « Tornez vos, veez ci la roine ! » Si li
font maintenant voie tuit li plus proisié. Et li rois dist a
Galaad : « Sire, veez ci l'aventure dont je vos parlai. A ceste
espee trere fors de cest perron ont hui failli des plus proisiez
chevaliers de mon ostel, qui onques ne l'em porent trere. »
— « Sire, fet Galaad, ce n'est mie de merveille, car l'aventure
estoit moie, si n'ert pas lor. Et por la grant seurté que je
avoie de ceste espee avoir n'en aportai je point a cort, si com
vos poïstes veoir. » Et lors met la main a l'espee et la trest
fors dou perron autresi legierement come se ele n'i tenist
pas ; puis prent le fuerre et la met dedenz. Et maintenant la
çainst entor lui et dist au roi : « Sire, or valt mielz que
devant. Or ne me faut mes fors escu, dont je n'ai point. »
— « Biau sire, fet li rois, escu vos envoiera Diex d'aucune
part, ausint come il a fet espee. »

Et lors regardent tot contreval la rive et voient venir une
damoisele montee sor un pallefroi blanc, qui venoit vers aux
molt grant aleure. Et quant ele fu ax venue, si salua le roi
et toute la compaignie et demanda se Lancelot estoit iluec.
Et il estoit tres devant lui, si li respont : « Damoisele, veez
me ci. » Et ele le resgarde, si le conoist. Et lors li dit tot em
plorant : « Ha, Lancelot, tant est vostre afere changiez puis
ier matin ! » Et quant il ot ce, si li dist : « Damoisele,
coment ? Dites le moi. » — « Par foi, fet ele, je le vos dirai
voiant toz çax de ceste place. Vos estiez hier matin li
mieldres chevaliers dou monde ; et qui lors vos apelast Lan-
celot le meillor chevalier de toz, il deist voir : car alors

l'estiez vos. Mes qui ore le diroit, l'en le devroit tenir a men-
çongier : car meillor i a de vos, et bien est provee chose par
l'aventure de ceste espeë a quoi vos n'osastes metre la main.
Et ce est li changemenz et li muemenz de vostre non, dont
je vos ai fet remembrance por ce que des ore mes ne cuidiez
que vos soiez li mieldres chevaliers dou monde. » Et il dist
qu'il nel cuidera ja mes, car ceste aventure l'en a mis tot
fors del cuidier. Lors se retorne la damoisele devers le roi et
li dit : « Rois Artus, ce te mande par moi Nasciens li her-
mites que en cest jor d'ui t'avendra la graindre honors qui
onques avenoist a chevalier de Bretaigne. Et ce ne sera mie
por toi mes por autre. Et sez tu de qoi ? Del Saint Graal qui
hui aparra en ton hostel et repestra les compaignons de la
Table Reonde. » Et maintenant qu'ele ot dite ceste parole, si
s'en retorna et se remist en la voie que ele ert venue. Si ot il
assez en la place barons et chevaliers qui la voldrent retenir
por savoir qui ele estoit et dont ele ert venue ; mes ele ne
volt onques remanoir por hom qui onques l'en proiast.

Et lors dist li rois as barons de son ostel : « Bel seignor,
il est einsint que de la Queste del Saint Graal avons nos veraie
demonstrance eue, que vos i entreroiz prochainement. Et por
ce que je sai bien que je ne vos verrai ja mes toz einsint en-
semble come vos estes orendroit, vueil je que en la praierie
de Camaalot soit orendroit comenciez uns tornoiemens si
envoisiez que aprés nos mors en facent remembrance li oir
qui aprés nos vendront. » Et il s'acordent tuit a ceste parole.
Si revienent en la cité, et prenent lor armes de tex i ot por
ajoster plus aseur, et de tex i ot qui ne pristrent fors cover-
tures et escuz, car molt se fioient en lor proesces li plus d'ax.
Et li rois, qui tot ce ot esmeu, ne l'avoit fet fors por veoir
partie de la chevalerie Galaad. Car bien pensoit que il ne
revendroit mes a piece a cort, quant il s'em partiroit.

Quant tuit furent asemblé es prez de Camaalot li grant et

li petit, Galaad, par la proiere dou roi et de la roine, mist
son hauberc en son dos et son hiaume en sa teste ; mes
onques escu n'i volt prendre por chose que len li deist. Et
messires Gauvains, qui trop en estoit liez, dist que il li
portera lances et ausint dist messires Yvains et Boorz de
Gaunes. Et la roine fu montee sor les murs a grant com-
paignie de dames et de damoiseles. Et Galaad, qui fu
venuz en la praierie avec les autres, comença lances a brisier
si durement que nus nel veist qui a merveilles nel tenist.
Si en fist tant en poi d'ore qu'il n'ot home ne fame en la
place qui sa chevalerie veist qui a merveilles nel tenist et au
meillor de toz. Et distrent cil qui onques mes ne l'avoient
véu que hautement avoit comenciee chevalerie, et bien paroit,
a ce que il avoit le jor fait, que d'iluec en avant porroit il
legierement sormonter de proesce toz les autres chevaliers.
Car quant li tornois fu remés, il troverent que de toz les
compaignons de la Table Reonde qui armes portassent n'en
avoit il remés que deus qu'il n'eust abatuz, et ce ert Lan-
celot et Perceval.

Si dura en tel maniere li tornois jusqu'aprés none, et lors
remest a tant. Car li rois meismes, qui avoit doutance qu'il ne
tornast au derreain a corrouz, les fist departir, et fist a Galaad
deslacier son hiaume et le bailla a porter a Boort de Gaunes.
Si l'en mena des prez en la cité de Camaalot par mi la mestre
rue le visage descovert, por ce que tuit le veissent apertement.
Et quant la roine l'ot bien avisé, si dist que voirement l'avoit
Lancelot engendré, car onques mes ne se resemblerent dui
home si merveilleusement come il dui fesoient. Et· por ceu
n'estoit ce pas merveille se il estoit de grant chevalerie gar-
niz : car autrement forlignast il trop durement. Et une dame,
qui ot oï une partie de ces paroles, li respondi tot mainte-
nant : « Dame, por Dieu doit il donc par droit estre si bons
chevaliers come vos dites ? » — « Oïl voir, fet la roine. Car

il est de totes parz estrez des meillors chevaliers dou monde
et dou plus haut lignage que len sache. »

A tant descendirent les dames por oïr vespres por la hau-
tesce dou jor. Et quant li rois fu issuz dou mostier et il vint
ou palés en haut, si comanda que les tables fussent mises.
Et lors s'alerent seoir li chevalier chascuns en son leu ausi
come il avoient fet au matin. Et quant il se furent tuit asis
par laienz et il se furent tuit acoisiez, lors oïrent il venir un
escroiz de tonoire si grant et si merveilleus qu'il lor fu avis
que li palés deust fondre. Et maintenant entra laienz uns
rais de soleil qui fist le palés plus clers a set doubles qu'il
n'estoit devant. Si furent tantost par laienz tot ausi come s'il
fussent enluminé de la grace dou Saint Esperit, et comencie-
rent a resgarder li un les autres ; car il ne savoient dont ce
lor pooit estre venu. Et neporquant il n'avoit laienz home
qui poïst parler ne dire mot de sa bouche : si furent tuit
amui grant et petit. Et quant il orent grant piece demoré en
tel maniere que nus d'aux n'avoit pooir de parler, ainz s'en-
treresgardoient autresi come bestes mues, lors entra laienz li
Sainz Graal covers d'un blanc samit ; mes il n'i ot onques
nul qui poïst veoir qui le portoit. Si entra par le grant huis
dou palés, et maintenant qu'il i fu entrez fu li palés raem-
pliz de si bones odors come se totes les espices terriennes i
fussent espandues. Et il ala par mi le palés tout entor les dois
d'une part et d'autre ; et tout einsi come il trespassoit par
devant les tables, estoient eles maintenant raemplies endroit
chascun siege de tel viande come chascuns desirroit. Et quant
tuit furent servi et li un et li autre, li Sainz Graax s'en parti
tantost, que il ne sorent que il pot estre devenuz ne ne virent
quel part il torna. Et maintenant orent pooir de parler cil qui
devant ne pooient mot dire. Si rendirent graces a Nostre Sei-
gnor li plusor d'ax de ce que si grant honor lor avoit fete
qu'il les avoit repeuz de la grace dou Saint Vessel. Mes sor

toz çax qui laienz estoient en fu li rois Artus joianz et liez, de
ce que greignor deboneretéli avoit Nostre Sires mostree
que a nul roi qui devant lui eust esté.

De ceste chose furent molt lié li privé et li estrange,
car bien lor sembla que Nostre Sires nes avoit pas oubliez
quant il lor mostroit si grant debonereté. Si en parlerent
assez tant come li mengiers dura. Et li rois meismes en
comença a parler a çax qui plus pres de lui estoient, et dist :
« Certes, seignor, molt devons estre lié et avoir grant joie
de ce que Nostre Sires nos a mostré si grant signe d'amor
qu'il de sa grace nos volt repaistre a si halt jor come le jor
de la Pentecouste. » — « Sire, fet messires Gauvains,
encore i a il autre chose que vos ne savez mie : car il n'a
ceanz home qui n'ait esté serviz de quan qu'il demandoit
et pensoit. Et ce n'avint onques mes en nule cort, se ne fu
chiés le Roi Mehaignié. Mes de tant sont il engignié qu'il
nel porent veoir apertement, ançois lor en fu coverte la
vraie semblance. Por coi je endroit moi faz orendroit un
veu, que le matin sanz plus atendre enterrai en la Queste en
tel maniere que je la maintendrai un an et un jor et encor
plus se mestiers est ; ne ne revendrai a cort por chose qui
aviegne devant que je l'aie veu plus apertement qu'il ne m'a
ci esté demostrez, s'il puet estre en nule maniere que je lou
puisse veoir ne doie. Et s'il ne puet estre, je m'en retor-
nerai. »

Quant cil de la Table Reonde oïrent ceste parole, si se
leverent tuit de lor sieges et firent tout autretel veu com
messires Gauvains avoit fet, et distrent qu'il ne fineroient
ja mes d'errer devant qu'il seroient asis a la haute table ou si
douce viande estoit toz jors aprestee come cele qu'il avoient
iluec eue. Et quant li rois vit qu'il avoient fet tel veu, si en
fu molt a malese : car bien set qu'il nes porra pas retorner de
ceste emprise. Si dist a monseignor Gauvain. « Ha, Gau-

vain, vos m'avez mort par le veu que vos avez fet, car vos m'avez ci tolue la plus bele compaignie et la plus loial que je onques trovasse, et ce est la compaignie de la Table Reonde. Car quant il departiront de moi, de quele ore que ce soit, je sai bien qu'il ne revendront ja mes tuit arriere, ainz demorront li plusor en ceste Queste, qui ne faudra pas si tost com vos cuidiez. Si ne m'en poise pas petit. Car je les ai escreuz et alevez de tout mon pooir et les ai toz jors amez et encore les aim ausi com s'il fussent mi fil ou mi frere, et por ce me sera mult griez lor departie ; car je avoie apris a veoir les sovent et a avoir lor compaignie ; car je ne puis pas en moi veoir coment je m'en puisse soffrir. » Aprés ceste parole començua li rois a penser molt durement, et en cel penser li vienent les lermes as eulz, si que cil de laienz s'en porent bien apercevoir. Et quant il parla, si dist si haut que tuit cil de laienz le porent bien oïr : « Gauvain, Gauvain, mis m'avez le grant corrouz el cuer, dont ja mes ne me porrai esbatre devant que je sache veraiement a quele fin ceste Queste porra torner. Car trop ai grant doute que mi ami charnel n'en reviegnent ja. » — « Ha ! sire, fet Lancelot, por Dieu, que est ce que vos dites ? Tex hons come vos estes ne doit pas concevoir poor en son cuer, mes justece et hardement et avoir bone esperance. Si vos devez reconforter : car certes, se nos morions tuit en ceste Queste, il nos seroit graindres honors que de morir en autre leu. » — « Lancelot, fet li rois, la grant amor que je ai toz jors vers aux eue me fet dire tex paroles, et ce n'est mie de merveille se je sui corrouciez de lor departement. Car onques rois crestiens n'ot autant de bons chevaliers ne de preudomes a sa table come j'ai eu en cest jor, ne ja mes n'avra quant il de ci departiront, ne ja mes ne seront a ma table rasemblé einsi come il ont esté ci ; et ce est la chose qui plus me desconforte. » A ceste parole ne sot messires Gauvains que respondre, car il conoissoit bien que li rois disoit voir. Si se repentist volentiers, se il osast, de la parole qu'il avoit dite ; mes ce ne pot estre, car trop estoit ja pueploiee.

Si fu maintenant denoncié par totes les chambres de laienz coment la Queste del Saint Graal estoit emprise, et se partiront demain de cort cil qui compaignon en doivent estre. Si ot assez par laienz de tiex qui plus en furent corroucié que joiant : car par la proesce des compaignons de la Table Reonde estoit li ostex le roi Artus redoutez sor toz autres. Quant les dames et les damoiseles qui avec la reine estoient assises es chambres au souper oïrent ceste novele, si en i ot assez de dolentes et de corrouciees, meesmement celes qui estoient espouses o amies as compaignons de la Table Reonde. Ne ce ne fu mie de merveille : car eles estoient honorees et chier tenues par cels de qui eles doutoient qu'il ne moreussent en la Queste. Si en comencierent a fere trop grant duel. Et la reine demande au vaslet qui devant li estoit : « Di moi, fet ele, vaslet, fus tu la ou ceste Queste fu acreantee ? » — « Dame, fet cil, oïl. » — « Et messires Gauvains, fet ele, et Lancelot del Lac en sont il compaignon ? » — « Dame, certes, fet cil ; messires Gauvains le creanta premierement et Lancelot aprés et ausi firent tuit li autre, qu'il n'en i a nul remés qui de la Table fust compainz. » Et quant ele ot ceste parole, si est tant dolente por Lancelot qu'il li est bien avis que ele doie morir de duel, ne ne s'em puet tenir que les lermes ne l'en viegnent as elz. Si respont a chief de piece, tant dolente que nule plus : « Certes, fet ele, ce est granz domages. Car sanz la mort de maint preudome ne sera pas a fin menee ceste Queste, puisque tant preudome l'ont emprise. Si me merveil mout coment mes sires li rois, qui tant par est sages, l'a soffert. Car la meillor partie de ses barons s'en departira a cest point si merveilleusement que li remananz en vaudra poi. » Et lors comença a plorer molt

tendrement et ausi firent toutes les dames et les damoiseles
qui avec li estoient.

Einsi fu tote la cors troublee por la novele de çax qui
partir s'en devoient. Et quant les tables furent levees ou
palés et es chambres et les dames furent assemblees avec les
chevaliers, lors comença li dualz toz noviax. Car chascune
dame ou damoisele, fust espousee fust amie, dist a son che-
valier que ele iroit avec lui en la Queste. Si ot laienz de tiex
qui de legier s'i acordassent et qui tost le voussissent, se ne
fust uns preudom vielz, vestuz de robe de religion, qui
laienz entra aprés souper. Et quant il vint devant le roi, si
parla si haut que tuit le porent oïr, et dist : « Oiez, seignor
chevalier de la Table Reonde qui avez juree la Queste del
Saint Graal ! Ce vos mande par moi Nascienz li hermites
que nus en ceste Queste ne maint dame ne damoisele qu'il ne
chiee en pechié mortel : ne nus n'i entre qui ne soit confés
ou qui n'aille a confesse, car nus en si haut servise ne doit
entrer devant qu'il soit netoiez et espurgiez de totes vilanies
et de toz pechiés mortex. Car ceste Queste n'est mie queste
de terriennes choses, ainz doit estre li encerchemenz des
grans secrez et des privetez Nostre Seignor et des grans
repostailles que li Hauz Mestres mostrera apertement au
boneuré chevalier qu'il a esleu a son serjant entre les autres
chevaliers terriens, a qui il mostrera les granz merveilles dou
Saint Graal, et fera veoir ce que cuers mortex ne porroit
penser ne langue d'ome terrien deviser. » Par ceste parole
remest que nus ne mena o soi ne sa fame ne s'amie. Et li
rois fist le preudome herbergier bien et richement et li
demanda grant partie de son estre, mes il l'en dist petit, car
assez pensoit a autre chose que au roi.

Et la reine vient a Galaad et s'asiet delez lui ; si li comence
a demander dont il est et de quel païs et de quel gent. Et il
l'en dist grant partie come cil qui assez en savoit ; mes de

ce qu'il fust filz Lancelot n'i ot il onques parlé. Et neporquant as paroles que la reine i aprist conut ele veraiement qu'il estoit filz Lancelot et qu'il avoit esté engendrez en la fille le roi Pellés, dont ele avoit maintes foiz oï parler. Et por ce qu'ele le velt oïr et savoir de sa bouche s'il onques puet estre, li demande ele la verité de son pere. Et il li respont qu'il ne set pas tres bien cui filz il fu. « Ha ! sire, fet ele, vos le me celez ; por coi faites vos ce ? Si m'ait Diex, ja de vostre pere nomer n'avroiz honte. Car il est li plus biax chevaliers dou monde et est estrez de toutes parz de rois et de reines et dou plus haut lignage que len sache, et a eu le los jusque ci d'estre li mieldres chevaliers dou monde : par quoi vos devriez par droit passer toz çax del siecle. Et certes vos le resemblez si merveilleusement qu'il n'a ceanz home si nice qui bien nel conoisse, se il s'en prenoit garde. » Quant il ot ceste parole, si devient toz honteus de la vergoigne qu'il en a. Si respont maintenant : « Dame, fet il, puis que vos le conoissiez si certainement, vos le me poez dire. Et se ce est cil que je croi qui soit mes peres, je vos tendrai a voir disant, et se ce n'est il, je ne m'i porroie pas acorder por chose que vos en deissiez. » — « A non Dieu, fet ele, puis que vos nel volez dire, je le vos dirai. Cil qui vos engendra a non messires Lancelot del Lac, li plus biax chevaliers et li mieldres et li plus gracieus, et li plus desirrez a veoir de toutes genz et li mielz amez qui onques nasquist a nos tens. Por qoi il me semble que vos nel devez celer ne a moi ne a autre : car de plus preudome ne de meillor chevalier ne poïssiez vos estre engendrez. » — « Dame, fet il, puis que vos le savez si bien, a que fere le vos deisse je ? Assez le saura len a tens. »

Longuement parlerent entre la reine et Galaad et tant qu'il fu auques anuitié. Et quant il fu hore de dormir, li rois prist Galaad et l'en mena en sa chambre et le fist couchier en son

lit meismes ou il souloit gesir, por honor et por hautece de
lui ; et aprés s'ala li rois couchier et Lancelot et li autre
baron de laienz. Si fu cele nuit li rois molt a malese et molt
pensiz por amor des preudomes de laienz qu'il avoit molt
amez, qui l'endemain se devoient de lui partir et aler en tel
leu ou il cuidoit bien qu'il demorassent longuement. Et por
la demoree, se il la feissent, ne s'esmaiast il pas molt. Mes
ce li met le grant duel ou cuer qu'il pense bien qu'il en morra
grant partie en ceste Queste, et ce est la chose dont il est
plus a malese. En tel duel et en tel martire furent toute la
nuit li haut baron de laienz et cil del reaume de Logres. Et
quant il plot a Nostre Seignor que les teniebres de la nuit
furent abessiees por ce que la veue del jor estoit apareue, li
chevalier se leverent tantost trestuit cil qui estoient en cure
et en pensee de ceste chose, si se vestirent et atornerent. Et
quant il fu bien ajorné, li rois se leva de son lit. Et quant il
fu apareilliez, si vint en la chambre ou messires Gauvains et
Lancelot estoient, qui avoient geu ensamble la nuit. Et
quant il vint la, si trova qu'il estoient ja vestuz et apareillié
por aler oïr messe. Et li rois, qui tant les amoit come s'il les
eust de sa char engendrez, les salua quant il se fu sor aus
embatuz ; et il se drecierent encontre lui et distrent que bien
fust il venuz. Et il les fist rasseoir et s'assist avec ax. Et lors
comença a resgarder monseignor Gauvain et li dist : « Gau-
vain, Gauvain, vos m'avez trahi ! Onques ma cort n'amenda
tant de vos come ele en est ore empoiriee. Car ja mes ne sera
honoree de si haute compaignie ne de si vaillant come vos en
avez ostee par vostre esmuete. Ne encore ne sui je pas tant
corrouciez por aus come je sui por vos deus. Car de tote
l'amor dont home porroit amer autre vos ai je amez, et ne
mie ore premierement, mes des lors primes que je conui
les grans bontez qui dedenz vos estoient herbergiees. »
Quant li rois ot ceste parole dite, si se tot ; et lors fu pensiz

durement et en cel penser li comencent les lermes a coler tot contreval la face. Et cil qui voient ceste chose, et qui tant en sont dolent que nus ne le porroit dire, n'osent respondre por ce qu'il le voient si corrocié. Et il demore grant piece en cel corrouz. Et quant il parole, si dist trop dolenz : « Ha ! Diex, je ne me cuidai ja mes desevrer de ceste compaignie que fortune m'avoit envoiee ! » Aprés redist a Lancelot : « Lancelot, je vos requier sor la foi et sor le serrement qui est entre moi et vos que vos m'aidiez a conseillier de ceste chose. » — « Sire, fet il, dites moi coment. » — « Je feroie, fet il, trop volentiers remanoir ceste Queste s'il pooit estre. » — « Sire, fet Lancelot, je l'ai veue jurer a tant de preudomes que je ne cuit pas qu'il la volsissent laissier en nule maniere. Car il n'i a nul qui ne fust parjures, et ce seroit trop granz desloiautez qui de ce les voldroit requierre. » — — « Par foi, fet li rois, je sai bien que vos dites voir. Mes la grans amors que je ai a vos et as autres le me rueve dire. Et se ce fust covenable chose ne seanz, je le volsisse bien, car trop me grevera lor departemenz. »

Tant parollent entr'aux que li jors fu biax et clers et li soulax ot ja auques abatue la rosee et li palés comença a empiir des barons dou roiaume. Et la reine qui se fu levee vint la ou li rois estoit et li dist : « Sire, cil chevalier vos atendent la jus por aler oïr messe. » Et il se lieve et essuie ses eulz por ce que cil qui le verront ne sachent le duel qu'il a mené. Et messires Gauvains comande que len li aport ses armes, et ausint fet Lancelot. Et quant il sont armé fors de lor escuz, si vienent el palés et troevent les compaignons qui ausint estoient apareillié por movoir. Et quant il furent venu au mostier et il orent oï le servise tout ensint armé come il estoient, si revindrent el palés. Si s'asistrent li un lez les autres cil qui compaignon estoient de la Queste. « Sire, fet li rois Baudemagus, puis que cist aferes est

empris si fierement qu'il ne puet estre lessiez, je locroie que
li saint fussent aporté. Si jureroient li compaignon tel ser-
rement come cil font qui en queste doivent entrer. » — « Jel
voil bien, puis qu'il vos plest qu'il soit einsint, fet li rois
Artus, puis qu'il ne puet estre autrement. » Lors firent li
clerc de laienz aporter les sainz sor qoi len faisoit les serre-
menz de la cort. Et quant il furent aporté devant les mestres
doiz, li rois apela mon seignor Gauvain et li dist : « Vos
esmeustes premierement ceste Queste, venez avant et si faites
premiers le serrement que cil doivent faire qui en ceste
Queste se metent. » — « Sire, fet li roi Baudemagus, salve
vostre grace, il nel fera mie premiers, mes cil le fera avant
nos toz que nos devons tenir a seignor et a mestre de la
Table Reonde : et ce est messires Galaad. Et quant il avra
juré, autel serrement come il fera nos ferons tuit sanz con-
tredit, car einsint doit estre. » Et lors fu apelez Galaad ; et il
vint avant et s'agenoilla devant les sainz et jura come loiax
chevaliers qu'il ceste Queste maintendroit un an et un
jor et plus encor s'il le covenoit a fere, ne ja mes a cort ne
revendroit devant qu'il la verité savroit del Saint Graal, se il
la pooit savoir en nule maniere. Aprés jura Lancelot tout
autretel serrement come il avoit fet. Et puis jura messires
Gauvains et Perceval et Boorz et Lyonel et aprés Helains li
Blans. Et lors jurerent tuit li compaignon de la Table
Reonde li uns aprés l'autre. Et quant il orent fet le serre-
ment cil qui mis s'i estoient, si troverent cil qui mis les
avoient en escrit qu'il estoient par conte cent et cinquante,
et si preudome tuit que len n'i savoit un couart. Et lors
se desgeunerent un poi por le roi qui les en requist. Et
quant il orent mengié, si mistrent lor hiaumes en lor chiés
et lors fu certaine chose qu'il ne remaindroient plus. Si
comanderent la reine a Dieu a plors et a lermes.

Et quant ele vit qu'il estoient au movoir et qu'il ne

pooient plus delaier, si comença a fere trop grant duel,
ausint come se ele veist devant lui morz toz ses amis ; et
por ce que len ne s'en aperceust com faitement ele estoit
corrociee, entra ele en sa chambre et se laissa chaoir en son
lit. Et lors comença a fere un si grant duel qu'il ne fust si
dur home ou monde, s'il la veist, qui toute pitié n'en eust.
Et quant Lancelot fu toz appareilliez com dou monter, il
qui tant avoit grand duel dou corrouz sa dame la reine que
nus n'en poïst estre plus corrouciez, si s'en torna vers la
chambre ou il l'avoit veue entrer et entra dedenz. Et quant
la reine le vit dedenz entrer tot armé, si li comença a crier :
« Ha ! Lancelot, traïe m'avez et mise a la mort, qui laissiez
l'ostel mon seignor le roi por aler en estranges terres, dont
vos ja ne revendroiz se Nostre Sires ne vos en rameine. »
— « Dame, fet il, si feré, se Dieu plest ; je revendrai assez
plus prochienement que vos ne cuidiez. » — « Ha ! Diex,
fet ele, mes cuers nel me dit pas, qui me met en totes les
mesaises dou monde et en totes les poors ou onques gentilz
fame fust pour home. » — « Dame, fet il, je m'en iré a vostre
congié, quant vos plaira. » — « Vos n'i alissiez ja mes, fet
ele, par ma volenté. Mes puis qu'il est einsi que a fere le
covient, alez en la garde de Celui qui se laissa traveillier en
la saintisme veraie Croiz por delivrer l'umain lignage de la
pardurable mort, qui vos conduie a salveté en toz les leus
ou vos irez. » — « Dame, fet il, Diex le face par la soie
digne pitié ! »

A tant se part Lancelot de la reine et vient en la cort aval
et voit que si compaignon estoient ja monté ne n'atendoient
a movoir que solement por lui. Et il vient a son cheval et
monte. Et li rois, qui vit Gaiaad sanz escu et voloit movoir
sanz escu en la Queste ausi come li autre, et il vient a lui et
li dist : « Sire, il me semble que vos ne fetes mie assez, qui
n'en portez aucun escu de ceanz ausint com vostre com-

paignon font. » — « Sire, fet il, je me mefferoie se je ceanz
le prenoie. Ja nul n'en prendrai devant que aventure le m'a-
maint. » — « Or vos consaut Diex ! fet li rois. Car je m'en
terai a tant, puis que autrement ne puet estre. »

Et lors sont monté li baron et li chevalier. Si s'en issent
de la cort li un et li autre et vont tant contreval la ville
qu'il sont fors. Si ne veistes onques si grand duel ne si
grant ploreiz com cil de la cité fesoient comunalment
quant il virent les compaignons qui s'en aloient en la Queste
dou Saint Graal; ne il n'avoit ilueques baron, ne povre ne
riche, de toz çaux qui devoient remanoir, qui n'en plorast a
chaudes lermes : car trop avoient grant duel de cest departe-
ment. Mes cil qui aler s'en devoient n'en faisoient nul sem-
blant qu'il lor en fust a riens ; ainz vos fust avis, se vos les
veissiez, qu'il en fussent trop lié et si estoient il sanz faille.

Et quant il furent venu en la forest par devers le chastel
Vagan, il s'arresterent a une croiz. Et lors dist messires
Gauvains au roi : « Sire, vos avez assez alé ; retornez, il
le covient, car vos estes cil qui plus ne nos convoiera. »
— « Li retorners, fet li rois, me fera assez pis que li venirs :
car trop a enviz me depart de vos. Mes puis que je voi que
a faire le covient, je m'en retornerai. » Et lors oste messires
Gauvains son hiaume de sa teste, et ausint font li autre com-
paignon ; si cort le roi baisier et li autre baron aprés. Et
quant il ont lor hiaumes relaciez, si s'entrecomandent a Dieu
molt tendrement plorant. Et maintenant se departirent en
tel maniere que li rois s'en retorna a Kamaalot, et li com-
paignon entrent en la forest. Si chevauchent tant qu'il vin-
drent au chastel Vagan.

Cil Vagans estoit uns preudons de bone vie et avoit esté
uns des bons chevaliers dou monde tant come il fu en sa
jovente. Et quant il vit les compaignons qui passoient par
mi son chastel, si fist maintenant les portes clore de totes

pars et dist puis que Diex li avoit tele honor faite qu'il
estoient en son pooir, il ne s'en istront devant qu'il les avra
serviz de qan qu'il porra. Si les retint en tel maniere laienz
ausint com a force et les fist desarmer et les servi la nuit si
bel et si richement que il se merveillierent tuit ou il pooit
cel avoir prendre.

Si pristrent cele nuit conseil que il porroient fere ; et a
l'endemain s'accorderent a ce qu'il se departiroient et si ten-
droit chascuns sa voie, por ce que a honte lor seroit atorné
se il aloient tuit ensamble. Au matin, si tost come li jors
aparut, se leverent li compaignon et pristrent lor armes et
alerent oïr messe a une chapele qui laienz estoit. Et quant
il orent ce fet, si monterent en lor chevax et comanderent
lou seignor de laienz a Dieu et molt le mercierent de la
grant honor qu'il lor avoit fete. Si issirent dou chastel et se
departirent maintenant li uns de l'autre einsi come il
l'avoient porparlé, et se mistrent en la forest li uns ça et li
autres la, la ou il la voient plus espesse, en tous les leus ou
il trovoient ne voie ne sentier. Si plorerent assez a cel
departement cil qui plus cuidoient avoir les cuers et durs
et orguejllox. Mes a tant se test ore li contes d'ax toz et parole
de Galaad, por ce que comencemenz avoit esté de la Queste.

*
* *

Or dist li contes que quant Galaad se fu partiz de ses
compaignons, qu'il chevaucha trois jors ou quatre sanz aven-
ture trover qui face a amentevoir en conte. Et au cinquieme,
aprés hore de vespres, li avint que sa voie l'amena droit a une
blanche abeie. Et quant il fu la venuz, si hurta a la porte et
li frere de laienz issirent fors et le descendirent a fine force,
come cil qui bien conurent qu'il estoit chevaliers erranz. Si
prist li uns son cheval et li autres l'en mena en une sale par

terre por lui desarmer. Et quant il l'orent alegié de ses armes,
il esgarda deus des compagnons de la Table Reonde, dont li
uns estoit li rois Baudemagus et li autres Yvains li Avoltres.
Et si tost come il l'orent avisé et coneu, si li acorurent les
braz tenduz por fere li feste et joie, car molt estoient lié de
ce qu'il l'avoient trové. Si se firent a lui conoistre; et quant
il les conut, si lor refist molt grant joie et molt les honora
come çaux qu'il devoit tenir a freres et a compaignons.

Le soir, quant il orent mengié et il se furent alé esbatre
en un vergier qui estoit laienz, qui molt ert biax, si s'asistrent
desoz un arbre et lors lor demanda Galaad quele aventure les
avoit laienz amenez. « Par foi, sire, font il, nos i venismes
por veoir une aventure qui i est trop merveilleuse, ce nos a
len fait entendant. Car il a en ceste abeie un escu que nus ne
puet pendre a son col, por qu'il l'en voille porter, a qui il
ne meschiece tant que el premier jor ou el secont ne soit
ou morz ou navrez ou mehaigniez. Si somes venu por savoir
se ce est voirs que len en dit. » — « Car je l'en voil le matin
porter, fet li rois Baudemagus, et lors savré se l'aventure est
tele come len la devise. » — « En non Dieu, fet Galaad, vos
me contez merveilles se cist escuz est tiex come vos me dites.
Et se vos ne l'en poez porter, je suiz cil qui l'em porterai :
car ausi n'ai je point d'escu. » — « Sire, font il, dont le vos
lairons nos, car autresi savons nos bien que vos ne faudrez
pas a l'aventure. » — « Je voil, fet il, que vos i essaiez avant
por savoir se ce est voirs ou non que len vos a dit. » Et il
s'i acordent andui. Cele nuit furent servi et aeisié li compai-
gnon de qan que cil de laienz porent avoir ; et molt honore-
rent li frere Galaad quant il oïrent le tesmoign que li dui
chevalier li portoient : si le couchierent molt richement et si
hautement come len devoit fere tel home come il estoit. Et
pres de lui jut li rois Baudemagus et ses compainz.

Et l'endemain, quant il orent oïe messe, demanda li rois

Baudemagus a un des freres de laienz ou li escuz estoit dont len faisoit tel parole par le païs. « Sire, fet li preudons, por coi le demandez vos? » — « Por ce, fet il, que je l'en porteroie avec moi por savoir s'il a tel vertu come len dist. » — « Je ne vos lo mie, fet li preudons, que vos ja l'emportoiz fors de ceanz. Car je ne quit qu'il vos en avenist se honte non. » — « Toutes voies, fet il, voil je savoir ou il est et de quel façon. » Et cil le meine maintenant derriere le mestre autel de laienz et troeve iluec un escu blanc a une croiz vermeille. « Sire, fet li preudons, veez ci l'escu que vos demandez. » Et il l'esgardent, si dient que il est a lor avis li plus biaus et li plus riches que il eussent onques veu ; et fleroit autresint soef come se totes les espices dou monde fussent espandues desuz. Et quant Yvains li Avoltres le vit, si dist : « Si m'ait Diex, veez ci l'escu que nus ne doit pendre a son col s'il n'est mieldres chevaliers que autres. Et ce est cil qui ja a mon col ne pendra, car certes je ne suiz mie si vaillans ne si preudons que je le doie pendre a mon col. » — « En non Dieu, fet li rois Baudemagus, que qui m'en doie avenir, je l'emporterai de ceanz. » Et lors le pent a son col et l'emporte fors del mostier. Et quant il est venuz a son cheval, si dit a Galaad : « Sire, s'il vos plesoit, je voldroie bien que vos m'atendissoiz ceanz tant que je vos seusse dire coment il m'avendra de ceste aventure. Car, s'il m'en meschaoit, il me plairoit molt que vos le seussiez, car je sai bien que l'aventure acheveroiz vos legierement. » — « Je vos atendrai molt volentiers », fet Galaad. Et il monte maintenant et li frere de laienz li baillierent un escuier por faire li compaignie, qui raportera arrieres l'escu se il le covient a fere.

Einsi remest Galaad entre lui et Yvain qui li fera compaignie tant qu'il sache la verité de ceste chose. Et li rois Baudemagus, qui se fu mis en son chemin entre lui et l'escuier, chevaucha bien deus lieues et plus, et tant qu'il vint

en une valee par devant un hermitage qui estoit ou fons
d'un val. Et il resgarde vers l'ermitage et voit de cele part
venir un chevalier armé d'unes armes blanches, et venoit
si grant oirre come li chevax sor qoi il seoit pooit aler ; et
tint le glaive aloignié et vint poignant encontre lui. Et il
se radresce vers lui si tost come il le vit venir, et brise son
glaive sor lui et le fet voler en pieces. Et li blans che-
valiers, qui l'ot pris a descovert, le fiert si durement qu'il li
ront les mailles del hauberc et li met par mi l'espaule se-
nestre le fer tranchant ; si l'empaint bien come cil qui assez
avoit et cuer et force ; si le porte dou cheval a terre. Et au
chaoir qu'il fist, li chevaliers li oste l'escu dou col, et li dist
si haut que bien le pot oïr, et li escuiers meismes l'entendi
bien : « Sire chevaliers, trop fustes fox et musarz qui cest
escu pendistes a vostre col. Car il n'est otroiez a nul home
a porter, s'il n'est li mieldres chevaliers qui soit ou monde.
Et por le pechié que vos i avez m'envoia ça Nostre Sires, por
prendre en la venjance selonc le meffet. » Et quant il a ce
dit, si vient a l'escuier et li dist : « Tien, va t'en et porte
cet escu au serjant Jhesucrist, au bon chevalier que len
apele Galaad, que tu laissas ore en l'abeie ; et li di que li
Hauz Mestres li mande qu'il le port. Car il le trovera toz dis
autresint fres et autresi bon come il est orendroit, et ce
est une chose por qoi il le doit molt amer. Et le salue de
par moi, si tost come tu le verras. » Et li vaslez li demande :
« Sire, coment avez vos non, que je le sache dire au che-
valier quant je vendrai a lui ? » — « De mon nom, fet il,
ne puez tu mie savoir ; car ce n'est mie chose que on doie
dire a toi ne a home terrien ; et por ce t'en covient il sofrir
a tant. Mes ce que je te comant fai. » — « Sire, fet li vaslez,
puis que vos vostre non ne me diroiz, je vos pri et conjur
par la riens el monde que vos plus amez que vos me dioiz
la verité de cest escu, et coment il fu aportez en ceste

terre et por qoi tantes merveilles en sont avenues. Car onques
hom a nostre tens ne le pot pendre a son col a cui il n'en
mescheist. » — « Tant m'en as conjuré, fet li chevaliers,
que je le te dirai. Mes ce ne sera mie a toi seul, ainz vuel
que tu i amoines le chevalier a qui tu porteras l'escu. » Et
cil dist que ce fera il bien. « Mes ou vos porrons nos, fet il,
trover quant nos vendrons ceste part ? » — « En ceste
place meismes, fet il, me troveroiz. » Lors vient li vaslez au
roi Baudemagu et li demande se il est molt bleciez : « Oïl
certes, fet li rois, si durement que je n'en puis eschaper
sanz mort. » — « Et porroiz vos, fet il, chevauchier ? » Et
il dist qu'il s'i essaiera. Si se drece si navrez come il estoit,
et li vaslez li aide tant qu'il sont venu au cheval dont li
rois estoit chaüz. Si monte li rois devant et li vaslez derriere,
por tenir le par mi les flans : car il cuide bien qu'il chaïst
autrement, et si feist il sanz faille.

En tel maniere se partirent il de la place ou li rois ot esté
navrez, et chevauchierent tant qu'il sont venu a l'abeie dont
il s'estoient parti maintenant. Et quant cil de laienz sorent
que il revenoient, si lor saillirent a l'encontre ; et descen-
dent le roi Baudemagus et l'en meinent en une chambre, et
se font prendre garde de sa plaie, qui assez estoit grant et
merveilleuse. Et Galaad demande a un des freres, qui s'en
entremetoit : « Sire, cuidiez vos qu'il puist garir ? Car il
me semble que ce seroit domages trop granz, se il por ceste
aventure moroit. » — « Sire, fet li freres, il en eschapera
se Dieu plest. Mes je vos di qu'il est molt durement navrez ;
et si ne l'en doit len mie trop plaindre. Car nos li avions
bien dit que se il l'escu emportoit, que il l'en mescherroit ;
et il l'emporta sor nostre deffens, dont il se puet tenir por
fol. » Et quant cil de laienz li orent fet tot ce qu'il sorent
de bien, li vaslez dist a Galaad, voiant touz cels de la place :
« Sire, saluz vos mande li bons chevaliers as armes blanches,

cil par qui li rois Baudemagus fu navrez, et vos envoie
cest escu ; et vos mande que vos le portoiz des ore mes,
de par le Haut Mestre. Car il n'est ore nus, si come il dist,
fors vos seuls, qui le doie porter. Et por ce le vos a il par
par moi envoié. Et se vos volez savoir dont ces granz aven-
tures sont par tantes foiz avenues, alons a lui entre moi et
vos et il le nos contera : car einsi le m'a il promis. »

Quant li frere oient ceste novele, si s'umelient molt vers
Galaad, et dient que beneoite soit fortune qui ceste part l'a
amené : car or sevent il bien que les granz aventures peril-
leuses seront menees a fin. Et Yvains li Avoltres dit : « Mes-
sire Galaad, metez a vostre col cel escu, qui onques ne fu fez
se por vos non. Si sera auques ma volenté acomplie : car
certes je ne desirrai onques mes autant chose que je veisse
come je fesoie a conoistre le Bon Chevalier qui de cest escu
porteroit la seignorie. » Et Galaad respont qu'il le metra a
son col puis qu'il li est envoiez, mes il velt ançois que ses
armes soient aportees ; si les demande, et len li aporte. Et
quant il est armez et montez en son cheval, si pent l'escu a
son col et se part de laienz et comande les freres a Dieu. Et
Yvains li Avoltres se refu armez et montez en son cheval et
dist qu'il feroit compaignie a Galaad. Mes il li respondi que
ce ne pooit estre, car il iroit toz seuls fors dou vaslet. Si se
partent einsi li uns de l'autre et tint chascuns sa voie.

Si s'embat Yvains en une forest. Et Galaad et li vaslez se
vont tant qu'il troverent le chevalier as armes blanches que
li vaslez avoit autre foiz veu. Et quant il voit venir Galaad,
si li vient a l'encontre et le salue, et il li rent son salu
au plus cortoisement qu'il puet. Si s'entracointent
et parolent li uns a l'autre, et tant que Galaad dist au che-
valier : « Sire, par cest escu que je port sont maintes
aventures merveilleuses avenues en cest païs, si com j'ai oï
dire. Si vos voudroie prier par amor et par franchise que

vos m'en deissiez la verité et coment et por coi ce est avenu, car je croi bien que vos le sachiez. » — « Certes, sire, fet li chevaliers, je le vos dirai volentiers, car je en sai bien la verité. Or escoutez, s'il vos plaist, Galaad », fet li chevaliers.

« Il avint emprés la Passion Jhesucrist quarante et deus anz que Joseph d'Arimacie, li gentix chevaliers qui despendi Nostre Seignor de la sainte veraie Croix, se parti de la cité de Jherusalem entre lui et grant partie de son parenté. Et tant errerent, quant il se furent mis a la voie par le comandement Nostre Seignor, qu'il vindrent en la cité de Sarraz, que li rois Ewalach, qui lors estoit sarrazins, tenoit. Et a cel tens que Joseph vint a Sarraz avoit Ewalach guerre a un sien voisin, riche roi et puissant, qui marchissoit a sa terre ; et estoit icil rois apelez Tholomers. Et quant Ewalach se fu aprestez por aler sor Tholomer, qui sa terre li demandoit, Josephes li filz Joseph dist que, se il aloit en la bataille si desconseilliez com il estoit, il seroit desconfiz et honiz par son anemi. « Et que m'en loez vos ? » fet Ewalach. — « Ce vos dirai je bien, » fet il. Lors li comence a trere les poinz de la novele Loi et la verité de l'evangile et del crucefiement Nostre Seignor, et del resuscitement li dist il la verité, et li fist aporter un escu ou il fist une croiz de cendal et li dist : « Rois Ewalach, or te mostrerai apertement coment tu porras conoistre la force et la vertu del verai Crucefié. Il est voirs que Tholomers li fuitis avra seignorie trois jors et trois nuiz sor toi et tant fera qu'il te menra a poor de mort. Mes quant tu ne cuideras pas que tu en puisses eschaper, lors descoevre la croiz et di : « Biau sire Diex, de cui mort je « port le signe, gitez moi de cest peril et conduisiez sain et « sauf a recevoir vostre foi et vostre creance. »

« A tant s'en parti li rois et ala a ost sor Tholomer. Et il li avint tot einsi com Josephes li dist. Et quant il se vit en tel

## HISTOIRE DE L'ÉCU

peril que il cuidoit veraiement morir, il descovri son escu et
vit ou mileu un home crucefié qui toz estoit sanglenz. Si
dist les paroles que Josephes li ot enseigniees, dont il ot
victoire et honor et fu gitez des mains a ses anemis et vint
au desus de Tholomer et de toz ses homes. Et quant il fu
venuz a sa cité de Sarras, si dist a tout le pueple la verité
que il ot trovee en Josephe et manifesta tant l'estre del Cru-
cefié que Nasciens reçut baptesme. Et en ce qu'il le crestien-
noient avint que uns hons passoit par devant aux, qui avoit
le poing coupé et portoit son poing en l'autre main. Et
Josephes l'apela a soi et cil i vint ; et si tost com il ot touchié
a la croiz qui en l'escu estoit, si se trova cil gariz dou poing
qu'il avoit perdu. Et encor en avint il une aventure molt
merveilleuse. Car la croiz qui en l'escu estoit s'en parti et
s'aerdi au braz de celui en tel maniere que puis ne fut veue
en l'escu. Lors reçut Ewalach baptesme et devint serjanz
Jhesucrist, et ot puis Jhesucrist en grant amor et en grant
reverence et fist garder l'escu molt chierement.

« Aprés avint, quant Josephes se fu partiz de Sarras entre
lui et son pere et il furent venu en la Grant Bretaingne, qu'il
troverent un roi fellon et cruel qui ambedeus les emprisonna
et avec els grant partie de crestiens. Quant Josephes fu
emprisonnez, tost en ala loing la novele, car alors n'avoit
home ou monde de greignor renommee, et tant que li rois
Mordrains en oï parler. Si semonst ses homes et ses genz
entre lui et Nascien son serorge et s'en vindrent en la Grant
Bretaigne sor celui qui Josephe tenoit en prison ; et le dese-
riterent tout et confondirent toz cels dou païs, si que en la
terre fu espandue sainte crestientez. Et il amoient tant Jose-
phe que il ne partirent puis dou païs, ainz remestrent avec
lui et le sivoient par toz les leus ou il aloit. Et quant Josephes
vint au lit mortel et Ewalach conut qu'il le covenoit a partir
de cest siecle, il vint devant lui et plora mout tendrement et

dist : « Sire, puis que vos me lessiez, or remaindrai je toz
« seus en cest païs, qui por amor de vos avoie ma terre
« lessiee et la douçor de ma nacion. Por Dieu, puis qu'il vos
« covient departir de cest siecle, lessiez moi de vos aucunes
« enseignes qui me soient aprés vostre mort remembrance. »
— « Sire, dist Josephes, ce vos dirai je bien. »

« Si comenca a penser que il li porroit lessier. Et quant il
ot grant piece pensé, si dist : « Rois Ewalach, fai moi apor-
« ter ici icel escu que je te baillai quant tu alas en la bataille
« sor Tholomer. » Et li rois dist que si feroit il volentiers,
car il estoit pres d'ilec come cil que il fesoit porter o soi en
quelque leu que il alast. Si fist devant Josephe aporter l'es-
cu. A cel point que li escuz fu aportez devant Josephe avint
que Josephes saignoit mout durement par mi le nes, si ne
pooit estre estanchiez. Et il prist tantost l'escu et i fist de
son sanc meisme cele croiz que vos veez ci : et bien
sachiez que ce est icel escu meismes que je vos cont. Et
quant il ot fete la croiz tele com vos la poez veoir, il li dist :
« Veez ci l'escu que je vos les en remembrance de moi. Et ja
« cest escu ne verroiz qu'il ne vos doie souvenir de moi,
« car vos savez bien que ceste croiz est fete de mon sanc,
« si sera toz jorz mes ausi fresche et ausi vermeille com vos la
« poez veoir orendroit, tant com li escuz durra. Ne il ne fau-
« dra mie tost por ce que ja mes nel pendra nus a son col, por
« qu'il soit chevaliers, qu'il ne s'en repente, jusqu'a tant que
« Galaad, li Bons Chevaliers, li darreins dou lignage Nasçien,
« le pendra a son col. Et por ce ne soit nus tant hardiz qui a
« son col le pende se cil non a qui Diex l'a destiné. Si i a
« tele achaison que, tout ausi come en l'escu ont esté veues
« merveilles graindres que en autre, tout ausi verra len plus
« merveilleuse proece et plus haute vie en lui que en autre
« chevalier. » — « Puis qu'il est einsi, fet li rois, que vos si
« bone remembrance de vos me lairez, or me dites s'il vos

« plest ou je lairé cest escu. Car je voldroie molt qu'il fust
« mis en tel leu ou li Bons Chevaliers le trovast. » —
« Donc vos dirai je, dist Josephes, que vos feroiz. La ou vos
« verroiz que Nasciens se fera metre emprés sa mort, si metez
« l'escu : car ilec vendra li Bons Chevaliers au cinquieme
« jor qu'il aura receu l'ordre de chevalerie. »

« Si est tout einsi avenu come il le dist, car au cinquieme
jor aprés ce que vos fustes chevaliers venistes vos en cele
abeie ou Nasciens gist. Si vos ai ore conté por quoi les
granz aventures sont avenues as chevaliers pleins de fol
hardement qui sor cestui deffens en voloient porter l'escu
qui a nului n'estoit otroiez fors a vos. »

Et quant il ot ce conté, si s'esvanoï en tel maniere que
onques Galaad ne sot qu'il estoit devenuz ne quel part il
estoit tornez. Et quant li vaslez qui ilec estoit ot oïe ceste
aventure, si descendi de son roncin et se lessa chaoir as piez
Galaad et li pria tout em plorant, por amor de Celui de qui il
portoit l'enseigne en son escu, qu'il li otroiast a aler avec lui
come escuiers et le feist chevalier. « Certes, fet Galaad, se je
compaignie vousisse avoir, je ne te refusasse mie. » —
« Sire, por Dieu, fet li vaslez, dont vos pri je que vos che-
valier me façoiz et je vos di que chevalerie sera bien en moi
emploiee, se Dieu plest. » Galaad resgarde le vaslet qui
plore mout tendrement ; si l'em prent mout grant pitié et
por ce li otroie il. « Sire, fet li vaslez, retornez la dont nos
venons, car ilec avré je armes et cheval. Et vos le devez bien
fere, ne mie por moi solement, mes por une aventure qui i
est, que nus ne puet a chief mener, et je sai bien que vos
l'acheveroiz. » Et il dist qu'il ira volentiers.

Si retorne maintenant a l'abeie. Et quant cil de laienz
voient qu'il revenoit, si li firent grant joie et demanderent
au vaslet por quoi li chevaliers estoit retornez : « Por moi
fere chevalier, » fet il. Et il en ont grant joie. Et li Bons

Chevaliers demande ou cele aventure est : « Sire, font cil
de laienz, savez vos quele aventure ce est ? » — « Nanil, »
fet il. — « Or sachiez, font il, que ce est une voiz qui ist
d'une des tombes de nostre cimetiere. Si est de tel force que
nus ne l'ot qui ne perde le pooir dou cors grant tens aprés. »
— « Et savez vos, fet Galaad, dont cele voiz vient ? » —
« Nanil, font cil, se ce n'est de l'anemi. » — « Or m'i
menez, fet il, car mout le desirre a savoir. » — « Donc
covient il que vos en venez o nos. » Et lors l'en meinent au
chief dou mostier tout armé fors de son hiaume. Si li dist
uns des freres : « Sire, veez vos cel grant arbre et cele
tombe desoz ? » — « Oïl, » fet il. — « Or vos dirai donc,
fet li freres, que vos feroiz : alez a cele tombe la, et la levez,
et je vos di que vos trovéroiz desoz aucune grant merveille. »
A tant vet Galaad cele part et ot une voiz qui gita un cri si
dolereus que ce fu merveille, et dist si haut que tuit le porent
oïr : « He ! Galaad, serjant Jhesucrist, n'aproche plus de
moi, car tu me feroies ja remuer de la ou j'ai tant esté. » Et
quant Galaad ot ce, si n'est point esbahiz, ainz vet a la tombe.
Et quant il la volt prendre par le gros chief, si en voit issir
une fumee et une flamme aprés, et en voit issir une figure
la plus hisdeuse qui fust en semblance d'ome. Et il se seigne,
car bien set que ce est li anemis. Et lors ot une voiz qui li
dist : « Ha ! Galaad, sainte chose, je te voi si avironné
d'anges que mes pooirs ne puet durer encontre ta force : je
te les le leu. » Et quant il ot ce, si se seigne et mercie Nostre
Seignor. Si lieve la tombe contremont et voit desoz un
cors gesir tot armé, et voit delez lui une espee et quan qu'il
covient a home fere chevalier. Et quant il voit ce, si apele
les freres et lor dist : « Venez veoir ce que je ai trové, si
me dites que je en ferai, car je suiz pres que plus en face
se plus en doi fere. » Et cil i vont. Et quant il voient le
cors gesir en la fosse, si li dient : « Sire, il ne covient que

vos en façoiz plus que fet en avez, car ja cist cors qui ci
gist ne sera remuez de son leu, si come nos cuidons. » —
« Si sera, fet li vielz hons qui ot l'aventure devisee a Gaalad.
Il covient qu'il soit ostez de cest cimetiere et gitez fors, car
la terre est beneoite et saintefiée ; por quoi li cors dou cres-
tien mauvés et faus n'i doit remanoir. » Et lors comande as
serjanz de laienz que il l'ostent fors de la fosse et le metent
fors dou cimetiere, et cil si font. Et Galaad dist au preudome :
« Sire, ai je fet de ceste aventure quan que je en doi fere ? »
— « Oïl, fet il ; car ja mes la voiz dont tant de mal sont
avenu n'i sera oïe. » — « Et savez vos, fet Galaad, por quoi
tantes merveilles en sont avenues ? » — « Sire, fet cil, oïl
bien, et je le vos dirai volentiers ; et vos le devez bien savoir
come la chose ou il a grant senefiance. »

A tant se partent dou cimetiere et revienent a l'abeie.
Et Galaad dist au vaslet qu'il le covient la nuit veiller en
l'iglise et demain le fera chevalier si come droiz est. Et cil
dist qu'il ne demande el. Si s'apareille einsi com l'en li
enseigne de recevoir la haute ordre de chevalerie qu'il a tant
desirree. Et li preudons en moine Galaad en une chambre
et le fet desarmer et desgarnir de ses armes, et puis le fet
asseoir en un lit et li dit :

« Sire, vos me demandastes ore la senefiance de ceste aven-
ture que vos avez menee a chief : et je la vos dirai volentiers.
En ceste aventure avoit trois choses qui molt faisoient
a redouter : la tombe qui n'estoit mie legiere a lever, le cors
dou chevalier qu'il covenoit giter de son leu, la voiz que chas-
cuns i ooit, par quoi il perdoit la force dou cors et le sens
et la memoire. Et de ces trois choses vos diré je bien la
senefiance.

« La tombe qui covroit le mort senefie la durté dou monde,
que Nostre Sires trova si grant quant il vint en terre, car il
n'i avoit se durté non. Car li filz n'amoit le pere ne li peres

l'enfant, par quoi li anemis les emportoit en enfer tout
pleinement. Quant li Peres des cielx vit qu'il avoit en terre
si grant durté que li uns ne conoissoit l'autre ne li uns ne
creoit l'autre ne parole que prophetes li deist, ainz establis-
soient toute jor noviax diex, et il envoia son fil en terre
et por cele durté amoloier et por fere les cuers des pecheors
tendres et noviax. Et quant il fut descenduz en terre, il
les trova toz enduciz en pechié mortel, si que ausi bien
poïst len amoloier une roche dure come lor cuers. Dont
il dist par la bouche David le prophete : « Je sui sen-
« glement jusqu'a tant que je trespasserai ; » ce fu a dire :
« Peres, mout avras convertie petite partie de cest pueple
« devant ma mort. » Et cele similitude que li Peres envoia
en terre son fil por delivrer son pueple est ore renovelee.
Car tout ausi come l'error et la folie s'en foï par la venue
de lui et la verité fu lors aparanz et manifestee, autresint
vos a Nostre Sires esleu sor toz autres chevaliers por en-
voier par les estranges terres por abatre les grevoses
aventures et por fere conoistre coment eles sont avenues.
Por quoi len doit vostre venue comparer pres a la venue
Jhesucrist, de semblance ne mie de hautece. Et tout einsi
com li prophete qui avoient esté grant tens devant la venue
Jhesucrist avoient anonciee la venue Jhesucrist et dit qu'il
delivreroit le pueple des liens d'enfer, tout einsint ont
anonciee li hermite et li saint home vostre venue plus
a de vint anz. Et disoient bien tuit que ja les aventures dou
roiaume de Logres ne faudroient devant que vos fussiez
venuz. Si vos avons tant atendu, Dieu merci, que ore vos
avons. »

— « Or me dites, fet Galaad, que li cors senefie ; car de la
tombe m'avez vos bien fet certain. » — « Et je le vos dirai,
fet cil. Li cors senefie le pueple qui desoz durté avoit tant
demoré qu'il erent tuit mort et avugle par le grant fes des

pechies qu'il avoient fet de jor en jor. Et bien i parut qu'il
estoient avugle en l'avenement Jhesucrist. Car quant il orent
o ax le Roi des Rois et le Sauveor dou monde, il le tin-
drent a pecheor et cuidierent qu'il fust autel come il
estoient. Si crurent plus l'anemi que il ne firent lui et
livrerent sa char a mort, par l'amonestement dou deable,
qui toz jorz lor chantoit es oreilles et lor estoit es cuers
entrez. Et par ce firent il tel oevre dont Vaspasiens les dese-
rita et destruist, si tost come il sot la verité dou prophete
vers qui il avoient esté desloial ; et einsi furent il destruit
par l'anemi et par son amonestement.

« Or devons veoir coment ceste semblance et cele de lors
s'entracordent. La tombe senefie la grant durté des Gyeus
et li cors senefie aux et lor oirs qui tuit estoient mort par
lor pechié mortel, dont il ne se pooient mie oster legiere-
ment. Et la voiz qui de la tombe issoit senefie la dolereuse
parole qu'il distrent a Pilate le prevost : « Li sans de lui soit
« sor nos et sor nos enfanz ! » Et por cele parole furent il honi
et perdirent aux et quant qu'il avoient. Einsi poez vos veoir
en ceste aventure la senefiance de la Passion Jhesucrist et la
semblance de son avenement. Et autre chose en est encore
avenue autrefoiz : car si tost com li chevalier errant venoient
ça et il aloient vers la tombe, li anemis, qui les conoissoit
a pecheors vilz et orz et veoit que il estoient envelopé es
granz luxures et es iniquitez, lor fesoit si grant poor de sa
voiz horrible et espoantable que il en perdoient le pooir del
cors. Ne ja mes ne faussist l'aventure que li pecheor n'i fussent
toz jors entrepris, se Diex ne vos i eust amené por la mener
a chief. Mes si tost come vos venistes, li deables, qui vos
savoit a virge et a net de toz pechiez si come hons terriens
puet estre, n'osa atendre vostre compaignie, ainz s'en ala et
perdi tot son pooir par vostre venue. Et lors failli l'aventure
ou maint chevalier proisié s'estoient essaié. Si vos ai ore dite la

verité de ceste chose. » Et Galaad dit que molt i a greignor
senefiance que il ne cuidoit.

Cele nuit fu Galaad serviz au mielz que li frere porent. Et
au matin fist le vaslet chevalier si come a cel tens ert cos-
tume. Et quant il li ot fet tout ce qu'il devoit, si li demanda
coment il avoit non. Et cil dist que len l'apeloit Melyant et
estoit filz au roi de Danemarche. « Biaus amis, fet Galaad,
puis que vos estes chevaliers et estrez de si haut lignage
come de roi et de roine, or gardez que chevalerie soit si
bien emploiee en vos que l'anors de vostre lignage i soit
sauve. Car ausi tost com filz de roi a receue l'ordre de cheva-
lerie, il doit aparoir sor toz autres chevaliers en bonté, ausi
com li rais del soleil apert sor les estoiles. » Et cil respont
que, se Diex plaist, l'onor de chevalerie sera en lui bien
sauve; car por peine qu'il li coviegne a soffrir ne remaindra
il mie. Et lors demande Galaad ses armes, et len li aporte,
et Melyans li dist : « Sire, Dieu merci et la vostre, vos
m'avez fet chevalier, dont j'ai si grant joie qu'a peine le
porroie je dire ; et vos savez bien qu'il est costume que, qui a
fet chevalier, il nel doit mie escondire par droit dou premier
don qu'il li demande, por que ce soit chose resnable. » —
« Vos dites voir, fet Galaad, mes por quoi l'avez vos dit ? »
— « Por ce, fet cil, que je vos vueil demander un don ; si vos
pri que vos le me donez, car ce est une chose dont ja maus
ne vos vendra. » — « Et je la vos otroi, fet Galaad, mes que
je en deusse estre grevez. » — « Granz merciz, fet Melyans ;
or vos requier je que vos me lessiez aler o vos en ceste
Queste tant que aventure nos departe, et aprés, se aventure
nos rassemble, ne me tolez pas vostre compaignie por autrui
donner. »

Lors comande que len li ameint un cheval, car il velt aler
avec Galaad ; et len si fet et il se part de laienz entre lui et
Galaad. Si chevauchierent tout le jor et toute la semaine. Si

lor avint a un mardi matin que il vindrent a une croiz qui partoit le chemin en deus ; et il vienent a la croiz et troevent letres qui estoient entailliees ou fust et disoient : Oz tu, chevaliers qui vas aventures querant, voiz ci deus voies, l'une a destre et l'autre a senestre. Cele a senestre te deffent je que tu n'i entres, car trop covient estre preudome celui qui i entre se il en velt issir ; et se tu en cele a destre entres, tost i porras perir. Et quant Melyan voit ces letres, si dist a Galaad : « Ha ! frans chevaliers, por Dieu, lessiez moi entrer en cele a senestre, car ici porrai je esprover ma force et conoistre s'il avra ja en moi proesce ne hardement par quoi je doie avoir los de chevalerie. » — « S'il vos pleust, fet Galaad, je i alasse, car si com je pens je m'en getasse mielz que vos. » Et cil dit qu'il n'i entrera ja se li non. Si se part li uns del autre et entre chascuns en sa voie. Mes atant lesse ore li contes de Galaad et parole de Melyant et coment il li avint.

*<br>* *

Or dit li contes que quant Melyanz se fu partiz de Galaad, il chevaucha jusques a une forest ancienne qui duroit bien deus jornees, et tant que il vint l'endemain a heure de prime en une praerie. Si voit ou milieu dou chemin une chaiere bele et riche ou il avoit une coronne d'or trop bele ; et devant la chaiere avoit plusors tables raemplies de biaus mengiers. Il regarde cele aventure, si ne li prent fain de chose que il voie fors de la corone qui tant est bele, et dist que buer seroit nez qui la porteroit en son chief devant le pueple. Lors la prent et dist qu'il l'emportera o soi ; si met son braz destre par mi et se remet en la forest. Si n'ot gaires alé quant il volt un chevalier sor un grant destrier venir aprés lui, qui li dit : « Dans chevaliers, metez la jus la corone, que ele n'est pas vostre, et sachiez que mar la preistes. »

Quant Melyanz l'entent, si retorne arriere, car bien voit que a jouster li covient. Si se seingne et dit : « Biau sire Diex, aidiez a vostre novel chevalier ! » Et cil li vient et le fiert molt durement, si que par mi l'escu et par mi le hauberc li met le glaive ou costé ; et l'empeint si bien que il le porte a terre tel atorné que li fers li est remés ou costé et grant partie dou fust. Et li chevaliers s'aproche de lui, si li oste la corone dou braz et li dist : « Dans chevaliers, lessiez la corone, car vos n'i avez droit. » Si s'en retorne la dont il ert venuz. Et Melyanz remaint, qui n'a pooir de soi relever, come cil qui cuide estre a mort navrez. Si se blasme de ce que il ne creï Galaad, car il li en est ja mescheü.

Endementiers que il estoit en tel dolor avint que Galaad vint cele part einsi com ses chemins l'i amena. Et quant il aperçu Melyant qui gisoit a terre navrez, si en fu mout dolenz, car il cuidoit bien que il fust a mort navrez. Si vient a lui et li dist : « Ha ! Melyant, qui vos a ce fet ? En cuidiez vos garir ? » Et quant il l'ot, si le reconoist et li dist : « Ha ! sire, por Dieu, ne me lessiez morir en ceste forest, mes portez m'en en aucune abeie, ou j'aie mes droitures et muire ilec come bons crestiens ! » — « Coment, fet mesire Galaad, Melyant, estes vos donc si navrez que vos en cuidiez morir ? » — « Oïl », fet il. Et il en est trop dolenz, et li demande ou sont cil qui ce li ont fet.

Et lors issi des foilliees li chevaliers qui avoit Melyant navré. Si dist a Galaad : « Sire chevaliers, gardés vos de moi ; car je vos ferai dou pis que je porrai. » — « Ha ! sire, fet Melyanz, ce est cil qui m'a ocis. Mes por Dieu gardez vos de lui. » Galaad ne respont mot, ainz s'adrece au chevalier qui venoit grant aleure, et por ce que il venoit si grant oirre failli il a lui encontrer. Et Galaad le fiert si durement

que il li met le glaive parmi l'espaule, si abat lui et le cheval
tot en un mont et le glaive brise. Et Galaad fet outre son
poindre. En ce qu'il retornoit, si se regarde et voit venir un
chevalier armé qui li crie : « Dans chevaliers, vos me lairez
le cheval ! » Si li vient et aloigne le glaive et li brise sor
l'escu, mes il nel remue de la sele. Et Galaad li trenche de
l'espee le poign senestre. Et quant cil se sent mehaignié, si
torne en fuie car poor a de morir. Et Galaad ne l'enchauce
plus, come cil qui n'a talent de fere lui plus de mal que il a
eu ; ainz retorne a Melyant et ne resgarde plus le chevalier
qu'il avoit abatu.

Et lors demande a Melyant que il veut que il li face, car il
fera por lui ce que il porra. « Sire, se je pooie soffrir le
chevauchier, je voldroie que vos me meissiez devant vos, et
m'en portissiez jusques a une abeie qui est pres de ci. Car je
sai bien, se je estoie ilec, que len metroit toutes les peines
que len poroit en moi garir. » Et il dist que ce fera il volen-
tiers. « Mes je quit que il seroit mielz, fet Galaad, que len
vos ostast avant cel fer. » — « Ha ! sire, fet il, je ne me
metroie mie en cest point devant ce que je fusse confés, car
je cuit que je morroie au trere. Mes portez m'en. » Lors le
prent au plus soef que il puet et le met devant lui, si l'em-
brace que il ne chiee, car mout le voit foible. Si s'en vont
lor chemin et errent tant que il vindrent a une abeie.

Quant il furent a la porte, si apelerent. Et li frere, qui
estoient preudome, lor ovrirent et les reçurent mout douce-
ment et emporterent Melyant en une chambre quoie. Quant
il ot osté son hiaume, il demanda son Sauveor et len li
aporta. Et quant il fu confés et il ot crié merci come bons
crestiens, si receut *Corpus Domini*. Et quant il l'ot receu, si
dist a Galaad : « Sire, ore viegne la mors, car je me sui bien
garnis encontre lui. Or poez essaier a oster le fer de mon
cors. » Et il met la main au fer et le trait hors a tout le fust.

Et cil se pasme d'angoisse. Et Galaad demande se il a laienz home qui des plaies au chevalier se sache entremetre. « Sire, oïl », font il. Si mandent un moine ancien, qui chevaliers avoit esté, et li mostrent la plaie. Et il la regarde et dit que il le rendra tout sain dedenz un mois. De ceste novele a Galaad mout grant joie ; si se fet desarmer et dist qu'il demorra laienz tout le jor et l'endemain, por savoir se Melyanz porra garir.

Si demora einsi laienz trois jors. Et lors demanda il a Melyant coment il li estoit ; et il li dist que il ert tornez a garison. « Donc m'en porrai je bien, fet il, aler demain. » Et cil respont toz dolenz : « Ha ! mesire Galaad, me lairez vos dont ci ? Ja sui je li hons ou monde qui plus desirre vostre compaignie se il la poïst maintenir. » — « Sire, fet Galaad, je ne vos serf ici de riens ; et je eusse greignor mestier d'autre chose fere que de reposer, et de quierre le Saint Graal dont la Queste est par moi comenciee. » — « Coment, fet uns des freres, est ele donc comenciee ? » — « Oïl, fet Galaad, et en somes andui compaignon. » — « Par foi, fet li freres, donc vos di je, sire chevaliers malades, que ceste meschance vos est avenue par vostre pechié. Et se vos me deissiez vostre errement puis que la Queste fu comenciee, je vos mosterroie par quel pechié ce vos avint. » — « Sire, fet Melyanz, et je le vos dirai. »

Lors li conte Melyanz coment Galaad l'ot fet chevalier, et des letres que il troverent en la croiz, qui deffendoient la voie a senestre, et coment il i entra, et tout ce qui li estoit avenu. Li preudons, qui estoit de sainte vie et de haute clergie, li dist : « Certes, sire chevaliers, voirement sont ce des aventures dou Saint Graal ; car vos ne m'avez dite chose ou il n'ait grant senefiance, et si le vos dirai.

« Quant vos deustes estre chevaliers, vos alastes a confesse, si que vos montastes en l'ordre de chevalerie nez et espur-

giez de toutes ordures et de toz pechiez dont vos vos sentiez
entechiez ; et einsi entrastes vos en la Queste dou Saint Graal
tiex come vos deviez estre. Mes quant li deables vit ce, si en
fu molt dolenz et pensa que il vos corroit sus, si tost come
il verroit son point. Et il si fist, si vos dirai quant ce fu.
Quant vos partistes de l'abeie ou vos fustes fait chevaliers, la
premiere encontre que vos trovastes ce fu li signes de la
veraie Croiz ; ce est li signes ou chevaliers se doit plus fier.
Et encore i avoit il plus. Il avoit un brief qui vos devisoit
deus voies, l'une a destre et l'autre a senestre. Et par cele a
destre devez vos entendre la voie Jhesucrist, la voie de pitié,
ou li chevalier Nostre Seignor errent de nuiz et de jorz, de
jor selonc l'ame et de nuit selonc le cors. Et par cele a senes-
tre devez vos entendre la voie as pecheors, ou li grant peril
avienent a cels qui s'i metent. Et por ce que ele n'estoit mie
si seure come l'autre, deffendoit li bries que nus ne s'i meist,
se il n'estoit plus preudons que autres, ce est a dire se il
n'estoit si fondez en l'amor Jhesucrist que por aventure ne
peust chaoir en pechié. Et quant tu veis le brief, tu t'esmer-
veillas que ce pooit estre ; et maintenant te feri li anemis
d'un de ses darz. Et ses tu douquel ? D'orgueil, car tu pensas
que tu t'en istroies par ta proesce. Et einsi fus tu deceuz par
entendement ; car li escriz parloit de la chevalerie celestiel,
et tu entendoies de la seculer, par coi tu entras en orgueil ;
et por ce chaïs tu en pechié mortel.

« Quant tu te fus partiz de Galaad, li anemis, qui t'avoit
trové foible, se mist avoec toi et pensa que poi avoit fet
encor s'il ne te fesoit chaoir en un autre pechié, si que de
pechié en pechié te meist en enfer. Lors apareilla devant toi
une corone d'or, et si te fist chaoir en covoitise si tost com
tu la veis. Et si tost com tu la preis chaïs tu en deus pechiez
mortels, ce fu orgueil et covoitise. Et quant il vit que tu
avoies covoitise menee a oevre et que tu emportoies la co

rone, il se mist lors en guise de chevalier pecheor et entiça tant a mal fere, com cil qui suens estoït, que il ot talent de toi ocirre. Si t'acorut lance levee et t'eust ocis ; mes la croiz que tu feis te garanti. Mes toutes voies por la venjance de ce que tu estoies issuz de son servise te mena Nostre Sires jusques a paor de mort, por ce que tu te fiasses mielz une autre foiz en l'aide Nostre Seignor que en ta force. Et por ce que tu eusses prochain secors t'envoia il Galaad, cest saint chevalier, as deus chevaliers qui senefioient les deus pechiez qui en toi estoient herbergié, et n'i porent durer por ce que il estoit sanz pechié mortel. Si vos ai ore devisé par quele senefiance ces aventures vos sont avenues. » Et il dient que ceste senefiance est bele et merveilleuse.

Assez parlerent des aventures dou Saint Graal entre le preudome et les deus chevaliers cele nuit. Si pria tant Galaad a Melyant qu'il li dona congié d'aler s'en de quele hore que il voudroit. Et il dist, puis qu'il li otroie, que il s'en ira. A l'endemain, si tost come Galaad ot oïe messe, il s'arma et comanda a Dieu Melyant et chevaucha mainte jornee sans aventure trover qui a conter face. Mes un jor avint qu'il se fu partiz de chiés un vavasor, si n'ot pas oïe messe, et erra tant que il vint en une haute montaigne, si i trova une chapele anciene. Il torna cele part por oïr messe, car il li anuioit mout le jor que il n'ooit le servise de Dieu. Quant il i vint, si n'i trova ame nule fors, que tote ert gaste. Et il s'agenoilla totes voies et pria Nostre Seignor que il le conseillast. Et quant il ot fete sa proiere, si li dist une voiz : « Oz tu, chevaliers aventureus, va t'en droit au Chastel as Puceles et en oste les mauveses costumes qui i sont. »

Quant il ot ce, si mercie Nostre Seignor de ce que il li a envoié son message ; si est tantost montez et s'en vet. Et lors voit auques loign en une valee un chastel fort et bien

seant ; et parmi coroit une grant ewe rade que len apeloit
Saverne. Et il torne cele part ; et quant il vient auques pres,
si encontre un home povrement vestu et de grant aage qui
le salue belement. Et Galaad li rent son salu et li demande
coment cil chastiax a nom. « Sire, fet cil, li Chastiaus as 5
Puceles ; ce est li chastiaus maleoiz, et tuit cil sont maleoit
qui i conversent ; car toute pitié en est fors et toute durtez i
est. » — « Et por coi ? » fet Galaad. — « Por ce, fet cil, que
len i fet honte a toz cels qui i trespassent. Et por ce vos
loeroie je bien, sire chevaliers, que vos retornissiez ; car 10
d'aler avant ne vos porroit venir se honte non. » — « Or
vos consaut Diex, sire preudom, fet Galaad, car le retorner
feroie je molt a enviz. » Lors resgarde a ses armes que riens
n'i faille ; et quant il voit qu'il est bien, si vet grant erre vers
le chastel. 15

Et lors encontre set puceles montees mout richement, qui li
dient : « Sire chevaliers, vos avez les bosnes passees ! » Et il
dit que ja por bosnes ne remaindra que il n'aille ou chastel.
Si vet toz jors avant, et tant que il encontre un vaslet qui li
dist que cil dou chastel li deffendent que il n'aille avant, 20
devant que len sache que il veut. — « Je ne voil, fet il,
fors la costume dou chastel. » — « Certes, fet cil, ce est la
chose que vos mar desirrez ; et vos l'avrez tele que onques
chevaliers ne pot achever. Mes atendez moi ci, et vos avrez
ce que vos querez. » — « Or va donc tost, fet Galaad, et si 25
me haste ma besoigne. »

Et li vaslez s'en entre ou chastel ; si ne demore gaires que
Galaad en voit issir set chevaliers qui estoient freres, qui
escrient a Galaad : « Sire chevaliers, gardez vos de nos : car
nos ne vos aseurons mie fors de la mort ! » — « Coment, 30
fet il, volez vos tuit ensemble combatre a moi ? » — « Oïl,
font il, car tiex est l'aventure et la costume. » Quant il ot
ce, si lor lesse corre le glaive aloignié et fiert le premier, si

qu'il le porte a terre, et a poi qu'il ne li a le col brisié. Et li autre le fierent tuit ensemble sor l'escu, mes de la sele ne le pueent remuer. Et neporquant de la force de lor lances arestent il son cheval en plain cors, et a poi qu'il ne l'abatent. A cel encontrer furent toutes lances brisiees, et si en ot Galaad abatuz trois de son glaive. Et il met la main a l'espee et cort sus a cels qui devant lui estoient, et cil ausi a lui : si comence entr'aux la meslee grant et perillose. Et tant que cil qui furent abatu sont remonté ; et lors recomence la meslee graindre que devant. Mes cil qui de toz les chevaliers ert li mieldres s'esforce tant que il lor fet guerpir la place ; si les atorne tiex a l'espee trenchant que armeure ne les puet garantir que il ne lor face le sanc saillir des cors. Si le troevent de tele force et de tele vistece que il ne cuident mie que il soit hons terriens : car il n'a home ou monde qui la moitié poïst soffrir que il a soffert. Si s'esmaient mout, car il voient que il nel pueent remuer de place, ainz le troevent tor jorz d'autel force come au comencement. Car ce fu veritez de lui, si come l'estoire dou Saint Graal le tesmoigne, que por travail de chevalerie ne fu il onques nus qui lassé le veist.

En tel maniere dura la bataille jusques a midi. Et li set frere erent de grant proesce ; mes quant vint a cele hore, il se troverent si las et si mal atorné que il n'avoient pooir de lor cors deffendre. Et cil qui onques ne recreoit les vet abatant des chevaus. Et quant cil voient que il ne porront plus durer, si s'en tornent fuiant ; et quant il voit ce, si nes enchauce point, ainz vient au pont par ou l'en entroit ou chastel. Et lors encontre un home chenu vestu de robe de religion, qui li aporte les cles de laiens et dist : « Sire, tenez ces cles. Or poez fere de cest chastel et de cels qui i sont a vostre volenté ; car vos avez tant fet que li chastiax est vostres. »

Et il prent les cles et entre ou chastel. Et si tost come il
est enz, si voit parmi les rues tant de puceles que il n'en set
le nombre. Et totes li dient : « Sire, bien veignoiz vos !
mout avons atendue nostre delivrance ! Et beneoiz soit Diex
quant il vos a amené ça ; car autrement ne fuissons nos ja-
mes delivre de cest dolereus chastel. » Il lor respont que
Diex les beneie. Et lors le prenent au frain et l'en meinent
en la mestre forterece et le font desarmer ausi come a force,
car il disoit que il n'estoit mie encore tens de herbergier. Et
une damoisele li dist : « Ha ! sire, que est ce que vos dites !
Certes se vos einsi vos en alez, cil qui par vostre proece s'en
sont foï revendroient encore anuit et recomenceroient la
dolereuse costume que il ont tant longuement maintenue en
cest chastel. Et einsi seriez vos por noient travailliez. » —
« Que volez, fet il, que je face ? Je sui prest que je face vos
volentez, por tant que je voie que ce soit biens a fere. » —
« Nos volons, fet la damoisele, que vos mandez les chevaliers
et les vavasors de ci entor, car il tiennent lor fiez de cest
chastel ; et lor fetes jurer, a aux et a toz cels de ceanz, que
ja mes ne maintendront ceste costume. » Et il l'otroie. Et quand
eles l'orent mené jusques a la mestre meson, il descent
et oste son hiaume et monte ou palés. Et maintenant issi
une damoisele d'une chambre, qui aportoit un cor d'yvoire
bendé d'or molt richement. Si le baille a Galaad et li
dist : « Sire, se vos volez que cil viegnent qui des ore
mes tendront de vos ceste terre, si sonez cest cor, que l'en
puet bien oïr de dis lieves. » Et il dist que ce est biens
a fere. Si le baille a un chevalier qu'il vit devant soi
ester. Et cil le prent et le sone si haut que l'en le puet
bien oïr dou païs tot environ. Et quant il a ce fet, si s'asieent
tuit entor Galaad. Et il demande a celui qui les cles
li ot bailliees se il ert prestres. Et il dit que oïl. — « Or
me dites donc, fet il, la costume de ceanz et ou toutes ces

damoiseles furent prises. » — « Volentiers », fet li prestres.

« Il est voirs que dis anz a passez que li set chevalier que vos avez conquis vindrent en cest chastel par aventure, et se herbergierent o le duc Lynor, qui ert sires de tout cest païs, et estoit li plus preudons que len seust. Et la nuit, quant il orent mengié, monta uns estris entre les set freres et le duc por une soe fille que li set frere voloient avoir a force. Et tant que li dus i fu ocis et uns suens filz et cele retenue por qui la meslee comença. Et quant li frere orent ce fet, si pristrent tout le tresor de laienz et manderent chevaliers et serjanz et comencierent la guerre contre çaux de cest païs. Et tant firent que il les mistrent au desoz et reçurent lor fiez d'aux. Quant la fille le duc vit ce, si en fu mout corociee et dist ausi come par devinaille : « Certes, fist ele, seignor, se vos avez ore la seignorie de cest chastel, il ne nos en chaut. Car ausi com vos l'avez par achaison de fame, ausi le perdroiz vos par damoisele ; et en seroiz tuit set recreant par le cors d'un sol chevalier. » Et il tinrent tot ce a despit et distrent que por ce que ele en avoit dit ne passeroit il ja mais damoisele par devant cest chastel que il ne detenissent jusqu'a tant que li chevaliers vendroit par qui il seroient vencu. Si l'ont einsi fait jusques a ore, si a puis li chastiax esté apelez li Chastiax as Puceles. » — « Et cele damoisele, fet Galaad, par qui cele meslee fu comenciee, est ele encore ceanz ? » — « Sire, fet il, nanil, ele est morte. Mes une soe suer plus juene de li i est. » — « Et coment i estoient ces damoiseles ? » fet Galaad. — « Sire, fet il, eles i avoient mout de malese. » — « Or en sont fors », fet Galaad.

A hore de none comença li chastiax a emplir de cels qui les noveles savoient que li chastiax ert conquis. Si firent grant feste a Galaad, come a celui qu'il tenoient a seignor. Et il revesti maintenant la fille au duc dou chastel et de ce qui i apendoit, et fist tant que tuit li chevalier dou païs

devindrent home a la damoisele, et lor fist a toz jurer que
ja mes cele costume ne maintendroient. Et s'en alerent les
damoiseles chascune en son païs.

Tot le jor demora laienz Galaad, si li fist len mout
honor. Et a l'endemain vint la novele laienz que li set frere
estoient ocis. « Et qui les ocist? » fet Galaad. — « Sire,
fet uns vaslet, ier, quant il partirent de vos, si encontrerent
en cel tertre monseignor Gauvain et Gaheriet son frere
et monseignor Yvain. Si corurent sus li un as autres ; si
torna la desconfiture sor les set freres. » Et il se merveille
de ceste aventure. Si demande ses armes, et len li aporte.
Et quant il est armez, il se part dou chastel, et cil le
convoient grant piece, et tant que il les fet retorner, et il
entre en son chemin et chevauche toz seus. Mes a tant
se test ore li contes de lui, et retorne a monseignor
Gauvain.

\*
\* \*

Or dit li contes que, quant mesires Gauvains se fu partiz
de ses compaignons, il chevaucha a mainte jornee sans aven-
ture trover qui a conter face ; tant qu'il vint a l'abeie ou Galaad
avoit pris l'escu blanc a la croiz vermeille, et li conta len
les aventures qu'il avoit achevees. Et quant il oï ce, si
demanda quele part il ert alez, et len li dist. Et il se mist
au chemin aprés lui et chevaucha tant que aventure le mena
la ou Melyanz gisoit malades. Et quant cil reconut mon-
seignor Gauvain, si li dist noveles de Galaad qui s'en ert au
matin partiz. « Diex! fet mesires Gauvains, tant sui mes-
chaanz ! Or sui je li plus maleureus chevaliers dou monde,
qui vois suivant ce chevalier de si pres et si nel puis
ateindre ! Certes se Diex donast que je le poïsse trover, ja
mes de lui ne departisse, por qu'il amast ma compaignie
autant come je feroie la soe. »

Ceste parole oï uns des freres de laienz, si respondi a monseignor Gauvain : « Certes, sire, la compaignie de vos deus ne seroit mie covenable. Car vos estes serjanz mauvés et desloiax, et il est chevaliers tiex come il doit estre. » — « Sire, fet mesires Gauvains, a ce que vos me dites me semble il que vos me connoissiez bien. » — « Je vos conois, fet li preudons, mout mielz que vos ne cuidiez. ». — « Biau sire, fet Gauvains, donc me poez vos bien dire, s'il vos plest, en quoi je sui tiex come vos me metez sus. » — « Je nel vos dirai mie, fet cil, mes vos troveroiz par tens qui le vos dira. »

En ce qu'il parloient einsi entra laienz uns chevaliers armez de toutes armes, et descendi en la cort ; et li frere corurent a lui por lui desarmer et l'amenerent en la chambre ou mesire Gauvains estoit. Et quant il est desarmez et mesire Gauvains le voit, si conoist que ce est Gaheriés ses freres ; et li cort a l'encontre les braz tenduz et li fet joie merveilleuse ; et li demande se il est sainz et haitiez. Et il dit : « Oïl, Dieu merci. »

Cele nuit furent bien servi des freres de laienz ; et a l'endemain, si tost come il ajorna, oïrent messe tuit armé fors de lor hiaumes. Et quant il furent monté et apareillié, si se partirent de laienz et errerent jusqu'a hore de prime. Et lors resgardent devant aus et voient monseignor Yvain tout sol chevauchant ; et il le conoissent bien as armes qu'il portoit. Si li crient qu'il s'arrest. Et il se resgarde quant il s'oï nomer, si s'arreste et les conoist a la parole. Et il li font grant joie et li demandent coment il l'a puis fet. Et il respont qu'il n'a riens fet, car onques puis ne trova aventure qui li pleust. — « Or chevauchons tuit ensemble, fet Gaheriez, tant que Diex nos envoit aventure. » Et il li otroient, si acoillent lor chemin tuit troi ensemble. Si ont tant chevauchié qu'il vindrent vers le Chastel as Puceles ; et

ce fu celui jor meismes que li chastiax fu conquis. Quant li
set frere virent les trois compaignons, si distrent : « Ore
sor aus et les ocions ; car il sont de cels par qui nos somes
deserité, et il sont des chevaliers aventureus. » Et lors poi-
gnent as trois compaignons et lor crient maintenant qu'il se
gardent, car il sont venu a la mort. Et quand cil oient ceste
parole, si lor adrecent les testes des chevax. Si avint a la
premiere joste que li troi des set freres morurent : car
mesires Gauvains en ocit un, et mesires Yvains un autre, et
Gaheriés le tierz. Lors traient les espees et corent sus as
autres. Et cil se deffendent si come il puent, mes ce n'est
mie mout bien, come cil qui mout erent las et travaillié,
car grant estor et grant meslee lor avoit celui jor Galaad
rendu. Et cil, qui mout estoient preudome et bon chevalier,
les meinent si mal qu'il les ocient en poi d'ore. Si les lessent
en la place toz morz et s'en vont la ou fortune les meine.

Si ne tornent mie vers le Chastel as Puceles, ainz s'en
vont tout lor chemin a destre ; et par ce perdirent il Galaad.
Et a hore de vespres se departirent et tint chascuns sa voie
Et mesire Gauvains chevaucha tant qu'il vint a un hermitage,
et trova que li hermites ert en sa chapele et chantoit ses
vespres de Nostre Dame. Et il descent de son cheval et les
oï, et puis demande l'ostel el nom de sainte charité ; et cil li
otroie mout bonement.

Le soir demanda li preudons a monseignor Gauvain dont
il estoit : Et il l'en dist la verité ; et il dist en quele queste il
s'estoit mis. Et quand li preudons entent que ce est mesire
Gauvains, si li dist : « Certes, sire, s'il vos plaisoit, je vol-
droie mout savoir de vostre estre. » Et lors li comence a
parler de confession, et a trere lui avant trop biaus essamples
de l'Evangile, et l'amoneste qu'il se face confés a lui, et il le
conseillera de quan qu'il porra. « Sire, fet mesires Gauvains,
se vos me voliez fere entendre une parole qui avant ier me

fu dite, je vos diroie tot mon estre, qar vos me semblez
molt preudons ; si sai bien que vos estes prestres. » Et li
preudons li creante qu'il le conseillera de qan qu'il porra.
Et mesires Gauvains resgarde le preudome, si le voit viel et
ancien, et tant li semble preudons que si li prent talent de
fere soi confés a lui. Si li conte ce dont il se sentoit plus
corpables vers Nostre Seignor, et ne li oublie pas a dire la
parole que li autres preudons li avoit dite. Si trova li preu-
dons qu'il avoit passés quatre anz qu'il n'avoit esté confés.
Et lors li dist :

« Sire, a droit fustes apelez mauvés serjanz et desloiax.
Car quant vos fustes mis en l'ordre de chevalerie, len ne vos
i mist mie por ce que vos fussiez des lors en avant serjanz a
l'anemi, mes por ce que vos servissiez a nostre criator et
deffendissiez Sainte Eglise et rendissiez a Dieu le tresor que
il vos bailla a garder, ce est l'ame de vos. Et por ceste chose
vos fist len chevalier, et vos avez mauvesement chevalerie
emploiee. Car vos en avez dou tout esté serjanz a l'anemi,
et lessié vostre creator, et menee la plus orde vie et la plus
mauvese que onques chevaliers menast. Et ce poez vos bien
veoir, que cil vos conoissoit bien, qui vos apela mauvés
serjant et desloial. Et certes, se vos ne fussiez si pechierres
come vos estes, ja li set frere ne fussent ocis par vos ne par
vostre aide, ainz feissent encore lor penitance de la mauvese
costume que il avoient tant maintenue ou Chastel as Puceles,
et s'acordassent a Dieu. Et einsi n'esploita mie Galaad, li
Bons Chevaliers, cil que vos alez querant : car il les conquist
sanz ocirre. Et ce ne fu mie sanz grant senefiance que li set
frere avoient amenee ceste costume ou chastel, que il rete-
noient toutes les puceles qui en cest païs venoient ou fust a
tort ou fust a droit. » — « Ha ! sire, fet messire Gauvains,
dites moi la senefiance, si que je la sache conter a cort quant
je i vendré. » — « Volentiers », fet li preudons.

« Par le Chastel as Puceles doiz tu entendre enfer et par les
puceles les bones ames qui a tort i estoient enserrees devant
la Passion Jhesucrist ; et par les set chevaliers doiz tu enten-
dre les set pechiez principaus qui lors regnoient ou monde,
si que de droit n'i avoit point. Car si tost come l'ame issoit
dou cors, quiex que ele fust, ou de preudome ou de mauvés,
maintenant aloit en enfer et estoit iluec enserree ausint come
les puceles. Mes quant li Peres del ciel vit que ce qu'il avoit
formé aloit si a mal, il envoia son filz en terre por delivrer
les bones puceles, ce sont les bones ames. Et tot ausi come
il envoia son filz qu'il avoit devant le comencement dou
monde, tout einsi envoia il Galaad come son esleu chevalier
et son esleu serjant, por ce que il despoillast le chastel des
bones puceles, qui sont ausi pures et netes come la flor dou
lis, qui onques ne sent la chalor dou tens. »

Quant il ot ceste parole, si ne sot que dire ; et li preudons
li dist : « Gauvain, Gauvain, se tu vouloies lessier ceste
mauvese vie que tu as ja si longuement maintenue, encore
te porroies tu acorder a Nostre Seignor. Car l'Escriture dit
que nus n'est si pechierres, por qu'il requiere de bon cuer
la misericorde Nostre Seignor, qu'il ne la truist. Et por ce
te loeroie je en droit conseil que tu preisses penitance de ce
que tu as meffet. » Et il dist que de penitance fere ne porroit
il la peine soffrir. Et li preudome le let a tant, que plus ne
li dit, car il voit bien que ses amonestemenz seroit peine
perdue.

Et au matin se parti messire Gauvains de laienz et erra
tant que encontra par aventure Agloval et Girflet le filz Do.
Si errerent ensemble quatre jorz sans aventure trover qui a
conter face, et au cinquiesme jor avint qu'il se departirent
et tint chascuns sa voie. Si lesse ore a tant li contes a parler
d'aux et parole de Galaad.

※
※ ※

Or di li contes que qant Galaad se fu partiz dou Chastel as Puceles, que il chevaucha tant par ses jornees que il vint en la Forest Gaste. Un jor li avint que il encontra Lancelot et Perceval qui chevauchoient ensemble ; et nel connurent pas, come cil qui tiex armes n'avoient pas aprises a veoir. Si li adrece Lancelot touz premiers et li brise sa lance en mi le piz. Et Galaad le fiert si durement que il abat et lui et le cheval tout en un mont, mes autre mal ne li fist. Puis trait l'espee qant il ot le glaive brisié et fiert Perceval si durement que il li trenche le hiaume et la coife de fer ; et se l'espee ne li fust tornee en la main, ocis l'eust sanz faille. Et neporquant il n'a mie tant de pooir qu'il remaigne en sele ; ainz vole jus si vainz et si maz del grant cop qu'il ot receu qu'il ne set s'il est nuiz ou jors. Et cele joste fu fete devant un hermitage ou une recluse manoit. Et qant ele en vit Galaad aler, si li dist : « Ore aiez a Dieu qui vos conduie ! Certes, se il vos conneussent aussi bien come je vos conois, il n'eussent ja tant de hardement que il a vos se preissent. » Et quant Galaad ot ceste parole, si a grant poor de conoissance. Si broche cheval des esperons et s'en vet si grant oirre come il puet del cheval trere. Et quant il se sont aperceu que il s'en vet, si montent en lor chevaus au plus tost que il onques pueent. Et quant il voient que il ne le porront aconsivre, si retornent tant dolent et tant corrocié que il voldroient morir sanz demorance, car or heent il trop lor vies ; si se metent en la Forest Gaste.

Einsi est Lanceloz remes en la Forest Gaste dolenz et corrociez dou chevalier qu'il a perdu. Si dist a Perceval : « Que porrons nos fere ? » et il respont qu'il ne set nul consoil metre en ceste chose. Car li chevaliers s'en vet si grant

oirre qu'il nel porroient aconsivre. « Et vos veez, fet il, que
la nuiz nos a sorpris en tel leu dont nos nê porrions ja mes
issir se aventure ne nos en gitoit fors. Et por ce m'est il avis
que mielz nos vendroit retorner au chemin. Car se nos
començons ci a desvoier, je ne cuit mie que nos reveignons
au droit chemin mes en piece. Or en feroiz ce que vos plai-
ra : car je voi plus nostre preu ou retorner que en l'aler. »
Et Lanceloz dit que el retorner ne s'acorderoit il mie volen-
tiers, ainz ira après celui qui l'escu blanc emporte : car il ne
sera ja mes aeise devant que il savra qui il est. « Tant vos
poez vos bien soffrir, fet Perceval, que li jorz de demain
soit venuz. Et lors en irons moi et vos après le chevalier. »
Et il dit que il n'en fera riens. « Or vos conseut Diex, fet
Perceval, car je n'irai mes hui avant, ainz retornerai a la
recluse qui dist que ele le devoit bien conoistre. »

Einsi se departirent li compaignon ; si s'en revint Perce-
val a la recluse. Et Lancelot chevaucha après le chevalier
tout le travers de la forest en tel maniere qu'il ne tient ne
voie ne sentier, ainz s'en vet si come aventure le meine. Et
ce li fet mout mal que il ne voit ne loign ne pres ou il puisse
prendre sa voie : car mout ert la nuiz oscure. Et neporec
tant a alé que il vint a une croiz de pierre qui ert au departe-
ment de deus voies en une gaste lande. Et il resgarde la croiz
quant il fu pres et voit par dejoste un perron de marbre ou
il avoit letres escrites, ce li ert avis. Mes li tens ert si oscurs
que il ne pooit conoistre que eles voloient dire. Et il
resgarde vers la croiz et voit une chapele mout anciene, et il
s'i adrece car il i cuide trover gent. Et quant il est auques
pres, si descent et atache son cheval a un chesne et oste son
escu de son col et le pent a l'arbre. Puis vient a la chapele et
la troeve gaste et decheue, et entre dedenz, et troeve a
l'entree unes prones de fer qui estoient serrees et jointes en
tel maniere que len n'i poïst mie legierement entrer. Et il

resgarde par mi les prones et voit la dedenz un autel qui ert
mout richement aornez de dras de soie et d'autres choses, et
devant avoit un grant chandelabre d'argent qui sostenoit
sis cierges ardanz qui gitoient grant clarté. Et qant il voit
ce, si a talent d'entrer enz por savoir qui i repere : car il ne
cuidoit mie qu'en si estrange leu eust si beles choses come il
voit ci. Et il vet regardant les prones. Et quant il voit qu'il
n'i porra entrer, si est tant dolenz qu'il se part de la chapele
et vient a son cheval et l'en meine par le frain jusqu'a la
croiz ; puis li oste la sele et le frain et le lesse pestre ; et des-
lace son hiaume et le met devant soi, et oste s'espee et se
couche sor son escu devant la croiz et s'endort assez legiere-
ment, a ce que il estoit las, se ne fust ce qu'il ne put oublier
le Bon Chevalier qui le blanc escu emporte.

Et quant il s'est grant piece esperiz, si voit venir, en une
litiere que portoient dui palefroi, un chevalier malade qui
mout se plaignoit angoisseusement. Et quant il aproche de
Lancelot, si s'arreste et le regarde ne mot ne dit, car il cuide
que il se dorme. Et Lancelot ne li dist mot, come cil qui ert
en tel point que il ne dormoit bien ne ne veilloit bien, ainz
someilloit. Et li chevaliers de la litiere, qui se fu arrestez a la
croiz, se comença a plaindre mout durement et disoit : « Ha !
Diex, faudra me ja mes ceste dolor? Ha ! Diex, quant vendra
li Sainz Vessiaus par qui la force de ceste dolor doit rema-
noir ? Ha ! Diex, soffri onques mes nus hom autant de mal
come je sueffre, et por petit de meffet ? » Grant piece se
complaint einsi li chevaliers et se demente a Dieu de ses
maus et de ses dolors. Et Lancelot ne se remue ne ne dist
mot, car il est ausi come entransés, et neporec il le voit
bien et entent ses paroles.

Et quant li chevaliers a grant piece atendu en tel maniere,
si se resgarde Lancelot et voit venir devers la chapele le
chandelabre d'argent que il avoit veu en la chapele o les

cierges, et il resgarde le chandelabre qui vient vers la croiz, mes il ne voit mie qui le porte, si s'en merveille trop. Et aprés voit venir sor une table d'argent le Saint Vessel que il ot jadis veu chiés le Roi Pescheor, celui meismes que len apeloit le Saint Graal. Et si tost come li chevaliers malades le voit venir, si se lesse chaoir a terre de si haut come il estoit et joint les mains encontre et dit : « Biau sire Diex, qui de cest Saint Vessel que je voi ci venir avez fet tant bel miracle en cest païs et en autre. Pere, regardez moi par vostre pitié, en tel maniere que cist maus dont je me travail me soit assouagemenz en brief terme, si que je puisse entrer en la Queste ou li autre preudome sont entré. » Et lors s'en vet trainant a la force de ses braz jusqu'au perron ou la table seoit et li Sainz Vessiaus desus. Et il se prent a deus mains et se tire contremont et fet tant qu'il bese la table d'argent et la toche a ses euz. Et quant il a ce fet, si se sent ausi come toz alegiez de ses maus : si gite un grant plaint et dit : « Ha ! Diex, gariz sui ! » et ne demora gaires que il s'endort. Et quant li Vessiaus ot une piece demoré ilec, si s'en rala li chandelabres en la chapele et li Vessiaus avec, si que Lancelot ne sot ne a l'aler ne au venir par cui il i pot estre aportez. Et neporquant einsi li avint, ou parce qu'il ert trop pesanz dou travail que il avoit eu, ou par pechié dont il ert sorpris, que il ne se remua por la venue del Saint Graal ne ne fist semblant qu'a riens l'en fust ; dont il trova puis en la Queste qui mainte honte l'en dist et assez l'en mesavint en maint leu.

Quant li Sainz Graalz se fu partiz de la croiz et entrez en la chapele, si se dreça li chevaliers de la litiere sainz et haitiez et besa la croiz. Et maintenant vint ilec un escuiers qui aportoit unes armes mout beles et mout riches ; et vet la ou il voit le chevalier, si li demande coment il li est avenu. « Par foi, fet il, bien, Dieu merci : je fui tantost gariz come li Sainz Graalx me vint visiter. Mes merveille me semble de cel chevalier qui la se dort, qui onques ne s'esveilla de sa venue. » — « Par foi, fet li escuiers, ja est aucuns chevaliers qui maint en aucun grant pechié dont il ne se fist onques confés, dont il est par aventure si corpables vers Nostre Seignor que il ne li plaist mie qu'il veist ceste bele aventure. » — « Certes, fet li chevaliers, qui que il soit, il est meschaanz ; et si cuit je bien que ce soit aucuns des compaignons de la Table Reonde qui sont entré en la Queste dou Saint Graal. » — « Sire, fet li escuiers, ge vos ai voz armes aportees, si les prenez quant vos plaira. » Et li chevaliers li respont que d'autre chose n'avoit il mestier. Si s'arme et prent les chauces de fer et le hauberc. Et li escuiers vient a l'espee Lancelot, si li baille et le hiaume ausi, puis vient au cheval Lancelot et li met la sele et le frain. Et quant il l'ot apareillié, si dist a son seignor : « Sire, montez : que a bon cheval ne a bone espee n'avez vos mie failli. Certes, ge ne vos ai chose bailliee qui mielz ne soit emploiee en vos que en cest mauvés chevalier qui ci gist. » La lune estoit levee bele et clere, car ja ert passee la mie nuit. Et li chevaliers demande a l'escuier coment il conoist l'espee ; et cil dit que il la cuide bien conoistre a la biauté que ele a : et il l'ot ja trete dou fuerre, si l'avoit trouvee si bele que il l'avoit trop couvoitiee. Et quant li chevaliers fu apareilliez et montez el cheval Lancelot, si tent la main vers la chapele et jure que, se Diex li ait et li saint, il ne finera ja mes d'errer devant que il savra coment ce est que li Sainz Graaux s'apert en tanz leux ou roiaume de Logres, et par qui il fu aportez en Engleterre et por quel besoign, se aucuns autres n'en set ainz de lui veraies noveles. « Si m'ait Diex, fet li vaslez, assez en avez dit. Or vos doint Diex a honor partir de ceste Queste, et a sauveté de l'ame : car certes sanz peril de mort ne la pocz vos mie longuement maintenir. » — « Se ge i muir, fet li chevaliers, ce sera plus m'anors que ma honte. Car a ceste Queste ne doit refuser nus preudons ne por mort ne por vie. » Et lors se part de la croiz entre lui et son escuier, si emporte les armes Lancelot et chevauche si come aventure le meine.

Et quant il se pot bien estre esloigniez de mie liue et plus, si avint que Lancelot se leva en son seant come cil qui lors a primes s'estoit esveilliez dou tout. Si se porpense se ce qu'il a veu a esté songes ou veritez, car il ne set s'il a veu le Saint Graal ou se il l'a songié. Et lors se drece et voit le chandelabre devant l'autel, mes de ce qu'il plus voudroit veoir ne voit il riens, ce est dou Saint Graal, dont il voldroit savoir veraies noveles s'il pooit estre.

Quant Lancelot ot grant piece resgardé devant les prones por savoir se il verroit riens de la chose que il plus desirroit, si ot une voiz qui li dist : « Lancelot, plus durs que pierre, plus amers que fuz, plus nuz et plus despris que figuiers, coment fus tu si hardiz que tu ou leu ou li Sainz Graalx reperast osas entrer ? Va t'en de ci, car li leux est ja toz empulentez de ton repere. » Et quant il ot ceste parole, si est tant dolenz qu'il ne set què il doie fere. Si se part maintenant d'iluec sospirant dou cuer et lermoiant des eulz, si maudit l'ore qu'il fu nez, car ce set il bien qu'il est venuz au point qu'il n'avra ja mes honor, puis qu'il a failli a savoir la verité del Saint Graal. Mes les trois paroles dont il a esté apelez n'a il pas oubliees ne n'oubliera ja mes tant come il vive, ne ne sera granment aeise devant que il sache por quoi il fu einsi apelez. Et quant il est venuz a la croiz, si ne troève ne son hiaume ne s'espee ne son cheval : si s'aparçoit maintenant qu'il a veu verité. Et lors comence un duel grant et merveilleux, et se clame chaitif dolent et dit : « Ha ! Diex, or i pert mes pechiez et ma mauvese vie. Or voi je bien que ma chetivetez m'a confondu plus que nule autre chose. Car quant je me deusse amender, lors me destruit li anemis, qui m'a si tolue la veue que je ne pui veoir chose qui de par Dieu soit. Et ce n'est mie de merveille se je ne puis veoir cler : car des lors que je fui primes chevaliers ne fu il hore que je ne fusse coverz de teniebres de pechié mortel, car tout adés ai habité en luxure et en la vilté de cest monde plus que nus autres. »

Einsi se despit et blasme Lancelot mout forment et fet son duel toute la nuit. Et quant li jorz parut biaus et clers et li oiselet comencerent a chanter parmi le bois et li soleux comença a luire par mi les arbres, et il voit le biau tens et il ot le chant des oisiaus dont il s'ert maintes foiz esjoiz, et lors se voit desgarni de toutes choses, et de ses armes et de son cheval, et bien set de voir que Nostre Sires s'est corrociez a lui ; si ne cuide ja mes venir a cel point qu'il truist chose ou monde qui sa joie li poïst rendre. Car la ou il cuidoit joie trover et toutes honors terrianes a il failli, ce est as aventures dou Saint Graal ; et ce est une chose qui mout le desconforte.

Et quant il s'est grant piece plainz et dementez et regretee sa maleurté, si se part de la croiz et s'en vet par mi la forest tot a pié, sanz hiaume et sanz espee et sanz escu. Si ne retorne mie a la chapele ou il ot oïes les trois merveilleuses paroles, ainz s'en torne par un sentier, et tant que il vint a hore de prime en un tertre ou il troeve un hermitage et l'ermite qui voloit comencier la messe et estoit ja garniz des armes de Sainte Eglise. Et il entre en la chapele mornes et pensis et tant dolenz que nus plus. Si s'agenoille en mi le chancel et bat sa corpe et crie merci a Nostre Seignor des males oevres que il a fetes en cest siecle. Si escouta la messe que li preudons chanta entre lui et son clerc. Et quant ele fu chantee et li preudons se fu desgarniz des armes Nostre Seignor, Lancelot l'apela maintenant et le trest a une part et li prie por Dieu qu'il le conseult. Et li preudons li demande dont il est ; et il dit qu'il est de la meson le roi Artus et compainz de la Table Reonde. Et li preudons li demande : « De quoi volez vos conseil ? Est ce de confession ? » — « Sire, oïl », fet il. — « Et de par Nostre Seignor », fait li preudons.

Et lors l'en meine devant l'autel et s'asieent ensemble. Et lors li demande li preudons coment il a non. Et il dit qu'il a non Lancelot dou Lac et fu filz le roi Ban de Benoyc. Et quant li preudons ot que ce est Lancelot dou Lac, li hons ou monde de qui l'en disoit plus de bien, si est toz esbahiz de ce qu'il li voit si grant duel demener. Et il li dit :

« Sire, vos devez a Dieu mout grant guerredon de ce que il vos a fet si bel et si vaillant que nos ne savons ou monde ne de biauté ne de valor vostre pareil. Il vos a presté le sens et la memoire que vos avez : si l'en devez faire si grant bonté que s'amors soit sauve en vos, en tel maniere que li deables n'i ait preu ou large don que il vos a doné. Si le servez de tout vostre pooir et fetes ses comandemenz. Si ne servez pas dou don qu'il a doné son anemi mortel, ce est le deable. Car se il vos a esté plus larges que a autre et il ore i perdoit, mout vos en devroit l'en blasmer.

« Si ne resemblez mie le mauvés serjant dont il parole en l'Evangile, dont li uns des evangelistres fet mencion et dit que uns riches hons bailla a trois de ses serjanz grant partie de son or. Car il bailla a l'un un besant et a l'autre en bailla deus et au tierz en bailla cinc. Cil a qui il bailla les cinc les monteplia en tel maniere que quant il vint devant son seignor et il dut fere conte et reson de son gaang, si dist : « Sire, tu me baillas cinc besanz : voiz les ci et cinc autres « avec que je ai gaangniez. » Et quant li sires l'oï, si respondit : « Vien avant, serjanz bons et loiaux : je t'acoil en la « compaignie de mon ostel. » Apres revint li autres qui les

deus besanz avoit receuz, et dist a son seignor que il en avoit
deus autres gaangniez. Et li sires li respondi tout einsi come
il avoit fet a l'autre serjant. Mes il avint que cil qui n'en
avoit que un receu ot le suen enfoï en terre et se fu esloi-
gniez de la face son seignor et n'osa venir avant. Cil fu li
mauvés serjanz, cil fu li faux symoniaux et li ypocrites de
cuer ou li feux dou Saint Esperit n'entra onques. Et por ce
ne puet il eschaufer de l'amor Nostre Seignor ne embraser
cels a qui il anonce la sainte parole. Car si com la divine
Escriture dit : « Cil qui n'art, il ne brulle mie », ce est a dire :
« Se li feux dou Saint Esperit n'eschaufe celui qui raconte
« la parole de l'Evangile, ja li hons qui l'oie n'en ardra ne
« n'en eschaufera. »

« Ceste parole vos ai je trete por le large don que Nostre
Sires vos a doné. Car je voi qu'il vos a fet plus bel que nul
autre et meillor, ce m'est avis par les choses qui defors en
aperent. Et se vos de cest don qu'il vos a fet estes ses ane-
mis, sachiez qu'il vos tornera a noient en assez petit de tens,
se vos prochainement ne li criez merci en confession veraie
et en repentance de cuer et en amendement de vie. Et je
vos di veraiement que se vos en tel maniere li criez merci,
il est tant debonaires et tant aime le verai repentement dou
pecheor plus qu'il ne fet le dechoiement, si vos relevera
plus fort et plus vituereus que vos ne fustes onques nul
jor. »

— « Sire, fet Lancelot, ceste semblance que vos m'avez ci
mostree, de ces trois serjanz qui avoient receuz les besanz,
me desconforte assez plus que nule autre chose. Car je sai
bien que Jhesucrist me garni en m'enfance de toutes les
bones graces que onques nus hons poïst avoir ; et por ce
qu'il me fu si larges de prest et je li ai si mal rendu ce qu'il
m'ot baillié, sai je bien que je en serai jugiez come li mauvés
serjanz qui le besant repost en terre. Car j'ai servi toute ma

vie son anemi et l'ai guerroié par mon pechié. Et si me sui
ocis en la voie que len troeve au comencement large et en-
mielee : ce est li comencemenz de pechié. Li deables m'a
mostree la douçor et le miel ; mes il ne me mostra mie la
peine pardurable ou cil sera mis qui en cele voie demore ».

Et quant li preudons oï ceste parole, si comença a plorer et
dist a Lancelot : « Sire, de cele voie que vos dites sai je
bien que nus n'i demore qui ne soit morz pardurablement.
Mes ausi come vos veez que li hons forsvoie aucune foiz en
son chemin quant il s'endort et il revient arriere si tost
com il est esveilliez, tout ausi est dou pecheor qui s'endort
en pechié mortel et torne fors de la droite voie, et il retorne
a son chemin, c'est son creator, et s'adrece a aler au Haut
Seignor qui crie toz jorz : « Je sui voie et veritez et vie. »
Lors se resgarde et voit une croiz ou li signes de la Veraie
Croiz ert peinz ; si la mostre a Lancelot et li dit : « Sire,
veez vos cele croiz ? » — « Oïl, » fet il. — « Or sachiez
veraiement, fet li preudons, que cele figure a estenduz ses
braz ausi come por recevoir chascun. Tout en tel maniere a
Nostre Sires estendu ses braz por recevoir chascun pecheor,
et vos et les autres qui a lui s'adrecent, et crie toz dis :
« Venez, venez ! » Et puis qu'il est si debonaires qu'il est adés
prest de recevoir cels et celes qui a lui revienent, sachiez
que il ne vos refusera ja, se vos vos offrez a lui en tel ma-
niere com je vos di, de veraie confession de bouche et de
repentance de cuer et en amendement de vie. Et dites oren-
droit vostre estre et vostre afere a lui en audience devant
moi, et je vos aiderai a secorre a mon pooir, et vos conseil-
lerai de quan que je porrai. »

Et Lancelot pense un petit, come cil qui onques ne reco-
nut l'afere de lui et de la reine, ne ne dira tant come il vive,
se trop granz amonestemenz a ce ne le meine. Si giete un
sospir dou parfont dou cuer et est tel atornez qu'il ne puet

issir parole de sa bouche. Et neporec il le diroit volentiers, mes il n'ose, come cil qui plus est coarz que hardiz. Et li preudons l'amoneste toutevoies de regehir son pechié et de laissier le tout, car autrement est il honiz s'il ne fet ce qu'il li amoneste, et li promet la vie pardurable por le gehir et enfer por le celer. Si li dit tant par bones paroles et par bons essamples que Lancelot li comence a dire:

« Sire, fet Lancelot, il est einsi que je sui morz de pechié d'une moie dame que je ai amee toute ma vie, et ce est la reine Guenievre, la fame le roi Artus. Ce est cele qui a plenté m'a doné l'or et l'argent et les riches dons que je ai aucune foiz donez as povres chevaliers. Ce est cele qui m'a mis ou grant boban et en la grant hautece ou je sui. Ce est cele por qui amor j'ai faites les granz proeces dont toz li mondes parole. Ce est cele qui m'a fet venir de povreté en richece et de mesaise a toutes les terriannes beneurtez. Mes je sai bien que par cest pechié de li s'est Nostre Sires si durement corociez a moi qu'il le m'a bien mostré puis ersoir. » Et lors li conte coment il avoit veu le Saint Graal si q'onques ne s'estoit remuez encontre lui, ne por honor de lui ne por amor de Nostre Seignor.

Et quant il ot au preudome conté tout son estre et toute sa vie, si li prie por Dieu qu'il le conseult. « Certes, sire, fet il, nus consauz ne vos i avroit mestier se vos ne creantez a Dieu que ja mes en cestui pechié ne rencharroiz. Mes se vos del tout vos en voliez oster et crier merci et repentir vos de bon cuer, encore cuit je que Nostre Sires vos rapeleroit o ses serjanz et vos feroit ovrir la porte des cielx, ou la vie pardurable est apareilliee a çax qui laienz entreront. Mes en cel point ou vos estes ore ne vos porroit avoir mestier consauz. Car ce seroit ausi come cil qui fet drecier sor fondement mauvés une tor fort et haute : si li avient, quant il a grant piece maçonné, que tout ce qu'il a fet chiet en un mont. Tout ausi seroit perdue en vos la peine nostre, se vos ne la receviez de bon cuer et metiez a oevre. Et ce seroit la semence que len gite sus la roche, que li oiesel enportent et degietent et ne vient a nul preu. » — « Sire, fet il, vos ne me diriez chose que je ne face, se Diex me done vie. » — « Dont vos requier je, fet li preudons, que vos me creantez que ja mes ne mefferoiz a vostre creator en fesant pechié mortel de la reine ne d'autre dame ne d'autre chose dont vos le doiez corrocier. » Et il li creante come loiaux chevaliers.

« Or me contez encore, fet li preudons, dou Saint Graal coment vos est il avenu. » Et il li conte et devise les trois paroles que la voiz li ot dites en la chapele, la ou il fu apelez pierre et fust et figuiers. « Et por Dieu, fet il, dites moi la senefiance de ces trois choses. Car je n'oï onques mes parole que je desirrasse tant a savoir come ceste. Et por ce vos pri je que vos m'en façoiz certain : car je sai bien que vos en savez la verité. » Lors comence li preudons a penser grant piece ; et quant il parole, si dist : « Certes, fet il, Lancelot, je ne me mervoil mie se ces troi paroles vos ont esté dites. Car vos avez esté toz dis li plus merveilleus hons dou monde et por ce n'est il mie merveille se len vos dit plus merveilleuses paroles qu'a autres. Et puis que vos avez talent de savoir en la verité, je la vos dirai volentiers. Ore escoutez.

« Vos me contez que len vos dist : « Lancelot, plus durs « que pierre, plus amers que fuz, plus nus et plus despris que « figuiers, va t'en de ci. » En ce que len vos apela plus durs que pierre puet len une merveille entendre. Car toute pierre est dure de sa nature et meesmement l'une plus que l'autre. Et par la pierre ou len troeve durté puet len entendre le pecheor, qui tant s'est endormiz et endurciz en son pechié que ses cuers en est si endurciz qu'il ne puet estre amoloiez ne par feu ne par eve. Par feu ne puet il estre amoloiez, car li feus dou Saint Esperit n'i puet entrer ne trover leu, por le vessel qui est orz et les desviez pechiez que cil a acreuz et amoncelez de jor en jor. Et par eve ne puet il estre amoloiez, car la parole dou Saint Esperit, qui est la douce eve et la douce pluie, ne puet estre receue en son cuer. Car Nostre Sires ne se herbergera ja en leu ou ses anemis soit, ainz veut que li ostiex ou il descendra soit nez et espurgiez de toz vices et de toutes ordures. Et par cele entencion est li pechierres apelez pierre, por la grant durté que Nostre Sires troeve en lui. Mes ce covient veoir par droit coment tu es plus durs que pierre, ce est a dire coment tu es plus pecheors de toz autres pecheors. » Et quant il a ce dit, si comence a penser et maintenant li respont :

« Je te dirai coment tu es plus pechierres d'autres pecheors. Tu as bien oï des trois serjanz a qui li riches hons bailla les besanz a acroistre et a monteploier. Li dui qui plus en avoient receuz en furent serjant bon et loial et sage et porvoiant. Et li autres, cil qui moins en avoit receu, en fu serjanz fox et desloiax. Or garde se tu porroies estre de ses serjanz a qui Nostre Sires bailla les cinc besanz a monteploier. Il m'est avis qu'il te bailla mout plus. Car qui or regarderoit entre chevaliers terriens, il m'est avis qu'il ne troveroit pas home a qui Nostre Sires donast tant de grace com il t'a presté. Il te dona biauté à comble ; il te dona et sens et discrecion de conoistre le bien dou mal ; il te dona proece et hardement. Et aprés ce te dona il boneur si largement que tu es adés venuz au desus de quan que tu as comencié. Toutes ces choses te presta Nostre Sires por ce que tu fusses ses chevaliers et ses serjanz. Ne il nes te dona mie por ce que toutes ces choses fussent en toi peries, mes escreues et amendees. Et tu en as esté si mauvés serjanz et si desloiaux que tu l'en as guerpi et servi son anemi, que toz jorz as guerroié contre lui. Tu as esté li mauvés soudoiers qui se

part de son seignor si tost come il a ses soudees receues et
vet aidier son anemi. Einsi as tu fet a Nostre Seignor : car si
tost com il t'ot paié bel et richement, tu le lessas por aler
servir celui qui toz jorz le guerroie. Ce ne feist pas nus hons,
a mon escient, qu'il eust ausi bien paié com il te paia : et
por ce puez tu bien veoir que tu es plus durs que pierre, et
plus pechierres que nus autres pechierres. Et encore, qui
velt, puet len bien entendre pierre en autre maniere. Car de
pierre virent bien genz issir aucune douçor es deserz outre
la Rouge Mer, ou li pueples Israel demora si lonc tens. La
vit len bien apertement que quant li pueples avoit talent de
boivre, que li uns se dementoit a l'autre, que Moyses vint a
une roche dure et ancienne et dist tout einsi come se ce ne
poïst avenir : « Ne porrons nos giter eve de ceste roche ? »
Et maintenant issi eve de la roche a tel plenté que toz li
pueples en ot a boivre et einsi fu acoisiee lor murmure et
estanchiee lor soif. Einsint puet len dire que de pierre issi
aucune foiz douçor ; mes de toi n'en issi onques nule, por
quoi tu puez veoir apertement que tu es plus durs que
pierre. »

— « Sire, fet Lancelot, or me dites por quoi len me dist
que je estoie plus amers que fust. » — « Je le te dirai, fet li
preudons. Or m'escoute. Je t'ai mostré que en toi est toute
durtez, et la ou si granz durtez est herbergiee ne puet nule
douçors repairier, ne nos ne devons pas cuidier qu'il i
remaigne riens fors amertume ; et amertume est donc en toi
si grans come la douçors i deust estre. Donc tu es semblables
au fust mort et porri ou nule douçor n'est remese, fors
amertume. Or t'ai mostré coment tu es plus durs que pierre
et plus amers que fust.

« Or est la tierce chose a mostrer coment tu es plus
nuz et plus despoilliez que figuiers. De cel figuier dont il
parole et fet mencion l'Evangile la ou il parole dou jor de la

Pasque florie, celui jor que vint Nostre Sires en la cité de
Jherusalem sor l'asnesse, le jor que li enfant des Hebreux chan-
toient encontre sa venue les douz chanz dont Sainte Eglise
fet chascun an mencion, celui jor que len apele le jor des
Flors. Celui jor sermonna li Hauz Sires, li Hauz Mestres, li
Hauz Prophetes en la cité de Jherusalem, entre cels en qui
toute durtez ert herbergiee. Et quant il se fu traveilliez toute
jor et il se fu partiz dou sermon, il ne trova en toute la ville
qui herbergier le vousist, por quoi il se parti de la cité. Et
quant il en fu horz issuz, il trova en sa voie un figuier qui
mout ert biax et bien garniz de fueilles et de branches, mes
de fruit n'i avoit il point. Et Nostre Sires vint a l'arbre, et
quant il le vi si desgarni de fruit, si dist ausi come cor-
rociez, dont il maldist l'arbre qui fruit ne portoit. Einsi
avint del figuier qui estoit defors Jherusalem. Or res-
garde si tu porroies estre autiex, et plus nuz et plus des-
poilliez que il ne fu. Quant li Hauz Sires vint a l'arbre, il i
trova fueilles dont il poist prendre s'il volsist. Mes quant li
Sainz Graax vint la ou tu estoies, il te trova si desgarni qu'il
ne trova en toi ne bone pensee ne bone volenté, mes vilain
et ort et conchiez de luxure te trova il, et tout desgarni de
fueilles et de flors, ce est a dire de toutes bones oevres ;
por quoi len te dist puis la parole que tu m'as dite : « Lance-
« lot, plus durs que pierre, plus amers que fust, plus
« nuz et plus despris que figuiers, va t'en de ci. »

— « Certes, sire, fet Lancelot, tant m'avez dit et mostré
apertement que je a droit sui apelez pierre et fust et figuiers :
car toutes les choses que vos m'avez dites sont herbergiees
dedenz moi. Mes por ce que vos m'avez dit que je n'ai mie
encore tant alé que je ne puisse retorner, se je me vueil
garder de renchaoir en pechié mortel, creant je premiere-
ment a Dieu et a vos aprés que ja mes a la vie que je ai
mence si longuement ne retornerai, ainz tendrai chasteé et

garderai mon cors au plus netement que je porrai. Mes de
sivre chevalerie et de fere d'armes ne me porroie je tenir
tant come je fusse si sains et si haitiez come je sui. » Et
quant li preudons ot ceste parole, si est mout liez et dist a
Lancelot : « Certes, se vos le pechié de la roine voliez les-
sier, je vos di por voir que Nostre Sires vos ameroit encore
et vos envoieroit secors et vos regarderoit en pitié, et vos
donroit pooir d'achever mainte chose ou vos ne poez avenir
par vostre pechié. » — « Sire, fet Lancelot, je le les, en tel
maniere que ja mes ne pecherai en li ne en autre. »

Et quant li preudons l'ot, si li enjoint tel penitance com
il cuide que il puisse fere, et l'asoult et beneist et li prie que
il remaigne hui mes o lui. Et il respont que a fere li covient,
car il n'a cheval sor quoi il puisse monter, ne escu ne lance
ne espee. « De ce vos aiderai je bien, fet li preudons, ainz
demain au soir. Car ci pres maint uns miens freres chevaliers,
qui m'envoiera cheval et armes et tout ce que mestier sera,
si tost come je li manderai. » Et Lancelot respont que donc
remaindra il volentiers ; et li preudons en est liez et joianz.

Einsi demora Lancelot o le preudome qui l'amonestoit de
bien fere. Et tant li dist li hermites bones paroles que Lan-
celot se repent mout de la vie qu'il a si longuement menee.
Car il voit bien, s'il i moreust, il perdist s'ame ; et li cors par
aventure en fust maubailliz s'il poïst de ce estre atainz. Et
por ce se repent il qu'il ot onques fole amor vers la reine,
car il i a usé son tens. Si s'en blasme et honist, et creante
bien en son cuer que ja mes n'i rencharra. Mes atant lesse
ores li contes a parler de lui et retorne a Perceval.

*
* *

Or dit li contes que quant Perceval se fu partiz de Lance-
lot, qu'il retorna a la recluse dont il cuidoit oïr noveles dou

chevalier qui eschapez lor estoit. Et quant il fu retornez, si li avint qu'il ne pot trover nul droit sentier qui cele part le menast. Et neporec il s'adreça la ou il cuidoit que ce fust au mielz qu'il pot. Et quant il vint a la chapele, si hurta a la petite fenestre a la recluse, et ele li ovri maintenant come cele qui ne dormoit mie. Si mist sa teste au plus avant que ele pot et li demande qui il est. Et il dist qu'il est de la meson le roi Artus et a non Perceval le Galois. Et quant cele ot son non, si a mout grant joie, car molt l'amoit, et ele si devoit fere come celui qui ses niés estoit. Et ele apele sa mesniee de laienz et lor comande que il oevrent l'uis au chevalier qui la fors est, et li doignent a mengier s'il en a mestier et le servent de quan qu'il porront, car ce est li hons el monde que ele plus aime. Et cil de laienz font son comandement et vienent a l'uis et le defferment et reçoivent le chevalier et le desarment et li donent a mengier. Et il demande se il porra mes hui parler a la recluse. « Sire, font cil, nanil, mes demain aprés la messe cuidons nos bien que vos li puissiez parler. » Et il s'en sueffre atant et se couche en un lit que cil de laienz li firent ; et se reposa toute la nuit come cil qui las estoit et travailliez.

L'endemain, quant li jorz fu clers, se leva Perceval et oï messe, et li preudons de laienz li chanta. Et quant il fu armez, si vint a la recluse et li dist : « Dame, por Dieu dites moi noveles dou chevalier qui par ci passa hier, a qui vos deistes que vos le deviez bien conoistre : car il m'est tart que je sache qui il est. » Et quant la dame ot ceste novele, si li demande por quoi il le quiert. « Por ce, fet il, que je ne serai ja mes aeise devant que l'aie trouvé et me combate a lui. Car il m'a tant meffet que je ne le porroie mie lessier sanz honte avoir. »

— « Ha ! Perceval, fet ele, que est ce que vos dites ? Voulez vos combatre a lui ? Avez vos talent de morir ausi come vostre frere, qui sont mort et ocis par lor outrage ? Et certes, se vos morez en tel maniere, ce sera damages granz et vostre parenté en abessera mout. Et savez vos que vos i perdroiz, se vos a cel chevalier vos combatez ? Je le vos dirai. Il est voirs que la grant Queste dou Saint Graal est comenciee, et en estes compainz, ce m'est avis, et sera menee a fin prochainnement se Dieu plaist. Et il est einsint que vos querez mout greignor honor que vos ne cuidiez, se vos solement vos tenez de combatre a cel chevalier. Car ce savons nos bien, en cest païs et en maint autre leu, que au parsommer avra trois precieux chevaliers qui avront le los et le pris de la Queste sor toz les autres : si en seront li dui virge et li tierz chastes. Et de ces deus virges sera li chevaliers que vos querez li uns et vos li autres, et li tierz Boorz de Gaunes. Par ces trois sera la Queste achevee. Et puis que Diex vos a ceste honor apareilliee a avoir, mout seroit granz domages se vos entretant queriez vostre mort. Et vos la hasterez bien, se vos a celui que vos querez vos combatez, car sanz faille il est mout mieldres chevaliers que vos n'estes, ne que hons que len conoisse. »

— « Dame, fet Perceval, il me semble, a ce que vos me dites de mes freres, que vos sachiez bien qui je sui. » — « Je le sai bien, fet ele, et bien le doi savoir : car je sui vostre ante et vos mes niez. Ne nel doutez mie por ce se je sui ci en povre leu ; ainz sachiez por voir que je sui cele que len apela jadis la reine de la Terre Gaste. Si me veistes ja en autre point que je ne sui ore, car je estoie une des plus riches dames dou monde. Et neporquant onques cele richesce ne me plot tant ne embeli come fet ceste povretez ou je sui ore. »

Quant Perceval ot ceste parole, si comence a plorer de la pitié que il a ; si li sovient tant qu'il la conut a s'antain. Et lors s'asiet devant li et li demande noveles de sa mere et de ses parenz. « Coment, fet ele, biaus niés, ne savez vos nules noveles de vostre mere ? » — « Certes, fet il, dame, nanil : je ne sai s'ele est morte ou vive. Mes maintes foiz m'est ja venue dire en mon dormant que ele se devoit mout mielz plaindre de moi que loer, car je l'avoie presque maubaillie. » Et quant la dame ot ceste parole, si li respont morne et pensive : « Certes, fet ele, a vostre mere veoir, se ce n'est en songe, avez vos failli : car ele est morte des ce que vos alastes a la cort le roi Artus. » — « Dame, fet il, coment fu ce ? » — « Par foi, fet ele, vostre mere fu si dolente de vostre departement que le jor meismes, si tost come ele fu confesse, morut. » — « Or ait Dieus merci de s'ame, fet il. Car certes ce poise moi mout ; mes puis que einsint est avenu, a soffrir le me covient, car a ce repairerons nos tuit. Et certes je n'en oï onques mes noveles. Mes de cel chevalier que je quier, por Dieu, savez vos qui il est ne dont, ne se ce est cil qui vint en armes vermeilles a cort ? » — « Oïl, fet ele, par mon chief ; il y vint a droit ; si vos dirai par quele senefiance ce fu.

« Vos savez bien que puis l'avenement Jhesucrist a eu trois principaus tables ou monde. La premiere fu la Table Jhesucrit ou li apostre mengierent par plusor foiz. Cele fu la table qui sostenait les cors et les ames de la viande dou Ciel. A cele table sistrent li frere qui estoient une meisme chose en cuer et en ame ; dont David li prophetes dist en son livre une mout merveilleuse parole : « Mout est, fist il, « bonne chose quant frere habitent ensemble en une volenté « et en une huevre. » Par les freres qui a cele table sistrent fu pes et concorde et patience, et toutes bones huevres pot len bien en aus veoir. Et icele table establi li Aigniax sanz tache qui fu sacrefiez por nostre redemption.

« Aprés cele table fu une autre table en semblance et en remembrance de lui. Ce fu la Table dou Saint Graal, dont si

grant miracle furent jadis veu en cest païs au tens Joseph
d'Arimacie, au comencement que crestientez fu aportee en
ceste terre, que tuit preudome et tuit mescreant devroient
avoir toz jorz mes celui miracle en remenbrance. Il avint
lors que Joseph d'Arimacie vint en ceste terre et molt granz
pueples avec lui, tant qu'il porent bien estre par conte quatre
mile, tuit povre home. Et quant il vindrent en cest païs, si
se desconforterent mout de ce que il orent poor que viande
ne lor fausist, por ce que si grant pueple estoient. Un jor
errerent par une forest ou il ne troverent que mengier ne
gent nule. Si en furent mout esmaié, car il n'avoient pas ce
apris. Si se soffrirent celui jor einsint, et l'endemain cer-
chierent amont et aval et trouverent une vielle fame qui
aportoit douze pains dou for. Et il les achaterent. Et quant il
les voldrent departir, si monta ire et mautalenz entr'ax, car
li un ne se voloient acorder a ce que li autre voloient fere.
Ceste aventure fu nonciee a Joseph, dont il fu mout coroeciez
quant il le sot. Si comanda que li pain fussent aporté par
devant lui, et len les i aporta. Si i vindrent cil qui achatez
les avoient ; et lors sot il par la bouche de ceulx que li un
ne se voloient acorder as autres. Et lors comanda a tout le
pueple qu'il s'aseissent ausi come s'il fussent a la Ceinne. Et
il despeça les pains et les mist ça et la et mist ou chief de la
table le Saint Graal, par qui venue li douze pain foisonerent
si que toz li pueples, dont il avoit bien quatre mile, en
furent repeu et rasaziez trop merveilleusement. Et quant il
virent ce, si rendirent graces et merciz a Nostre Seignor de
ce qu'il les avoit secoreuz si apertement.

« En cele table avoit un siege ou Josephes, li filz Joseph
d'Arymacie, devoit seoir. Et cil sieges estoit establiz a ce que
li mestres d'aux et li pastres s'i aseist, ne a nul autre n'ert
otroiez ; et ert sacrez et beneiz de la main Nostre Seignor
meismes, si com l'estoire le devise, et avoit receue la cure

que Josephes devoit avoir sus crestiens. Et en cel siege l'avoit Nostre Sires asis ; et por ce n'i avoit il si hardi qui s'i osast aseoir. Et cil sieges avoit esté fez par essample de celui siege ou Nostre Sires sist le jor de la Ceinne, quant il fu entre ses apostres come pastres et come mestres. Et tout ausi come il ert sires et mestres de touz ses apostres, tout ausi devoit Josephes conduire toz ceus qui a la Table dou Saint Graal seoient : il en devoit estre mestres et sires. Mes il avint, quant il furent venu en cest païs et il orent grant piece erré par les estranges terres, que dui frere, qui estoient parent Josephe, orent envie de ce que plus haut d'eus l'avoit Nostre Sires levé et de ce qu'il l'avoit esleu au meillor de la compaignie. Si en parlerent priveement et distrent qu'il nel soffreroient mie a lor mestre : car d'ausi haut lignage estoient il com il estoit, et por ce ne se tendroient il plus a si deciple ne mestre ne l'apeleroient. Et l'endemain, quant il orent monté un grant tertre et les tables furent mises et il voldrent aseoir Josephe ou plus haut siege, si le contredirent li dui frere, et s'i asist voiant toz li uns d'aux. Et maintenant en avint uns tiex miracles que la terre absorbi celui qui ou siege s'estoit asis. Et cest miracles fu tantost seuz par cest païs, dont li sieges fu puis apelez li Sieges Redoutez. Si ne fu puis nus si hardiz qui s'i aseist, fors cil que Nostre Sires i avoit esleu.

« Aprés cele table fu la Table Reonde par le conseil Merlin, qui ne fu pas establie sanz grant senefiance. Car en ce qu'ele est apelee Table Reonde est entendue la reondece del monde et la circonstance des planetes et des elemenz el firmament ; et es circonstances dou firmament voit l'en les estoiles et mainte autre chose ; dont l'en puet dire que en la Table Reonde est li mondes senefiez a droit. Car vos poez veoir que de toutes terres ou chevalerie repere, soit de crestienté ou de paiennie, viennent a la Table Reonde li chevalier. Et quant Diex lor en done tel grace qu'il en sont compaignon, il s'en tienent a plus boneuré que s'il avoient tout le monde gaangnié, et bien voit l'en que il en lessent lor peres et lor meres et lor fames et lor enfanz. De vos meismes avez vos ce veu avenir. Car puis que vos partistes de vostre mere et l'en vos ot fet compaignon de la Table Reonde, n'eustes vos talent de revenir ça, ainz fustes maintenant sorpris de la douçor et de la fraternité qui doit estre entre cels qui en sont compaignon.

« Quant Merlins ot la Table Reonde establie, si dist il que par cels qui en seroient compaignon savroit l'en la verité dou Saint Graal, dont l'en ne pot veoir nul signe au tens Merlin. Et l'en li demanda coment l'en porroit conoistre cels qui plus vaudroient. Et il respondi : « Troi seront qui l'acheveront :
« li dui virge et li tierz chastes. Li uns des trois passera son
« pere autant come li lyons passe le liepart de pooir et de har-
« dement. Cil devra estre tenuz a mestre et a pastre sor toz
« les autres ; et toz dis foloieront li compaignon de la Table
« Reonde a quierre le Saint Graal, jusqu'a tant que Nostre
« Sires l'envoiera entr'aux si soudainement que ce sera
« merveille. » Et quant cil oïrent ceste parole, si distrent :
« Ore, Merlin, puis que cil sera si preudons come tu diz, tu
« devroies fere un propre siege ou nus ne s'aseist fors lui
« solement, et fust si granz sor toz les autres que chascuns
« le poïst conoistre. » — « Si feré je, » fist Merlins. Et lors fist un siege entre les autres grant et merveilleus. Et quant il ot ce fet, si le comença a besier et dist que ce avoit il fet por l'amor dou Bon Chevalier qui s'i reposeroit. Et il li distrent maintenant : « Merlin, que porra il de cest siege avenir ? »
— « Certes, fet il, il en avendra encore mainte merveille :
« car ja mes nus ne s'i aserra qui ne soit morz ou mehaigniez,
« jusqu'a tant que li Verais Chevaliers s'i aserra. » — « En
« non Dieu, firent il, donc se metroit en trop grant peril qui
« s'i aserroit ? » — « En peril se metroit il, dist Merlins ;

« et por les perils qui en avendront avra il a nom li Sieges
« Perilleux. »

« Biaus niés, fet la dame, or vos ai dit par quel raison la
Table Reonde fu faite, et por quoi li Sieges Perilleux fu fez,
ou maint chevalier ont esté mort, qui n'erent pas digne qu'il
s'i aseissent. Or vos dirai par quel maniere li Chevaliers vint
a cort en armes vermeilles. Vos savez bien que Jhesucriz fu
entre ses apostres pastres et mestres a la table de la Ceinne ;
aprés fu senefiee par Joseph la Table del Saint Graal, et la
Table Reonde par cest chevalier. Nostre Sires promist a ses
apostres devant sa Passion que il les vendroit visiter et veoir,
et il s'atendirent a ceste promesse triste et esmaié. Dont il
avint, le jor de la Pentecoste, que, quant il estoient tuit en une
meson et li huis erent clos, que li Sainz Esperiz descendi
entr'ax en guise de feu et les reconforta et aseura de ce dont
il estoient en doutance. Et lors les fist departir, et les envoia
par mi les terres preechier le monde et enseignier la Sainte
Evangile. Einsint avint as apostres, le jor de la Pentecoste,
que Nostre Sires les vint visiter et reconforter. Si m'est avis
que en ceste semblance vos vint reconforter li Chevaliers
que vos devez tenir a mestre et a pastor. Car tot ausi com
Nostre Sires vint en semblance de feu, ausi vint li Chevaliers
en armes vermeilles, qui sont de color a feu semblables. Et
ausint come li huis de la maison ou li apostre estoient erent
clos en la venue de Nostre Seignor, ausi furent les portes
dou palés fermees devant ce que li Chevaliers venist. Dont il
avint qu'il vint si soudainement entre vos qu'il n'i ot si sage
qui seust dont il vint. Et le jor meismes fu emprise la Queste
dou Saint Graal, qui ja mes ne sera lessiee devant que l'en en
sache la verité, et de la Lance, et por quoi tantes aventures
en sont avenues en cest païs. Or vos ai dite la verité dou
Chevalier por ce que vos ne vos combatez ja encontre lui,
car bien sachiez que vos nel devez mie fere, por ce que vos

estes ses freres par la compaignie de la Table Reonde, et por ce que vos n'avriez ja duree encontre lui, car trop est mieldres chevaliers de vos. »

— « Damê, fet il, tant m'avez dit que ja mes n'avrai talent de combatre moi a lui. Mes por Dieu enseigniez moi que je porrai fere et coment je le porrai trover. Car, se je a compaignon l'avoie, je ne me partiroie ja mes de lui tant come je le poïsse sivre. » — « De ce, fet ele, vos conseillerai je au mielz que je porrai. Car orendroit ne vos porroie je mie dire ou il est ; mes les enseignes par quoi vos le porroiz plus tost trover vos dirai je bien ; et lors, quant vos l'avroiz trové, si tenez sa compaignie au plus que vos porrez. Vos vos en iroiz de ci a un chastel que len apele Got, ou il a une soe cousine germaine por qui amor je cuit bien qu'il s'i herberja ier soir. Et se ele vos set enseignier quel part il vet, si le sivez au plus tost que vos porroiz. Et se ele ne vos en dit rien, si vos en alez droit au chastel de Corbenyc, ou li Rois Mehaigniez maint. Et ilec sai je bien que vos en orroiz veraies noveles, s'il avient que vos la nel truissiez. »

Einsi parlerent dou Chevalier entre Perceval et la recluse, tant qu'il fu hore de midi. Et lors dist ele a Perceval : « Biaux niez, vos remaindroiz anuit mes o moi, si en serai plus aeise. Car il a si lonc tens que je ne vos vi mes que mout me sera grief la vostre departie. » — « Dame, fet il, je ai tant a fere que a peines porroie je hui mes remanoir : si vos pri por Dieu que vos m'en lessiez aler. » — « Certes, fait ele, par mon congié ne vos en iroiz hui mes. Mes demain, si tost come vos avroiz oïe messe, vos donrai je volentiers congié. » Et il dist que donques remaindra il. Si se fist tantost desarmer ; et cil de laienz mistrent la table, si mengierent de ce que la dame avoit fet apareillier.

Cele nuit demora laienz Perceval avec s'antain. Si parlerent entr'ax deus dou Chevalier et de maintes choses, tant que ele li dist : « Biax niés, il est einsi que vos vos estes gardez jusque a cest terme en tel maniere que vostre virginitez ne fu maumise ne empoiriee, ne onques ne seustes de voir quex chose est chars ne assemblemenz. Et il vos en est bien mestiers; car se tant vos fust avenu que vostre chars fust violee par corruption de pechié, a estre principaus compains des compaignons de la Queste eussiez vos failli, ausi come a fet Lancelot del Lac qui, par eschaufement de char et par sa mauvese luxure, a perdu a mener a fin, grant tens a, ce dont tuit li autre sont ores en peine. Et por ce vos pri je que vos gardez vostre cors si net come Nostre Sires vos mist en chevalerie, si que vos puissiez venir virges et nez devant le Saint Graal et sans tache de luxure. Et certes ce sera une des plus beles proeces que onques chevaliers feist : car de toz çax de la Table Reonde n'i a il un sol qui ne se soit meffez en virginité, fors vos et Galaad, le Bon Chevalier de qui je vos paroil. » Et il dist que, se Diex plest, il se gardera si bien come a fere li covient.

Tout le jor demora laienz Perceval et mout le chastia sa tante et amonesta de bien fere. Mes sor toutes choses li pria ele que il gardast sa char si netement come il le devoit fere, et il li creanta que si feroit il. Et quant il orent grant piece parlé dou Chevalier et de la cort le roi Artus, si li demanda Perceval par quele achaison ele s'ert mise en si sauvage leu et avoit lessiée sa terre. « Par Dieu, fait ele, ce fu par poor de mort que je m'en afoï ça. Car vos savez bien que, quant vos alastes a cort, que mes sires li rois avoit guerre contre le roi Libran ; dont il avint, si tost come mes sires fu morz, que je, qui ere fame et poorose, oi poor qu'il ne m'oceist s'il me poïst prendre. Si pris maintenant grant partie de mon avoir et m'en afoï en si sauvage leu, por ce que je ne fusse trovee maintenant ; et fis fere cest reclus et ceste meson tele come vos la veez, et i mis o moi mon chapelain

et ma mesniee, et entrai en cest reclus en tel maniere que
ja mes, se Dieu plest, n'en istrai tant com je vive, ainz morrai
ou servise Nostre Seignor et userai le remanant de ma vie. »
— « Par foi, fet Perceval, ci a merveilleuse aventure. Mes or
me dites que vostre filz Dyabiaus devint : car je desir mout a
savoir coment il le fet. » — « Certes, fet ele, il ala servir le
roi Pellés vostre parent por avoir armes ; et puis ai je oï
dire qu'il l'a fet chevalier. Mes il a ja passé deus anz que je
nel vi ; ainz vet sivant les tornoiemenz parmi la Grant
Bretaigne. Si quit que vos le troveroiz a Corbenyc, se vos i
alez. » — « Certes, fet il, se je n'i aloie fors por lui veoir,
si iré ge, car molt desir a fere li compaignie. » — « Par
Dieu, fet ele, je voldroie molt qu'il vos eust trové, car lors
seroie je aeise se vos estiez ensemble. »

Einsi demora Perceval avec s'antain celui jor ; et l'ende-
main, si tost com il ot messe oïe et il fu armez, s'en parti
de laienz et chevaucha tout le jor parmi la forest, qui ert
grant a merveille, en tel maniere qu'il n'i encontra home
ne fame. Et aprés vespres li avint que il oï une cloche son-
ner sor destre. Et il torne cele part, car bien set que ce est
mesons de religion ou hermitages. Et quant il a un poi alé, si
voit que ce est une meson de religion, qui ert close de murs
et de fossez parfonz. Et il vet cele part et apele a la porte tant
que l'en li oevre. Et quant cil de laienz le voient armé, si
pensent lues qu'il est chevaliers erranz : si le font desarmer et
le reçoivent a mout bele chiere. Si prennent son cheval et l'en
meinent en l'estable et li donent fein et aveine a grant plenté.
Et uns des freres l'en meine en une chambre por reposer. Si
fu cele nuit herbergiez au mielz que li frere porent. Et au
matin li avint qu'il ne s'esveilla devant hore de prime ; et
lors ala oïr messe en l'abeie meismes.

Et quant il fu entrez ou mostier, si vit a destre partie unes
prones de fer ou il avoit un frere revestu des armes Nostre

Seignor et vouloit comencier la messe. Il torne cele part come cil qui talent avoit d'oïr le servise, et vient as prones, et cuide dedenz entrer ; mes non fera, ce li est avis, car il ne puet point trover d'entree. Et quant il voit ce, si s'en sueffre atant et s'agenoille par defors ; et resgarde derriere le prestre et voit un lit molt richement atorné si come de dras de soie et d'autres choses : car il n'i avoit riens se blanc non. Perceval resgarde le lit et avise tant qu'il conoist que dedenz gist uns hons ou fame, mes il ne set lequel, car il a son vis covert d'une toaille blanche et deliee, si que len nel pooit mie veoir apertement. Et quant il voit qu'il i museroit por noient, si i let a resgarder et entent au servise que li preudons ot comencié. Et quant vint a cel point que li prestres volt lever le cors Nostre Seignor, si se dreça en son lit en seant cil qui se gisoit et descovri son vis. Et ce ert uns hons molt anciens et vielz et chanuz, et ot une corone d'or en sa teste et ot les espaules nues et descovertes et tout ce devant jusqu'au nombril. Et quant Perceval le resgarde, si voit qu'il a le cors plaié et navré et les paumes et les braz et le vis. Et quant ce avint que li prestres mostra apertement le cors Jhesucrist, il tendi les mains encontre et comença a crier : « Biaus douz peres, ne m'oubliez mie de ma rente ! » ne puis ne se volt recouchier, ainz fu adés en proieres et en oroisons, et ot ses mains dreciees vers son creator et ot toutevoies la coronne d'or en son chief. Longuement resgarda Perceval l'ome qui ou lit seoit ; car trop li semble mesaiesiez por les plaies que il a ; si le voit si viel par semblant qu'il cuide bien qu'il ait trois cenz anz ou plus d'aage. Et il le resgarde toz dis, car il tient ceste chose a trop grant merveille. Si voit, quant la messe fu chantee, que li prestres prist entre ses mains *Corpus Domini* et le porta a celui qui gisoit ou lit et li dona a user. Et maintenant qu'il l'ot receu, il osta sa corone de sa teste et la fist metre desus l'autel ; et il se recoucha en son lit ausi come il ert devant, et fu couverz si qu'il ne paroit riens de lui. Et maintenant se devesti li prestres come cil qui avoit la messe chantee.

Quant Perceval ot veue ceste chose, si issi dou mostier et vint en la chambre ou il avoit geu, et apela un des freres de laienz et li dist : « Sire, por Dieu dites moi ce que je vos demanderai : car je cuit bien que vos en sachiez la verité. » — « Sire chevaliers, fet cil, dites moi que ce est, et se je le sai je le vos dirai volentiers, se je le puis fere ne doi. » — « Par foi, fet il, je vos dirai que ce est. Je fui ore en cele eglyse et oï le servise ; et la vi je en unes prones devant un autel gesir en un lit un viel home de tres grant aage, une coronne d'or en sa teste. Et quant il se dreça en seant, je vi qu'il estoit toz plaiez amont et aval. Et apres ce que la messe fu chantee li dona li prestres a user *Corpus Domini*. Et maintenant qu'il l'ot usé se coucha et osta sa coronne de sa teste. Biau sire, ce me semble que ce soit mout grant senefiance ; si le voldroie molt savoir s'il pooit estre ; et por ce vos pri je que vos le me dioiz. » — « Certes, fet li preudons, volentiers.

« Il est voirs, et bien l'avez oï dire a plusors genz, que Joseph d'Arymacie, li preudons, li verais chevaliers, fu premierement envoiez de par le Haut Mestre en ceste terre por ce qu'il i plantast et edefiast sainte crestienté a l'aide de son Criator. Et quant il i fu venuz, si i soffri mout de persecutions et d'aversitez que li anemi de la Loi li faisoient, car a cel tens n'avoit en cest païs se Sarrazins non. Et en ceste terre avoit un roi que len apeloit Crudel, et estoit li plus fel et li plus cruiex dou monde, sanz pitié et sanz humilité. Et quant il oï dire que li crestien erent venu en sa terre, et qu'il avoient aporté avec aux un precieus vessel, et si merveilleux que de la grace de lui se vivoient presque tuit, si tint ceste parole a fable. Et len li certefia plus et plus et dist len que ce ert veritez. Et il dist que ce savroit il par tens. Si prist Josephe le fil Joseph et deus de ses neveuz et jusqu'a cent de cels qu'il avoit esleus a estre mestres et pasteurs par desus crestienté. Et quant il les ot pris et mis en prison, il avoient avec aux le Saint Vessel, par quoi il ne doutoient rien de chose qui a la viande corporel covenist. Et li rois les tint en sa prison en tel maniere quarante jors qu'il ne lor envoia ne que boivre ne que mengier, et bien ot deffendu que nus ne fust tant hardiz qui d'ax s'entremeist dedenz celui terme.

« Si en ala la novele par toutes les terres ou Josephes avoit esté, que li rois Crudels le tenoit en sa prison et grant partie des crestiens ; et tant que li rois Mordrains, qui ert vers les parties de Jherusalem, en la cité de Sarraz, et avoit esté convertiz par les paroles Josephe et par ses preeschemenz, en oï parler. Si en fu mout dolenz : car par le conseil Josephe avoit il recovree sa terre que Tholomers li voloit tolir, et tolue li eust il se ne fust li conseuz Josephe et l'aïe de son seror ge que len apeloit Seraphe. Quant li rois Mordrains sot que Josephes ert en prison, si dist que il feroit son pooir de lui delivrer. Si semont ses oz tant come il en pot avoir en haste et se mist en la mer, garniz et d'armes et de chevax, et fist tant que en cest païs vint a navie. Et quant il i fu arrivez a tout sa gent, si manda au roi Crudel que s'il ne li rendoit Josephe, il li toldroit sa terre et le desheriteroit. Mes il nel prisa mie granment, ainz ala encontre lui a ost. Si assemblerent les unes genz as autres. Si avint par la volenté Nostre Seignor que li crestien orent la victoire, et li rois Crudels i fu ocis il et ses genz. Et li rois Mordrains, qui Evalach avoit a non ançois qu'il fust crestiens, l'ot en bataille si bien fet que tuit si home le tenoient a merveille. Et quant il l'orent desarmé, si troverent qu'il avoit tant de plaies que uns autres hons en fust morz. Si li demanderent coment il

li estoit, et il dist qu'il ne sentoit ne mal ne bleceure qu'il
eust. Si osta Josephe de prison ; et quant il le vit, si li fist
grant joie car il l'amoit de grant amor. Et Josephes li
demanda qui l'avoit cele part amené, et il dist qu'il i estoit
venuz por lui delivrer.

« Et l'endemain avint que li crestien alerent devant la table
dou Saint Graal et i firent lor oroisons. Et quant ce fu chose
que Josephes, qui mestres estoit, se fu revestuz por aler au
Saint Graal, et il fu en cel servise, li rois Mordrains, qui toz
jorz avoit desirré a veoir le Saint Graal apertement s'il poïst
estre, se trest plus pres qu'il ne deust ; et une voiz descendi
entr'aux qui li dist : « Rois, ne va plus avant, car tu nel
doiz pas fere ! » Et il estoit ja tant alez que langue mortiex
nel porroit dire ne cuers terriens penser, et tant fu desirranz
del veoir qu'il se trest avant plus et plus. Et maintenant descendi une nue devant lui, qui li toli la veue des elz et le
pooir dou cors, en tel maniere qu'il ne vit goute ne ne se pot
aidier se petit non. Et quant il vit que Nostre Sires ot de lui
prise si grant venjance, por ce que il avoit son comandement
trespassé, si dist oiant tout le pueple : « Biau sire Diex Jhe-
« sucrist, qui a cest point m'avez mostré que folie est de
« trespasser le vostre comandement, einsi veraiement com
« cist flaiax me plest que vos m'avez envoié et com je le
« sueffre volentiers, einsi m'otroiez vos par vostre plaisir,
« en guerredon de mon servise, que je ne muire jusqu'a cele
« hore que li Bons Chevaliers, li noviemes de mon lignage,
« cil qui doit les merveilles dou Saint Graal veoir apertement,
« me viegne visiter, si que je le puisse acoler et besier. »
Quant li rois ot fete ceste requeste a Damedieu, si li dist la
voiz : « Rois, or ne t'esmaie : Nostre Sires a oïe ta proiere.
« Ta volenté sera acomplie de ceste chose : car tu ne morras
« jusqu'a cele hore que li Chevaliers que tu demandes te
« vendra veoir, et au terme qu'il vendra devant toi te sera

« rendue la clartez de tes elz, si que tu le verras apertement ;
« et lors seront tes plaies garies, qui devant la ne rejoin-
« dront »

« Einsi parla la voiz au roi et li dist qu'il verroit la venue
del Chevalier qu'il avoit tant desirree. Si nos semble que ce
est voirs de toutes choses. Car il a ja passé quatre cenz anz que
ceste aventure li avint, ne puis ne vit goute, ne ses plaies ne
furent sanees, ne ne se pot aidier. Et ja est li Chevaliers en
cest païs, si com l en dit, cil qui ceste aventure doit mener a
chief. Et par les signes que nos en avons ja veuz pensons
nos bien que encor verra il et ravra le pooir de ses membres ;
mes après ce ne vivra il pas longuement.

« Einsi avint dou roi Mordrain com je vos cont ; si
sachiez de voir que ce est cil que vos avez hui veu. Si a
puis vescu quatre cenz anz si saintement et si religieuse-
ment que onques ne gousta de viande terriane fors de
cele meismes que li prestres nos mostre ou sacrement
de la messe, et ce est li cors Jhesucrist. Et ce poïstes
vos hui veoir : car si tost come li prestres ot la messe
chantee, si aporta il au roi *Corpus Domini* et li fist user. Si a
li rois einsi atendu des le tens Josephe jusqu'a ceste hore
d'ore la venue de cel chevalier qu'il a tant desirré a veoir. Si
fet ausi come Symeon li vielz fist, qui tant atendi la venue
Nostre Seignor que il fu aportez ou temple, et la le reçut li
vielz hom et le prist entre ses braz, liez et joianz de ce que sa
promesse ert acomplie. Car li Sainz Esperiz li avoit fait
savoir qu'il ne morroit ja devant qu'il eust veu Jhesucrist.
Et quant il le vit, si chanta la douce chançon, dont David li
prophetes fet remembrance. Et ausi come cil atendoit o grant
desirrier Jhesucrist le filz Dieu, le haut Prophete, le souverain
Pastre, ausi atent ore cist rois la venue de Galaad, le Bon
Chevalier, le parfet.

« Or si vos ai dite la verité de ce que vos me demandez

einsi come ele avint ; si vos requier que vos me dioiz qui vos estes. »

Et il dist qu'il est de la meson le roi Artus et compainz de la Table Reonde, et a non Perceval le Galois. Et quant li preudons ot cel non, si li fet mout grant joie, car maintes foiz en avoit oï parler. Si li prie que il demort mes hui laienz : si li feront li frere feste et honor, car il le doivent bien fere. Mes il dit qu'il a tant a fere que il ne remaindroit en nule maniere, et por ce l'en covient il partir. Si demande ses armes et l'en li aporte. Et quant il est apareilliez, si monte et prent congié et se part de laienz et chevauche parmi la forest jusqu'a hore de midi.

A hore de midi le mena ses chemins en une valee. Et lors a il encontré jusqu'a vint homes armez qui portoient en une biere chevaleresse un home ocis novelement. Et quant il le voient, si li demandent dont il est. Et il dist qu'il est de la meson le roi Artus ; et il s'escrient tuit ensemble : « Or a lui ! » Et quant il voit ce, si s'apareille de deffendre au mielz qu'il puet, et s'adrece vers celui qui premiers li venoit ; si le fiert si durement que il le porte a terre le cheval sor le cors. Et quant il cuide parfere son poindre, si ne puet : car plus de set le fierent en l'escu et li autre li ocient son cheval, et il chiet a terre. Et se cuide relever, come cil qui ert de grant proece, et tret l'espee et s'apareille de deffendre. Mes li autre li corent sus si angoisseusement que deffense n'i a mestier, et le fierent sor l'escu et sor le hiaume et li donent tant de cox qu'il ne se puet tenir en estant, ainz vole jus et flatist a terre de l'un des genolz. Et il fierent sor lui et maillent et le meinent a ce qu'il l'eussent ocis maintenant, car il li avoient ja esrachié le hiaume de la teste et l'avoient navré, se ne fust li Chevaliers as armes vermeilles que aventure amena cele part. Et quant il voit le chevalier tout seul a pié entre tant de ses anemis qui ocirre le vouloient, si s'adrece cele part quan que li chevaux puet aler, et lor escrie : « Lessiez le chevalier ! » Si se fiert entr'ax le glaive aloignié et fiert le premier si durement qu'il le porte a terre. Puis met la main a l'espee quant il a le glaive brisié. Si point amont et aval et fiert les uns et les autres si merveilleusement qu'il n'en ataint nul a droit cop qu'il ne face voler a terre. Si le fet si bien en poi d'ore as granz cox qu'il lor done et a la vistece dont il est pleins qu'il n'i a si hardi qui a cop l'ost atendre ; ainz s'en vont fuiant li uns ça et li autres la et s'espandent en tel maniere parmi la forest, qui granz estoit, qu'il n'en puet mes nul veoir fors trois, dont Perceval avoit l'un abatu et navré et il les deus. Et quant il voit qu'il sont einsi tuit departiz et que Perceval n'en a mes garde, si se remet en la forest la ou il la voit plus espesse, come cil qui ne voldroit en nule maniere que len le suist.

Et quant Perceval voit qu'il s'en vet si hastivement, si li escrie au plus haut que il puet et dit : « Ha ! sire chevaliers, por Dieu arestez vos un poi, tant que vos aiez parlé a moi ! » Li Bons Chevaliers ne fet nul semblant que il oie Perceval, ainz s'en vet grant aleure come cil qui n'a talent de retorner. Et Perceval, qui n'a point de cheval, car cil li avoient le suen ocis, le suit au plus tost que il puet tot a pié. Et lors a encontré un vaslet sor un roncin fort et legier et bien corant, qui menoit en destre un grant destrier noir. Et quant Perceval le voit, si ne set que fere. Car il voldroit volentiers le cheval avoir por sivre le chevalier, et molt en voldroit grant meschief fere, par covent qu'il l'eust par la volenté au vaslet, car a force ne l'en menroit il mie se trop grans besoign ne li fesoit fere, et por ce que len nel tenist a vilain. Si salue le vaslet si tost come il l'aproche, et cil dist que Diex le beneie. « Biax amis, fet Perceval, je te pri en toz servises et en toz guerredons et por ce que je soie tes chevaliers ou premier leu que tu m'en requerras, que tu cel cheval me prestes tant que je aie

ateint un chevalier qui ci s'en vet. » — « Sire, fet li vaslez,
je nel feroie en nule maniere. Car il est a tel home qui
me honiroit dou cors se je ne li rendoie. » — « Biax amis, fet
Perceval, fai ce que je te pri. Certes je n'oi onques si grant
duel come cist me sera se je pert cel chevalier par defaute
de cheval. » — « Par foi, fet cil, je n'en ferai autre chose. Ja
par ma volenté ne l'avroiz tant com il soit en ma garde ;
par force le me poez vos tolir. » Et quant il ot ce, si est
tant dolenz qu'il li est bien avis que il doie del sens issir.
Car vilanie ne feroit il pas au vaslet ; et s'il pert einsi le Che-
valier qui s'en vet, il n'avra ja mes joie. Ices deus choses li
metent si grant ire ou cuer qu'il ne se puet tenir sor piez,
ainz chiet soz un arbre et li cuers li faut ; si devient pales et
vains ausi com s'il eust tot le pooir dou cors perdu ; si a si
tres grant duel qu'il voldroit orendroit morir. Et lors oste il
son hiaume et prent s'espee et dist au vaslet : « Biax amis,
des que tu ne me velz oster dou grant duel dont je ne puis
eschaper sanz mort, je te pri que tu pregnes m'espee et m'en
oci orendroit : si sera ma dolors afinee. Et lors se li Bons
Chevaliers, que je aloie querant, ot dire que je soie morz de
duel de lui, il ne sera ja si vilains qu'il ne prit Nostre Sei-
gnor que il ait de m'ame merci. » — « En non Dieu, fet li
vaslez, ja se Dieu plest ne vos ocirrai, car vos ne l'avez mie
deservi. » Si s'en vet errant grant aleure, et Perceval
remaint tant dolenz que il cuide bien morir de corroz. Et
quant il ne voit mes le vaslet ne autre, si comence a fere trop
grant duel et se claime las et chaitif et dit : « Ha! las, maleu-
reus, or as tu failli a ce que tu queroies puis que il t'est
ore eschapez. Ja mes ne seras en si bon point del trover
come tu estoies maintenant ! »

Endementres que Perceval menoit son duel en tel
maniere, si escoute et ot venir une friente de chevax ; et
il oevre les ieuz et voit un chevalier armé qui s'en aloit le

grant chemin de la forest et chevalchoit le cheval que li
vaslez menoit ore. Et Perceval conoist bien le cheval, mes
il ne cuide mie que cil l'ait eu a force. Et quant il nel puet
mes veoir, si recomence son duel ; et ne demora gueres que
il vit le vaslet venir sor son roncin et fesant trop grant duel.
Et la ou il voit Perceval, si li dist : « Ha ! sire, veistes vos
par ci passer un chevalier armé qui menoit le destrier que
vos me demandastes ore ? » — « Oïl voir, fet Perceval, por
quoi le dis tu ? » — « Por ce, fet cil, qu'il le m'a tolu a
force. Si m'en a mort et maubailli ; car mes sires m'en
occirra en quelque leu que il me truist. » — « Et de ce, fet
Perceval, que veuz tu que je te face ? Je nel te puis mie rendre, car je sui a pié. Mes se je eusse cheval, jel te cuidasse
ramener par tens. » — « Sire, fet li vaslez, montez sor mon
roncin, et, se vos le poez conquierre, vostre soit. » — « Et
ton roncin, fet Perceval, coment ravras tu se je puis le cheval gaangnier ? » — « Sire, fet cil, je vos sivrai tout a pié,
et se vos poez le chevalier conquierre, je prendrai mon roncin, et li chevax soit vostres. » Et il dit qu'il ne demande
mielz.

Lors relace Perceval son hiaume et monte sus le roncin et
prent son escu, et s'en vet si grant oirre com il puet dou
cheval trere après le chevalier. Si a tant alé que il vint en
une praerie petite, dont il avoit mainte en la forest. Et lors
voit devant soi le chevalier qui s'en aloit les granz galoz sor
le destrier. Et il li escrie de si loign come il le voit : « Sire
chevaliers, retornez, et rendez au vaslet son cheval que vos
en menez mauvesement ! » Et quant cil oï qu'il li crie, si li
cort le glaive aloignié ; et Perceval trest l'espee, come cil
qui bien voit qu'il est a la meslee venuz. Mes li chevaliers,
qui tost s'en vouloit delivrer, vient si grant erre come li
chevax puet rendre et fiert le roncin parmi le piz si durement qu'il li boute d'outre en outre. Et cil chiet jus, qui a

mort estoit feruz, si que Perceval li vole par desus le col. Et quant li chevaliers voit son cop, si reprent son poindre et se met contreval la praerie et se fiert en la forest la ou il la voit plus espesse. Et quant Perceval voit ceste aventure, si est tant dolenz qu'il ne set que il doie fere ne dire. Si crie a celui qui s'en vet : « Failliz de cors, coarz de cuer, retornez, si vos combatez a moi qui sui a pié, et vos estes a cheval ! » Et cil ne respont a chose que il li die, car poi le doute, ainz se fiert en la forest si tost com il i est venuz. Et quant Perceval nel puet mes veoir, si a si grant duel qu'il giete son escu et s'espee a terre et oste son hiaume de sa teste, et lors recomence son duel assez plus grant que devant. Si plore et crie a haute voiz et se claime chaitif, maleureus et le plus meschaanz de toz autres chevaliers, et dit : « Ore ai je failli a toz mes desirriers ! »

En tel duel et en tel ire demore ilec Perceval tout le jor, que nus ne vint sor lui por lui reconforter. Et quant vint vers la nuit, si se trova si las et si vains que tout li menbre li failloient, ce li ert avis. Et lors li prent talent de dormir ; si s'endort et ne s'esveille devant la mie nuit. Et quant il se fu esveilliez, si resgarda devant soi et vit une fame qui li demande mout effreement : « Perceval, que fes tu ci ? » Et il dist qu'il n'i fet ne bien ne mal, et que s'il eust cheval il s'en alast d'iluec. « Se tu me vouloies, fet ele, creanter que tu feroies ma volenté quant je t'en semondroie, jel te donroie orendroit bon et bel, qui te porteroit la ou tu voldroies. » Et quant il ot ce, si est tant liez come nul plus, come cil qui ne se done garde qui ce est a qui il parole. Et il cuide bien que ce soit fame a qui il parole, mes non est, ainz est li anemis qui le bee a decevoir et a metre en tel point que s'ame soit perdue a toz jorz mes. Et quant il ot la promesse que cele li fet de la chose dont il ert plus desirranz, si respont qu'il est toz prez qu'il l'en face si seure come ele voldra, que se ele cheval li donc bon et bel, il fera a son pooir ce que ele li requerra. « Le me creantez vos, fet ele, come loiax chevaliers ? » — « Voire voir ! » fet il. — « Or m'atendez, fet ele : car je revendrai orendroit. » Et lors s'en entre en la forest et revient maintenant et ameine un cheval grant et merveilleux, et si noir que ce iert merveilles a veoir.

Quant Perceval voit le cheval, si le resgarde et l'en prent hisdor ; et neporec il est bien tant hardiz que il monte sus, come cil qui ne se prent garde de l'agait a l'anemi. Et quant il est montez, si prent son escu et sa lance ; et cele qui devant lui estoit li dist : « Perceval, vos vos en alez ? Or vos soviegne que vos me devez un guerredon. » Et il dit que si fera il. Si s'en vet grant aleure et se fiert en la forest ; et la lune luisoit clere. Mes cil l'emporte si tost qu'il l'ot mis fors de la forest en petit d'ore et esloignié plus de trois jornees loign. Et il chevauche tant que il vit devant soi en une valee une grant eve rade. Et li chevax vint cele part et se volt ferir dedenz. Et quant Perceval la voit si grant, si la redoute mout a passer, por ce que il estoit nuiz, ne il n'i voit ne pont ne planche. Lors lieve sa main et fet le signe de la croiz en son front. Quant li anemis se senti chargiez dou fessel de la croiz, qui trop li ert pesanz et griés, si s'escout et desvelope de Perceval, et se fiert en l'eve ullant et criant et fesant la plus male fin dou monde. Si avint maintenant que l'eve fu esprise en plusors leus de feu et de flamme clere, si qu'il sembloit que l'eve arsist.

Et quant Perceval voit ceste aventure, si s'aperçoit bien tantost que ce est li anemis qui ça l'avoit aporté por lui decevoir et por metre a perdicion de cors et d'ame. Et lors se seigne et se comande a Dieu et prie Nostre Seignor qu'il nel laist chaoir en temptacion, par quoi il perde la compaignie des chevaliers celestielx. Si tent les mains vers le ciel et mercie Nostre Seignor de bon cuer de ce que il li a si bien

aidié a cest besoign. Car quant li anemis fu en l'eve, il l'i
eust sanz faille lessié chaoir et einsint poïst estre noiez et
periz, si eust perdu et cors et ame. Et il se tret en sus de
l'eve, car toutevoies a il poor des asauz a l'anemi, si s'age-
noille vers orient et fet ses proieres et ses oroisons teles
come il les savoit. Si desire molt le jor por savoir en quel
terre il est, car il pense bien que li anemis l'ait porté mout
loign de l'abeie ou il vit ier le roi Mordrain.

Einsi fu Perceval jusqu'au jor en proieres et en oroisons,
et atendi que li solaux ot fet son tor ou firmament et qu'il
aparut au monde. Et quant li solauz fu levez biaus et clers, et
qu'il ot auques abatue la rosee, lors resgarde Perceval tot
entor soi et voit qu'il est en une montaigne grant et merveil-
leuse et sauvage durement, qui estoit close de mer tout
entor, si largement qu'il ne voit de nule part terre se trop
loign non. Et lors s'aperçoit qu'il est portez en une isle, mes
il ne set en quele isle; si le savroit volentiers, mes il ne set
coment ce puisse estre, car il n'a pres ne chastel ne forterece
ne recet ne meson ou genz puissent habiter, ce li est avis. Et
neporquant il n'est mie si seuls qu'il ne voie entor lui bestes
sauvages, ors et lyons et liepars et serpenz volanz. Et quant
il voit qu'il est en tel leu, si n'est mie mout aeise, car il
redoute les bestes sauvages qui nel lairont mie en pes, ce
set il bien, ainz l'ocirront s'il ne se puet deffendre. Et nepor-
quant se Cil qui sauva Jonas ou ventre dou poisson et qui
gari Danyel en la fosse as lyons li veut estre ci escuz et
deffendemenz, il n'a garde de quan qu'il voit. Si se fie plus
en s'aide et en son secors qu'il ne fet en s'espee, car ce voit
il bien que par proesce de chevalerie terriane n'en porroit il
eschaper, se Nostre Sires n'i metoit conseil. Et lors se resgarde
et voit en mi l'isle une mout haute roche et mout merveil-
leuse, ou il ne quidoit avoir doute de nule beste sauvage se
il s'i estoit mis. Et por ce s'adresce il cele part einsint

armez come il estoit. Et en ce qu'il aloit cele part, si se regarde et voit un serpent qui portoit un petit lyon et le tenoit par le col as denz, et s'asist ou sommet de la montaigne. Et apres le serpent coroit uns lyons criant et braiant et fesant si male fin qu'il semble a Perceval que li lyons face son duel por le petit lyoncel que li serpenz emporte.

Quant Perceval voit ceste aventure, si cort au plus tost qu'il puet contremont la montaigne. Mes li lyons, qui plus ert legiers, l'ot ja trespassé et ot comenciee la meslee encontre le serpent ainçois qu'il i poist estre venuz. Et neporquant, si tost come il fu amont venuz en la roche et il vit les deus bestes, si pense que il aidera au lyon por ce que plus est naturelx beste et de plus gentil ordre que li serpenz. Et lors tret l'espee et met l'escu devant son vis, por le feu qui mal ne li face, et vet requierre le serpent et li done un grant cop entre les deus oreilles. Et cil gite feu et flamme si qu'il li art tot son escu et son hauberc par devant ; et encore li eust il plus mal fet. Mes cil fu vistes et legiers et reçut le feu ausi come de tisons, si que la flamme nel feri pas de droit, et por ce fu li feux mains nuisanz. Et quant il voit ce, si est mout effreez : car il doute que li feus ne soit entremellez de venim. Et toutevoies recort il sus au serpent et li done de grans cox la ou il le puet ateindre. Si li avint einsi a celui point que il l'asena en cel leu meismes ou il l'avoit asené au comencement. Et l'espee fu legiere et bone, si cola legierement parmi la teste puis que li cuirs fu entamez, a ce que li os n'estoient mie dur, si qu'il chaï morz en la place.

Quant li lyons se voit delivrez dou serpent par l'aide dou chevalier, si ne fait pas semblant que il ait talent de combatre a lui, ainz vient devant lui et besse la teste et li fet la greignor joie que il puet, si que Perceval aperçoit bien que il n'a talent de lui mal fere. Si remet s'espee ou fuerre et gite jus son escu, qui toz ert brullez, et oste son hiaume de sa

teste por le vent recoillir, car assez l'ot eschaufé li serpenz.
Et li lyons aloit adés apres lui coetant et fesant grant joie. Et
quant il voit ce, si li comence a aplanier le col et la teste et
les espaules, et dit que Nostre Sires li a envoiee cele beste
por fere li compaignie : si le tient a mout bele aventure. Et li
lyons li fet si grant joie come beste mue puet fere a home,
et tout le jor demora o lui jusqu'a hore de none. Mes si tost
come hore de none fu passee, si s'en vint aval la roche et
emporta le lyoncel a son col a son repaire. Et quant Perce-
val se voit sanz compaignie en la roche soutive et haute a
merveilles, si ne fet mie a demander s'il est a malaise ; et plus
encore le fust assez, se ne fust li granz espoirs qu'il avoit en
son Criator : car il estoit un des chevaliers dou monde qui
plus parfetement creoit en Nostre Seignor. Et neporquant
ce ert contre la costume de la terre : car a cel tens estoient si
desreez genz et si sanz mesure par tout le roiaume de Gales
que sé li filz trovast le pere gisant en son lit par achaison
d'enfermeté, il le tresist hors par la teste ou par les braz et
l'oceist errannment, car a viltance li fust atorné se ses peres
moreust en son lit. Mes quant il avenoit que li filz ocioit le
pere, ou li peres le filz, et toz li parentez moroit d'armes,
lors disoient cil del païs qu'il estoient de haut lignage.

Tout le jor fu Perceval en la roche et resgardoit en la mer
loign por savoir s'il veist nule nef trespassant. Mes einsi li
avint celui jor qu'il ne sot tant baer amont ne aval que il en
veist nule. Et quant il voit ce, si prent cuer en soi meismes
et se reconforte en Nostre Seignor, et li prie qu'il le gart en
tel maniere qu'il ne chiee en temptacion ne par enging de
deable ne par mauvese pensee, mes einsi come li peres doit
garder le filz, le gart et norrisse. Si tent ses mains vers le
ciel et dist :

« Biax sire Diex, qui en si haut leu come est l'ordre de
chevalerie me lessastes monter, qui m'esleustes a vostre ser-

jant, tout n'en fusse je mie dignes, sire, par vostre pitié ne
soffrez vos mie que je isse de vostre servise, mes soie si
come li bons champions et li seurs, qui deffent bien la que-
rele son seignor contre celui qui a tort l'apele. Biau douz
sire, einsi me doigniez vos que je puisse deffendre m'ame,
qui est vostre querele et vostre droit heritage, contre celui
qui a tort la velt avoir. Biax douz peres, qui deistes en l'evan-
gile de vos meismes : « Je sui bons pastres, et li bons pastres
« met s'ame por ses oeilles, mes ce ne fet pas li marcheanz
« pastres ; ançois let ses oeilles sanz garde tant que li leux
« les estrangle et devore si tost come il i vient ; » Sire, vos
me soiez pastres et deffenderres et conduisierres, si que je
soie de vos oeilles. Et s'il avient, biax sire Diex, que je soie
la centieme oeille folle et chetive qui se departi des nonante
nuef et s'en ala foloiant es deserz, sire, pregne vos de moi
pitié et ne me lessiez pas ou desert, mes ramenez moi a vos-
tre part, ce est a Sainte Eglyse et a sainte creance, la ou les
bones oeilles sont et la ou li verai home, li bon crestien
sont, si que li anemis, qui en moi ne demande fors la subs-
tance, ce est l'ame, ne me truist sanz garde. »

Quant Perceval ot ce dit, si voit vers lui venir le lyon por
qui il s'estoit combatuz au serpent ; mes il ne fet mie sem-
blant qu'il li voille maufere, ainz vient vers lui fesant joie.
Et quant Perceval voit ce, si l'apele et il vet a lui maintenant
et li aplanie le col et la teste. Et li lyons se colche devant lui
ausi com se ce fust la plus privee beste del monde. Et
il s'acoste delez lui et met sa teste sor s'espaule ; si atent
tant que la nuiz fu venue oscure et noire ; si s'endort erran-
ment delez le lyon. Si ne li prent talent de mengier, car assez
pensoit a autre chose.

Quant Perceval se fu endormiz, si li avint une aventure
merveilleuse : car il li fu avis en son dormant que devant lui
venoient deus dames dont l'une ert vielle et ancienne et l'autre

n'ert mie de mout grant aage, mes bele estoit. Les deus dames ne venoient pas a pié, ainz estoient montees sus deus molt diverses bestes : car l'une estoit montee sus un lyon et l'autre sus un serpent. Et il resgarde les deus dames a grant merveille, de ce que eles pooient si justisier les deus bestes. Et la plus juene venoit devant ; si dist a Perceval : « Perceval, mes sires te salue et te mande que tu t'apareilles au mielz que tu porras : car demain te covendra combatre encontre le champion dou monde qui plus fet a redouter. Et se tu ies vaincuz, tu ne seras pas quites por un de tes membres perdre, ainz te menra len si mal que tu en seras honiz a toz jorz mes. » Et quant il ot ceste parole, si li respont : « Dame, qui est vostre sires ? » — « Certes, fet ele, li plus riches hons dou monde. Or garde que tu soies si preuz et si seurs que tu de la bataille fere aies honor. » Et lors s'en vet si soudainement que Perceval ne set que ele est devenue.

Lors vient l'autre dame avant, qui sor le serpent estoit montee, et dist a Perceval : « Perceval, je me plaign mout de vos : car vos avez meffet a moi et as miens, et si ne l'avoie mie deservi. » Et quant il ot ceste parole, si respont toz esbahiz : « Dame, certes ne a vos ne a dame qui soit ou monde ne cuit je riens avoir meffet. Si vos pri que vos me dioiz en quoi je vos ai meffet ; et se je ai pooir de l'amender je le vos amenderai volentiers a vostre voloir. » — « Je vos dirai bien, fet ele, en quoi vos m'avez meffet. Je avoie une piece norrie en un mien chastel une moie beste que len apeloit serpent, qui me servoit de mout plus que vos ne cuidiez. Et cele beste vola ier par aventure jusqu'a ceste montaigne et i trova un lyoncel que ele aporta jusqu'a ceste roche. Et vos venistes aprés corant o vostre espee et l'oceistes sanz ce que ele ne vos demandoit rien. Or me dites por quoi vos l'oceistes. Vos avoie je riens meffet por quoi vos la deussiez mener a mort ? Estoit li lyons vostres ne en vostre subjection,

que vos vos deussiez combatre por lui ? Sont les bestes de
l'air si abandonees que vos les doiez ocirre sanz reson ? »
Quant Perceval ot les paroles que la dame li dist, si respont :
« Dame, ne vos ne m'aviez meffet que je seusse, ne li lyons
n'estoit a moi, ne les bestes de l'air ne me sont abandonnees.
Mes por ce que li lyons est de plus gentil nature que li ser-
penz et de plus haut afere, et por ce que je vi que li lyons
estoit meins mesfesanz que li serpenz, corui je sus au ser-
pent et l'ocis. Si me semble que je ne me soie mie tant vers
vos meffez come vos dites. » Et quant la dame oï ceste res-
ponse, si dist : « Perceval, ne m'en feroiz vos plus ? » —
« Dame, fet il, que volez vos que je vos face ? » — « Je voil,
fet ele, que en amende de mon serpent deviegniez mes
hons. » Et il respont que ce ne feroit il pas. — « Non ?
fet ele. Ja le fustes vos ja ; ançois que vos receussiez
l'omage de vostre seignor estiez vos a moi. Et por ce que
vos fustes ainz miens que autrui ne vos claim je pas quite ;
ainz vos aseur que en quelque leu que je vos truisse sanz
garde, que je vos prendrai come celui qui jadis fu miens. »

Aprés ceste parole s'em parti la dame. Et Perceval remest
dormant, qui mout fu travailliez de ceste avision. Si dormi
tote la nuit si bien que onques ne s'esveilla. Et a l'andemain,
quant li jorz fu clers et li solauz fu levez, qui ja li raia sor le
chief chauz et ardanz, si ovri Perceval les elz et vit qu'il
estoit jorz. Et lors se dressa il en seant et leva sa main et se
seigna et pria Nostre Seignor qu'il li envoit conseil qui profi-
tables li soit a l'ame : car dou cors ne li chaut il mes tant
come il seut, por ce que il ne croit pas que il puist ja mes
issir de cele roche ou il est. Si resgarde tot entor lui, mes il
ne voit rien, ne le lyon qui li avoit fet compaignie, ne le
serpent que il avoit ocis : si se merveille molt que il sont
devenu.

En ce que Perceval pensoit a ceste chose, si esgarda en la

mer mout loign ; et voit une nef qui acoroit le voile tendu et venoit droit au leu ou Perceval atendoit por savoir se Diex li donast aventure qui li pleust. Et la nef coroit mout tost, car ele avoit le vent derriere qui la hastoit ; et ele vient vers lui le droit cors et arriva au pié de la roche. Et quant Perceval, qui ert en la roche amont, vit ce, si ot mout grant joie, car il cuide bien que il ait dedenz plenté de gent ; et por ce se drece il en estant et prent ses armes. Et quant il est armez, si descent de la roche come cil qui voudra savoir quel gent il a dedenz la nef. Et quant il vient pres, si voit que la nef est encortinee et par dedenz et par defors de blans samiz, si qu'il n'i pert se blanches choses non. Et quant il vient au bort, si troeve un home revestu de sorpeliz et d'aube en semblance de prestre, et en son chief avoit une coronne de blanc samit ausi lee come vos deus doiz, et en cele coronne avoit letres escrites en quoi li haut nom Nostre Seignor estoient saintefié. Et quant Perceval le voit, si s'en merveille ; et se trait pres de lui et le salue et li dit : « Sire, bien soiez vos venuz ! Diex vos ameint ! » — « Biax amis, fet li preudons, qui estes vos ? » — « Je sui, fet il, de la meson le roi Artus. » — « Et quele aventure vos a ça aporté, fet il ? » — « Sire, fet il, je ne sai en quel maniere ne coment je i vign. » — « Et que volez vos, fet li preudons ? » — « Sire, fet il, s'il plesoit a Nostre Seignor, je voldroie bien issir fors de ci et aler o mes freres de la Table Reonde en la Queste dou Saint Graal : car por autre chose ne m'esmui je de la cort monseignor le roi. » — « Quant il plaira a Dieu, fet li preudons, vos en istroiz bien fors ; il vos en aura bien tost gité quant lui plaira. S'il vos tenoit a son serjant et il veoit que vos feissiez mielz son preu aillors que ci, sachiez qu'il vos en osteroit assez tost. Mes il vos i a ore mis en esproeve et en essai por savoir et por conoistre se vos estes ses feelx serjans et ses loiax chevaliers ausi come l'ordre de chevalerie le requiert. Car puis que vos en si haut degré estes montez, vostre cuers ne se doit abessier por poor ne por peril terrien. Car cuers de chevalier doit estre si durs et si serrez encontre l'anemi son seignor que nule riens ne le puist flechir. Et s'il est menez jusqu'a poor, il n'est pas des verais chevaliers ne des verais champions, qui se lairoient ocire en champ ainz que la querele lor seignor ne fust desreniee. »

Lors li demande Perceval dont il est et de quel terre ; et il dist qu'il est d'estrange païs. « Et quele aventure, fet Perceval, vos amena en si estrange leu et en si sauvage come cist me semble ? »

— « Par foi, fet li preudons, je i vign por vos veoir et reconforter, et por ce que vos me dioiz vostre estre. Car il n'est riens dont vos soiez a conseillier, se vos la me dites, que je ne vos en conseil si bien come l'en porroit mielz fere. »

— « Merveilles me dites, fet Perceval, qui me dites que vos venistes ça por moi conseillier. Mes je ne voi pas coment ce puist estre, car en ceste roche ou je sui ne me savoit nus fors Diex et moi. Et encor m'i seussiez vos, ne cuit je mie que vos sachiez mon nom, car onques mes a mon escient ne me veistes. Et por ce me merveil je de ce que vos me dites. »

— « Ha ! Perceval, fet li preudons, je vos conois mout mielz que vos ne cuidiez. Pieç'a que vos ne feistes chose que je ne sache assez mielz que vos meesmes. » Et quant il ot que li preudons le nomme, si en devient toz esbahiz. Et lors se repent de ce qu'il li ot dit ; si li crie merci et dit : « Ha ! sire, por Dieu car me pardonez ce que je vos ai dit. Car je cuidoie que vos ne me conneussiez pas, mes ore voi je bien que vos me connoissiez mielz que je vos : si m'en tiegn a fol et vos a sage. »

Lors s'acoute Perceval sor le bort de la nef o le preudome, si parolent ensemble de maintes choses. Si le troeve Perceval si sage en toutes choses que il se merveille mout qui il puet estre. Si li plaist tant sa compaignie que s'il ert toz jorz avec lui ne li prendroit il talent ne de boivre ne de mengier, tant li sont ses paroles douces et plesanz. Et quant il ont grant piece parlé ensemble, si li dit Perceval : « Sire, car me fetes sage d'une avision qui m'avint anuit en mon dormant, qui me semble si diverse que ja mes ne serai aeise devant que je en sache la verité. » — Dites, fet li preudons, et je vos en certefierai si que vos verrez apertement que ce puet estre. » — « Et je le vos dirai, fet Perceval. Il m'avint anuit en mon dormant que devant moi venoient deus dames dont l'une estoit montee sor un lyon et l'autre sor un serpent. Et cele qui sor le lyon estoit montee estoit juene dame, et cele desus le serpent estoit vielle, et la plus juene parla a moi premierement. » Et lors li comence a conter totes les les paroles qu'il avoit oïes en son dormant, si bien com eles li avoient esté dites, que il n'en avoit encore nule obliee. Et quant il ot reconté son songe, si prie le preudome qu'il l'en die la senefiance. Et cil dit que si fera il volentiers. Lors li comence a dire :

« Perceval, fet il, de ces deus dames, que vos veistes montees si diversement que l'une estoit montee sor un lyon et l'autre sor un serpent, est la senefiance merveilleuse, et si la vos dirai. Cele qui sor le lyon estoit montee senefie la Novele Loi, qui sor le lyon est, ce est sor Jhesucrist, qui [par lui] prist pié et fondement et qui par lui fu edifiee et montee en la veue et en l'esgart de toute crestienté, et por ce qu'ele fust mireors et veraie lumiere a toz çax qui metent lor cuers en la Trinité. Et cele dame siet sor le lyon, ce est sor Jhesucrist, et cele dame si est Foi et Esperance et creance et baptesmes. Cele dame est la pierre dure et ferme sor quoi Jhesucrist dist qu'il fermeroit Sainte Eglyse, la ou il dist : « Sor « ceste pierre edefierai je m'eglise. » Et icele dame, qui estoit montee sor le lyon, doit estre entendue la Novele Loi, que

Nostre Sires maintient en force et en pooir ausi come li peres fet l'enfant. Et ce qu'ele vos sembloit plus juene de l'autre n'est pas merveille : car de tel aage ne de tel semblant n'est ele pas. Car ceste dame fut nee en la Passion Jhesucrist et en la Resurrection, et l'autre avoit ja regné en terre trop longuement. Icele vint a toi parler comme a son fil, car tuit li bon crestien sont si fil, et bien te mostra que ele ert ta mere : car ele avoit de toi si grant poor qu'ele te vint avant le cop noncier ce qui t'estoit a avenir. Cele te vint dire de par son seignor, ce est Jhesucrist, qu'il te covenoit combatre. Par la foi que je te doi, se ele ne t'amast, ele nel te venist pas dire, car il ne li chausist de toi se tu fusses vaincuz. Si le te vint si tost dire por ce que tu fusses mielz garniz au point de la bataille. Et a qui ? Encontre le plus redouté champion dou monde. Li plus redoutez champions dou monde, si est cil par cui Enoc et Helyes, qui tant furent preudome, furent raviz de terre et porté ou ciel, et ne revendront devant le jor dou joise, por combatre encontre celui qui tant est redoutez. Icil champions si est li anemis, qui tant se peine adés et travaille qu'il meine home a pechié mortel, et d'iluec le conduit en enfer. Ce est li champions a qui il te covient combatre, et se tu es vaincuz, si come la dame te dist, tu ne seras mie cuites por un de tes membres perdre, ainz en seras honiz a toz jorz mes. Et bien puez tu veoir par toi meismes se ce est voirs ; car s'il est einsi que li anemis puet venir au desus de toi, il te metra en perdicion de cors et d'ame et d'iluec te conduira en la meson tenebreuse, ce est en enfer, ou tu sofferas honte et dolor et martire autant longuement come la poesté Jhesucrist durra.

« Or t'ai devisé que cele dame senefie que tu veis en ton songe, qui chevauchoit le lyon. Et par ce que je t'ai mostré puez tu assez savoir qui l'autre puet estre. »

— « Sire, fet Perceval, de l'une m'avez vos tant dit que je en

sai la senefiance. Mes ore me dites de l'autre qui chevauchoit
le serpent, car de cele ne conoistroie je mie la senefiance, se
vos ne la me disiez. » — « Dont la te diré je, fet li preu-
dons ; or m'escoute. Cele dame a qui tu veis le serpent che-
vauchier, ce est la Synagogue, la premiere Loi, qui fu
ariere mise, si tost come Jhesucrist ot aporté avant la Novele
Loi. Et li serpenz qui la porte, ce est l'Escriture mauvesement
entendue et mauvesement esponse, ce est ypocrisie et here-
sie et iniquitez et pechié mortel, ce est li anemis meismes ;
ce est li serpenz qui par son orgueil fu gitez de paradis ; ce
est li serpenz qui dist a Adam et a sa moillier : « Se vos
« mengiez de cest fruit vos seroiz ausi come Dieu, » et par
ceste parole entra en aus covoitise. Car il baerent mainte-
nant a estre plus haut qu'il n'estoient, si crurent le conseil a
l'anemi et pechierent, por quoi il furent gitié hors de para-
dis et mis en essil. Auquel meffet tuit li oir partirent et le
comperent chascun jor. Et quant la dame vint devant toi, ele
se plainst de son serpent que tu avoies ocis. Et sez tu de quel
serpent ele se plaint ? Ele ne se plaint pas de cel serpent que
tu oceis hier, ainz est de celui serpent que ele chevalche, ce
est li anemis. Et sez tu ou tu li feis itel duel ? Au point que
li anemis te portoit quant tu veniz en ceste roche, a cele hore
que tu feis sor toi la croiz. Car par la croiz que tu feis sor
toi, qu'il ne pot sostenir en nule maniere, ot il si grant
poor que il cuida bien estre morz : si s'en foï grant erre
come cil qui ne te pooit fere compaignie. Et einsi l'oceis tu
et destruisis et li tolis pooir et force de sa baillie et de son
conduit, et si te quidoit il bien avoir gaangnié : et de ce est
li grans duelx que ele a a toi. Et quant tu l'eus respondue au
mielz que tu seus de ce que ele te demandoit, si te requist
ele que por amende de ce que tu li avoies meffet devenisses
ses hom. Et tu deis que non feroies. Et ele dist que aucune
fois l'avoies tu esté ainz que tu feisses homage a ton seignor.

Et a ceste chose as tu hui mout pensé, et si le deusses tu bien savoir. Car sanz faille devant ce que tu eusses receu baptesme et crestienté estoies tu de la subjection a l'anemi. Més si tost come tu eus receu le seel Jhesucrist, ce est le saint cresme et la sainte uncion, eus tu renoié l'anemi et fus fors de sa baillie, car tu eus fet homage a ton Criator. Si t'ai ore einsi devisee de l'une et de l'autre dame la senefiance ; si m'en irai, car trop ai a fere. Et tu remaindras ci, et si te souviegne bien de la bataille que tu as a fere ; car se tu es vaincuz, autre chose qué ce que len te promet n'i avras. »

— « Biau sire, fet Perceval, por qoi vos en alez vos si tost? Certes vos paroles me plaisent tant et vostre compaignie que je jamais ne me queisse de vos partir. Et por Dieu, s'il puet estre, remanez encore o moi ; car certes de tant com vos m'avez dit cuit je mielz valoir touz les jorz de ma vie. » — « A aler m'en covient, fet li preudons, car mout de genz m'atendent, et vos remaindrez. Si gardez que vos ne soiez desgarniz contre celui a qui vos devez combatre. Car se il vos troeve desgarni, tost vos en porra meschaoir. »

Quant il ot ce dit, si s'em part ; et li venz se fiert ou voile, qui en meine la nef si tost come lem poïst regarder. Si est tant esloigniee en poi d'ore que Perceval n'en puet mes riens veoir. Et quant il en a del tout perdue la veue, si revet contremont la roche einsint armez come il estoit. Et si tost come il est amont, si troeve le lyon qui le jor devant li avoit fet compaignie. Et il le comence a aplanier por ce que il voit que il li fet merveilleuse joie. Et quant il ot ilec demoré jusqu'aprés midi, si esgarde loign en la mer et voit venir une nef autresi fendant come se toz li venz dou monde la chaçassent ; et devant venoit uns estorbeillons qui fesoit la mer movoir et les ondes saillir de toutes parz. Et quant il voit ce, si se merveille mout que ce est : car li estorbeillons li toloit la veue de la nef. Et neporec ele aproche tant que il set veraie-

ment que ce est nef, et est toute coverte de dras noirs, ne sai
de soie ou de lin. Et quant ele est auques pres, si descent,
car il voldra savoir que ce est. Et il, qui bien voldroit que ce
fust li preudons a qui il li avoit hui parlé, descent. Si li avient
si bien toutevoies, ou par la vertu de Dieu ou par autre
chose, qu'il n'a si hardie beste en la montaigne qui l'osast
adeser ne assaillir. Et il avale le tertre et vient a la nef au plus
tost qu'il puet. Et quant il est a l'entree, si i voit seoir une
damoisele de trop grant biauté, et fu vestue si richement
come nule mielz.

Et si tost come ele voit venir Perceval, si se lieve encontre
lui et li dit sanz saluer : « Perceval, que fetes vos ci ? Qui
vos amena en ceste montaigne, qui si est estrange que ja mes
n'i seroiz secoreuz se par aventure n'est, ne n'i avroiz a men-
gier, ainz morroiz de fain et de mesaise a ce que vos n'i tro-
veroiz qui vos i regart ? » — « Damoisele, fet il, se je i mo-
roie de fain, dont ne seroie je pas loiax serjanz. Car nus ne
sert si haut home come je faz, por qu'il le serve loiaument et
de bon cuer, que il ne demandera ja chose qu'il n'ait. Et il
meismes dist que sa porte n'est close a nul qui i viegne, mes
qui i boute, si i entre, et qui i demande, si a. Et se aucuns
le demande, il ne se repont pas, ainz se lait legierement tro-
ver. » Et quant cele ot qu'il li fet mencion de l'Evangile, si
ne respont pas a cele parole, ainz le met en autre matiere et li
dit : « Perceval, sez tu dont je vieng ? » — « Coment, damoi-
selle, fet il, qui vos aprist mon non ? » — « Je le sai bien,
fet ele, et vos conois mielz que vos ne quidiez. » — « Et
dont venez vos, fet il, einsi ? » — « Par foi, fait ele, ge vieng
de la Forest Gaste, ou je ai veue la plus merveilleuse aventure
del monde dou Bon Chevalier. » — « Ha ! damoisele, fet il,
dites moi dou Bon Chevalier, par la foi que vos devez a la
riens ou monde que vos plus amez ! » — « Je ne vos en
diroie, fet ele, ce que j'en sai en nule maniere, se vos ne me

creantez sor l'ordre que vos tenez de chevalerie que vos ma
volenté feroiz de quele hore que je vos en semondrai. » Et
il li dit qu'il le fera s'il onques puet. « Assez en avez dit,
fet ele. Or vos en dirai la verité. Voirs est que je estoie ore
n'a gueres en la Gaste Forest droit ou mileu, cele part ou la
grant eve cort que len apele Marcoise. Ilec vi ge que li Bons
Chevaliers vint et chaçoit devant lui deus autres chevaliers que
il voloit ocirre. Et cil se firent en l'eve por poor de mort ;
si lor avint si bien qu'il passerent outre. Mes a lui en mesa-
vint il : car ses chevax i fu noiez et il meismes si fust s'il ne
s'en fust issuz maintenant, et par ce qu'il s'en retorna fu il
gariz. Si as ore oïe l'aventure dou Chevalier que tu deman-
des. Or si voil que tu me dies coment tu l'as puis fet que tu
venis en ceste isle estrange, ou tu seras ausi come perduz se
tu n'en es gitez. Car tu voiz bien que ci ne vient nus dont tu
aies secors, et a issir t'en covient il o a morir. Dont il co-
vient, se tu n'en veuz morir, que tu faces tel plet a aucun
par quoi tu en sois gitez. Et tu n'en puez estre gitez se par
moi non ; por quoi tu doiz tant fere por moi que je t'en ost,
se tu es sages, car je ne sai nule greignor mauvestié que de
celui qui se puet aidier et nel fet. »

— « Damoisele, fet Perceval, se je cuidoie qu'il pleust
a Nostre Seignor que je m'en ississe, je m'en istroie, se je
pooie, car autrement n'en voldroie je pas estre fors. Car
il n'est riens ou monde que je vousisse avoir fete, se
je ne cuidoie que ele Li pleust, car dont avroie je che-
valerie receue de male hore, se je l'en fesoie guerre. »
— « Tout ce, fet ele, lessiez ester et me dites se vos men-
jastes hui. » — « Certes, fet il, de terrienne viande ne
menjai ge hui. Mes ci vint ores uns preudons por moi
reconforter, qui tant m'a dites de bones paroles qu'il m'a
peu et resazié si largement que je n'avroie ja mes talent de
mengier ne de boivre, tant come il me souvenist de lui. »

— « Savez vos, fait ele, qui il est ? Ce est uns enchanterres, uns mouteploierres de paroles qui fet adés d'une parole cent, et ne dira ja voir qu'il puisse. Et, se vos le creez, vos estes honiz, car vos n'istroiz ja mes de ceste roche, ainzi morroiz de fain et si vos mengeront bestes sauvages ; et si em poez ja veoir grant semblance. Vos avez ja ci esté deus jorz et deus nuiz et tant com de cest jor est alé ; ne onques cil de qui vos parlez ne vos i porta a mengier, ainz vos i a lessié et lessera, que ja par lui n'i seroiz secoruz. Si sera granz domages et grant malaventure se vos i morez : car vos estes si juenes hom et si bons chevaliers que encore porriez vos molt valoir a moi et a autres se vos estes de ci gitez. Et je vos di que je vos en giterai se vos voulez. »

Quant Perceval ot ce que cele li offre, si li dist : « Damoisele, qui estes vos, qui si volentiers m'osteriez de ci se je voloie? » — « Je sui, fet ele, une damoisele deseritee, qui fusse la plus riche fame dou monde se je ne fusse chaciee de mon heritage. » — « Deseritee damoisele, fet il, or me dites qui vos deserita : car assez me prent ore greignor pitié de vos qu'il ne fist hui mes. » — « Et je le vos dirai, fait ele. Voirs fu que jadis me mist uns riches hons en son ostel por lui servir, et estoit cil riches hons li plus riches rois que len sache. Et je fui si bele et si clere qu'il n'est nus qui de ma biauté ne se poïst merveillier : car je fui bele sor toute rien. Et en cele biauté sanz faille m'enorgueilli un poi plus que je ne deusse, et dis une parole qui ne li plot pas. Et si tost come je l'oi dite, si fu si corrociez a moi qu'il ne me vout puis soffrir en sa compaignie, ainz m'enchaça povre et deseritee, ne onques n'ot pitié de moi ne de nului qui a mon acort se tenist. Si enchaça einsint li riches hons moi et ma mesniee, et m'envoia en desert et en essil. Si me cuida bien avoir maubaillie, et si eust il fet se ne fust mes granz sens par quoi je començai maintenant contre lui la guerre. Si m'en est puis si bien avenu que mout i ai gaaingnié : car je li ai tolu partie de ses homes, qui l'ont lessié por venir a moi por la grant compaignie qu'il voient que je lor port. Car il ne me demandent riens que je ne lor doigne, et encore assez plus. Einsi sui en guerre nuit et jor contre celui qui m'a deseritee. Si ai assemblez chevaliers et serjanz et gens de toutes manieres ; si vos di que je ne sai nul chevalier ou monde ne nul preudome a qui je ne face offrir l'ennor por estre de ma partie. Et por ce que je vos sai a bon chevalier et a preudome sui je ça venue, que vos m'en aidiez. Et vos le devez bien fere, puis que vos estes compainz de la Table Reonde ; car nus qui compainz en soit ne doit faillir a damoisele deseritee, por qu'ele le requiere d'aide. Ce savez vos bien que ce est voirs, car quant vos i fustes assis, que li rois Artus vos i mist, si jurastes vos, ou premier serement que vos feistes, que ja ne faudriez mes d'aide a damoisele qui vos en requeist. » Et il dit que cest serement i fist il sanz faille ; si l'en aidera volentiers puis que ele l'en requiert. Et ele l'en mercie molt.

Tant parlerent ensemble que midis fu passez et l'ore de none aprochiee. Et lors fu li solaux chauz et ardanz : si dist la damoisele a Perceval : « Perceval, il a en ceste nef le plus riche paveillon de soie que vos onques veissiez. Se il vos plest, je le ferai trere fors et le ferai ci tendre por l'ardor dou soleil, que mal ne vos face. » Et il dist que ce veut il bien. Et ele entre maintenant en la nef et fet tendre le paveillon sor la rive a deus serjanz. Et quant cil l'orent tendu au mielz qu'il porent, si dist la damoisele a Perceval. « Venez vos reposer et seoir tant que la nuiz viegne, et issiez fors dou soleil, car il me semble que vos eschaufez trop. » Et il entre ou paveillon et s'endort maintenant ; mes ele l'ot fet avant desarmer de son hiaume et de son hauberc et de s'espee ; et quant il est remes en pur le cors, si le lesse endormir.

Quant il a grant piece dormi, si s'esveille et demande a mengier ; et ele comande que la table soit mise, et len la met. Et il resgarde que len la cuevre de tele plenté de mes que ce n'est se merveilles non. Et il menjut entre lui et la damoisele. Et quant il demande a boivre len li done ; et il troeve que ce est vins, li plus bons et li plus forz dont il onques beust : si se merveille trop dont il puet estre venuz. Car a celui tens n'avoit en la Grant Bretaigne point de vin se ce n'ert en mout riche leu, ainz bevoient comunalment cervoise et autres bevrages que il fesoient. Si en but tant qu'il en eschaufa outre ce qu'il ne deust. Et lors resgarde la damoisele qui li est si bele, ce li est avis, que onques n'ot veue sa pareille de biauté. Si li plest tant et embelist, por le grant acesmement qu'il voit en li et por les douces paroles que ele li dit; qu'il en eschaufe outre ce qu'il ne deust. Lors parole a li de maintes choses, et tant qu'il la requiert d'amors et la prie qu'ele soit soe et il sera suens. Et ele li vee quant que ele puet, por ce que ele veut qu'il en soit plus ardanz et plus desirranz. Et il ne cesse de proier la. Et quant ele voit qu'il est bien eschaufez, si li dit : « Perceval, itant sachiez vos bien que je en nule maniere ne feroie chose qui vos pleust, se vos ne me creantiez que des ore mes seroiz miens et en m'aide contre toz homes, ne ne feroiz riens fors ce que je vos comanderé. » Et il dit que ce fera il volentiers. — « Le me creantez vos, fet ele, come loiaux chevaliers ? » — « Oïl, » fet il. — « Et je m'en soffrerai, fet ele, a tant, et ferai quan que vos plaira. Et sachiez veraiement que vos ne m'avez mie tant desirree a avoir com je vos desirroie encor plus. Car vos estes un des chevaliers dou monde a qui je ai plus baé. »

Et lors comande a ses vaslez qu'il facent un lit le plus bel et le plus riche que il porront, et soit fez en mi le paveillon ; et cil dient que il feront son comandement. Si font tantost un

lit et deschaucent la damoisele et la couchent, et Perceval
avec. Et quant il fu couchiez o la damoisele et il se volt cou-
vrir, si li avint einsi par aventure que il vit s'espee gesir a
terre que cil li avoient desçainte. Et il tent la main pour
prendre la. Et en ce qu'il la vouloit apuier a son
lit, il vit ou pont une croiz vermeille qui entailliee i
estoit. Et si tost come il la vit, si li souvint de soi. Et
lors fist le signe de la croiz en mi son front, et mainte-
nant vit le paveillon verser, et une fumee et une nublece fu
entor lui, si grant que il ne pot veoir goute ; et il senti si
grant puor de totes parz qu'il li fu avis que il fust en enfer.
Et lors s'escrie a haute voiz et dist : « Biax douz peres Jhe-
sucrist, ne me lessiez ici perir, mes secorez moi par vostre
grace, ou autrement je sui perduz ! » Et quant il a ce dit, si
oevre les euz, mes il ne voit mie dou paveillon ou il s'ert
ore couchiez. Et il resgarde vers la rive et voit la nef autre-
tele come il l'avoit ore veue, et la damoisele qui li dist :
« Perceval, traïe m'avez ! » Et maintenant s'empeint en
mer, et Perceval voit que une si grant tempeste la sivoit,
qu'il sembloit que la nes deust issir de son droit cors, et
tote la mer fu tantost pleinne de flambe, si merveilleusement
qu'il sembloit que tuit li feu dou monde i fussent espris ; et
la nes aloit si bruiant que nus sofflemenz de vent par sem-
blant n'alast si tost.

Quant Perceval voit ceste aventure, si est tant dolenz par
semblant qu'il li est bien avis qu'il doie morir. Il resgarde
la nef tant come il la puet veoir et li ore male aventure et
pestilence ; et quant il en pert la veue, si dist : « Ha ! las !
morz sui ! » Si est tant dolenz qu'il voldroit estre morz. Lors
trest s'espee dou fuerre et s'en fiert si durement qu'il l'embat
en sa senestre cuisse, et li sans en saut de toutes parz. Et
quant il voit ce, si dist : « Biax sire Diex, ce est en amende
de ce que je me sui meffet vers vos. » Lors se resgarde et

voit qu'il est toz nuz fors de ses braies, et voit ses dras d'une part et ses armes d'autre, et se claime : « Las ! chaitif ! tant ai esté vilx et mauvés, qui ai si tost esté menez au point de perdre ce ou nus ne puet recovrer, ce est virginitez, qui ne puet estre recovree puis que ele est perdue une foiz ! » Il retrait s'espee a soi et met ou fuerre. Si li poise plus de ce qu'il cuide que Diex se soit a lui corrociez que de ce qu'il est navrez. Il vest sa chemise et sa cote et s'atorne au mielz que il pot, et se couche sus la roche et prie Nostre Seignor qu'il li envoit tel conseil qu'il puisse trover pitié et misericorde. Car il se sent tant vers lui méffez et corpables qu'il ne cuide ja mes estre apesiez se ce n'est par sa misericorde. Ensi fu Perceval toute jor delez la rive, come cil qui ne pooit aler avant ne arrieres por la plaie qu'il avoit. Si prie Nostre Seignor qu'il li ait et qu'il li envoit tel conseil qui profitables li soit a l'ame, car il ne demande autre chose. « Ne ja mes, fet il, biau sire Diex, ne quier de ci movoir ne por mort ne por vie, se vostre volentez n'i est. »

Einsi demora Perceval tout le jor en la roche et perdi mout dou sanc por la plaie qu'il avoit. Mes quant il vit la nuit venir et l'oscurté aparoir par le monde, si se tret vers son hauberc et coucha sa teste desus et fist le signe de la Veraie Croiz en son front et pria Nostre Seignor que Il par sa douce pitié le gart en tel maniere que li deables, li anemis, n'ait tant de pooir sus lui qu'il le meint a temptacion. Quant il a sa proiere finee, si se drece en estant et trenche le pan de sa chemise et estoupe sa plaie por ce qu'ele ne saingnast trop. Si comence ses proieres et ses oroisons, dont il savoit plusors, et atent en tel maniere tant que li jorz vint. Et quant Nostre Sires vint a plaisir qu'il espandi la clarté de son jor par les terres, et li solaux gitoit ses rais la ou Perceval estoit couchiez, il resgarde entor lui et voit d'une part la mer et d'autre part la roche. Et quant il li sovient de l'anemi qui le jor devant l'ot tenu en guise de damoisele, car anemis pense il bien que ce soit, si comence un duel grant et merveilleus et dit que voirement est il morz, se la grace dou saint Esperit nel reconforte.

Endementres qu'il parloit en tel maniere, il resgarde loign en la mer vers orient et voit venir la nef qu'il avoit autre foiz veue, cele qui ert coverte de blans samis, ou li preudons qui ert vestuz en guise de prestre estoit. Et quant il la conoist, si est mout aseurez por les bones paroles que li preudons li avoit autre foiz dites et por le grant sens qu'il avoit en lui trové. Quant la nef fu arrivee et il vit le preudome au bort, si se dreça en son seant si com il puet, et dist que bien soit il venuz. Et li preudons ist fors de la nef et vient avant, et s'asiet sus la roche et dist a Perceval : « Coment l'as tu puis fait ? » — « Sire, povrement : car a poi que une damoisele ne m'a mené jusq'a pechié mortel. » Lors li conte coment il li estoit avenu. Et li preudons li dist : « Conois la tu ? » — « Sire, fet il, nanil. Mes je sai bien que li anemis la m'envoia por moi honir et decevoir. Si en eusse esté honiz se ne fust li signes de la sainte Croiz, dont il covint qu'ele me ramenast en mon droit sens et en mon droit memoire. Si tost come j'oi fet le signe de la Croiz, maintenant s'en ala la damoisele, que onques puis ne la vi. Si vos pri por Dieu que vos me conseilliez que je feré : car onques mes n'oi si grant mestier de conseil come j'ai orendroit. » — « Ha ! Perceval, fet li preudons, toz jorz seras tu nices ! Si ne conois mie cele damoisele qui te mena jusqu'a pechié mortel, quant li signes de la Croiz t'en delivra ? » — « Certes, je ne la conois mie bien. Si vos pri por Dieu que vos me diez qui ele est et de quel païs, et qui est cil riches hons qui l'a deseritee, contre qui ele me requeroit que je li aidasse. » — « Ce te dirai je bien, fet li preudons, si que tu le savras apertement. Or escoute.

« La damoisele a qui tu as parlé si est li anemis, li mestres d'enfer, cil qui a poesté sor toz les autres. Et si est voirs que ele fu jadis ou ciel de la compaignie des anges, et si biaux et si clers que por la grant biauté de lui s'enorgueilli et se volt fere pareil a la Trinité, et dist : « Je monterai en haut, « et serai semblables au Biau Seignor. » Mes si tost come il ot ce dist, Nostre Sires, qui ne voloit mie que sa meson fust conchiee de venin d'orgueil, le trebucha dou haut siege ou il l'avoit mis, si le fist aler en la meson tenebreuse que l'en apele enfer. Quant il se vit si abessié dou haut siege et de la grant hautece ou il souloit estre et il fu mis en pardurables teniebres, il se porpensa qu'il guerroieroit celui qui gité l'en avoit de quan qu'il porroit. Mes il ne veoit pas legierement de quoi. A la parfin s'acointa de la moillier Adam, la premiere fame de l'umain lignage ; et tant la gueta et engigna qu'il l'ot esprise de pechié mortel par quoi il avoit esté gitez et trebuchiez de la grant gloire des cielx, ce fu de couvoitise. Il li fist son desloial talent mener a ce qu'ele cueilli dou mortel fruit de l'arbre qui li avoit esté deffenduz par la bouche de son creator. Quant ele l'ot cueilli, si en menja et en dona a mengier a Adam son baron, a tel eure que tuit li oir s'en sentent mortelment. Li anemis qui ce li ot conseillié, ce fu li serpenz que tu veis avant hier la vieille dame chevauchier, ce fu la damoisele qui ersoir te vint veoir. Et de ce que ele te dist que ele guerroeit nuit et jor dist ele voir, et tu meïsmes le sez bien : car il ne sera ja hore que ele ne gait les chevaliers Jhesucrist et les preudomes et les sers en qui li Sainz Esperiz est herbergiez.

« Quant ele ot fait pais a toi par ses fauses paroles et par ses decevemens, si fist tendre son tref por toi herbergier et dist : « Perceval, vien toi reposer et seoir tant que la nuiz « viegne, et is fors dou soleil, car il m'est avis qu'il t'eschaufe « trop. » Ces paroles que ele te dist ne sont pas sanz grant senc-

fiance. Car molt i entendi autre chose que tu n'i entendoies.
Li paveillons, qui ert reonz a la maniere de la circonstance
dou monde, senefie tout apertement le monde, qui ja ne sera
sanz pechié ; et por ce que pechiez i abite toz dis ne volt ele
mie que tu fusses herbergiez fors ou paveillon : et por ce le
te fist ele apareillier. Et quant ele t'apela, si dist : « Perceval,
« vien toi reposer et seoir tant que la nuiz viegne. » En ce
qu'ele te dist que tu te seisses et reposasses entent ele que
tu soies oiseus et norrisses ton cors des terrianes viandes et
des gloutonnies. Ele ne te loe pas que tu te travailles en cest
monde et semes tel semence a celui jor que li preudome doi-
vent recoillir : ce sera le jor dou grant juise. Ele te pria que tu te
reposasses tant que la nuiz viegne, ce est a dire tant que morz
te sorpreigne, qui veraiement est apelee nuiz toutes les hores
qu'ele sorprent home en pechié mortel. Ele t'apela por ce
qu'ele doutoit que li solaux ne t'eschaufast trop. Et ce n'est
pas merveille se ele en a poor. Car quant li solaux, par
quoi nos entendons Jhesucrist, la veraie lumiere, eschaufe
le pecheor del feu del Saint Esperit, petit li puet puis forfere
la froidure ne la glace de l'anemi, por qu'il ait fichié son cuer
el haut soleil. Or t'ai tant dit de cele dame que tu doiz bien
savoir qui ele est et que ele te vint veoir plus por ton mal
que por ton bien. »

— « Sire, fet Perceval, vos m'avez tant dit de cele dame
que je sai bien que ce est li champions a qui je me devoie
combatre. » — « Par foi, fet li preudons, tu dis voir. Or
gardes coment tu t'i es combatuz. » — « Sire, mauvesement,
ce me semble. Car j'eusse esté vaincuz, se ne fust la grace
dou Saint Esperit qui ne me lessa perir, soe merci ! » —
« Coment qu'il te soit ore avenu, fet li preudons, des ore
en avant te garde. Car se tu chiez une autre foiz, tu ne troveras
pas qui si tost t'en reliet come tu feis ore. »

Longuement parla li preudons a Perceval et molt l'amo-

nesta de bien fere, et dist que Diex ne l'oublieroit mie, ainz
dist qu'il li envoieroit secors prochainement. Lors li demande
coment il li estoit avenu de sa plaie. — « Par foi, fet il,
onques puis que vos venistes devant moi ne senti mal ne
dolor, ne plus que se je onques n'eusse plaie ; ne encor tant
come vos parlez a moi n'en sent je point, ainz me vient de
vostre parole et de vostre regart une si grant douçor et un
si grant asouagement de mes membres que je ne croi pas
que vos soiez hons terriens, mes esperitiex. Si sai de voir,
se vos demoriez toz dis o moi, je n'avroie ja ne fain ne soif ;
et se je l'osoie dire, je diroie que vos estes li Pains vis qui
descent des ciex, dont nus ne menjue dignement qui pardu-
rablement ne vive. »

Si tost come il ot ce dit, si s'esvanoï li preudons en tel
maniere qu'il ne sot qu'il devint. Lors dist une voiz :
« Perceval, tu as vaincu et es gariz. Entre en cele nef et
va la ou aventure te menra. Et ne t'esmaier de chose que
tu voies, car en quel leu que tu ailles te conduira Diex.
Et de tant t'est bien avenu que tu verras par tens tes compai-
gnons Boort et Galaad, ce sont cil que tu plus desirres. »

Quant il ot ceste parole, si a si grant joie come hons puet
avoir greignor, et tent ses mains vers le ciel et mercie Nostre
Seignor de ce que si bien li est avenu. Il prent ses armes, et
quant il est armez, si entre en la nef ; et s'empeint en mer et
esloigne de la roche si tost come li venz se fu feruz ou voile.
Mes a tant lesse ore li contes a parler de lui et retorne a Lan-
celot, qui ert remés chiés le preudome qui si bien li ot
devisee la senefiance des trois paroles que la voiz li avoit
dites en la chapele.

* * *

Or dit li contes que trois jorz fist li preudons Lancelot
demorer o lui. Entre tant come il le tint en sa compaignie li

sermonna touz dis et l'amonesta de bien fere et li dist :

« Bien certes, Lancelot, por noient iriez en ceste Queste, se vos ne vos baez a atenir de toz pechiez mortiex et a retrere vostre cuer des pensees terrianes et des deliz dou monde. Car bien sachiez que en ceste Queste ne vos puet vostre chevalerie riens valoir, se li Sainz Esperiz ne vos fet la voie en toutes les aventures que vos troverez. Car vos savez bien que ceste Queste est emprise por savoir aucune chose des merveilles dou Saint Graal, que Nostre Sires a promis au verai chevalier qui de bonté et de chevalerie passera toz cels qui devant lui avront esté et qui aprés lui vendront. Cel chevalier veistes vos le jor de Pentecoste ou Siege perilleus de la Table Reonde, ouquel siege nus ne s'estoit assis qu'il n'i moreust. Ceste aventure veistes vos aucune foiz avenir. Cil chevaliers si est li granz hons qui mostrera en son vivant toute terriane chevalerie. Et quant il avra tant fet qu'il ne sera plus terriens mes esperitiex, por quoi il lessera le terrien abit et entrera en la celestiel chevalerie. Einsi dist Merlins de cel chevalier que vos avez aucune foiz veu, come cil qui mout savoit des choses qui estoient a avenir. Et neporec, tot soit il ore veritez que cil chevaliers ait en soi plus proesce et hardement que autres n'ait, sachiez de voir que s'il se menoit jusqu'a pechié mortel, — dont Nostre Sires le gart par sa pitié, — il ne feroit en ceste Queste nes que uns autres simples chevaliers. Car cist servises ou vos estes entrez n'apartient de riens as terrianes choses, mes as celestiex ; dont vos poez veoir que, qui i velt entrer et venir a perfection d'aucune chose, il li covient avant espurgier et netoier de totes ordures terrianes, si que li anemis ne parte en lui de nule chose. En tel maniere, quant il avra dou tout renoié l'anemi et il sera netoiez et mondez de toz pechiez mortiex, lors porra il seurement entrer en ceste haute Queste et en cest haut servise. Et s'il est tiex qu'il soit de si foible

creance et de si povre que il cuide plus fere par sa chevalerie
que par la grace de Nostre Seignor, sachiez qu'il ne s'en par-
tira ja sanz honte, et au darain n'i fera il rien de chose qu'il
quiere. »

Ensi parloit li preudons a Lancelot ; et le tint en tel maniere
trois jorz avec lui. Et Lancelot se tint molt a beneuré de ce que
Diex l'avoit améné cele part a cel preudome qui si bien l'avoit
enseignié qu'il en cuidoit mielz valoir toz les jorz de sa vie.

Quant li quarz jorz fu venuz, si manda li preudons a son
frere qu'il li envoiast armes et cheval a un chevalier qui o lui
avoit demoré. Et il en fist sa requeste mout debonairement.
Au quint jor, quant Lancelot ot oïe messe et il fu armez et
montez ou cheval, il se parti dou preudome plorant, et mout
li requist por Dieu qu'il priast por lui que Nostre Sires ne
l'oubliast tant qu'il revenist a sa premiere maleurté. Et il li
promet que si fera il ; si se part a tant de laienz.

Quant il se fu partis dou preudome, si chevaucha jusqu'a
hore de prime par mi la forest. Et lors encontra un vaslet qui
li demanda : « Sire chevaliers, dont estes vos ? » — « Je sui,
fait il, de la meson le roi Artus. » — « Et coment avez vos
non ? Dites le moi. » Et il dist qu'il a non Lancelot del Lac.
« Lancelot, fet cil, en non Dieu vos n'aloie je mie querant :
car vos estes uns des plus maleureus chevaliers del monde. »
— « Biax amis, fet Lancelot, coment le savez vos ? » — « Je
le sai bien, fait li vaslez. N'estes vos celui qui le Saint Graal
vit venir devant lui et fere apert miracle, ne onques por sa
venue ne se remua ne plus que se ce fust uns mescreanz ? »
— « Certes, fet Lancelot, jel vi, si ne me remuai ; si m'en
poise plus que bel ne m'en est. » — « Ce n'est pas merveille,
fet li vaslez, s'il vos em poise. Car certes vos mostrastes bien
que vos n'estiez pas preudons ne verais chevaliers, mes
desloiaux et mescreanz. Et puis que vos honor ne li vousistes
fere de vos meismes, ne vos merveilliez pas se honte vos en

avient en ceste Queste ou vos estes entrez avec les autres preudomes. Certes, mauvés failliz, mout poez avoir grant duel, qui soliez estre tenuz au meillor chevalier dou monde, or estes tenuz au plus mauvés et au plus desloial ! »

Quant il ot ceste parole, si ne set que dire, car il se sent a forfet de ce dont li vaslez l'acuse. Et toutevoies dit il : « Biax amis, tu me diras or ce que tu voldras, et je t'escouterai. Car nus chevaliers ne se doit corrocier de chose que vaslez li die, se trop grant honte ne li dit. » — « A l'escouter, fet li vaslez, estes vos venuz, car de vos n'istra ja mes nul autre preu. Si soliez estre la flor de terriane chevalerie ! Chetis ! bien estes enfantosmez par cele qui ne vos aime ne ne prise se petit non. Ele vos a si atorné que vos avez perdue la joie des ciex et la compaignie des anges et toutes honors terriannes, et estes venuz a toutes hontes recevoir. » Il n'ose respondre, come cil qui a tant de corroz qu'il voldroit bien estre morz. Et li vaslez le va laidengiant et honissant et disant la greignor vilanie qu'il puet. Et il l'escoute toutes voies, come cil qui est si entrepris qu'il ne l'ose nes regarder. Et quant li vaslez est lassez de dire li ce qu'il volt et il voit qu'il ne li respondra mie, si s'en vet tout son chemin. Et Lancelot nel resgarde onques, ainz s'en vet plorant et dolousant et priant Nostre Seignor qu'il le rameint a tele voie qui profitable li soit a l'ame. Car ce voit il bien qu'il a tant meffet en cest siecle et tant meserré vers son criator que, se la misericorde Nostre Seignor n'est trop grant, il ne porra ja mes trover pardon. Si est a ce menez que la voie devant ne li plot onques tant que ceste ne li plaise assez plus.

Quant il a chevauchié jusque a midi, si voit devant lui fors dou chemin une petite meson. Il torne cele part, car il set bien que ce est hermitages. Quant il est jusque la venuz, si voit une petite chapele en une petite meson. Et devant, a l'entree, se seoit uns viel hom vestu de robe blanche en sem-

blance d'ome de religion, et fesoit trop merveilleux duel et
disoit : « Biau sire Diex, por quoi avez vos ce soffert ? Ja vos
avoit il si longuement servi, et tant s'estoit travailliez en
vostre servise ! » Quant Lancelot voit le preudome si ten-
drement plorer, si li em prent grant pitié. Il le salue et li
dit : « Sire, Diex vos gart. » — « Diex le face, sire cheva-
liers, fet li preudons. Car s'il ne me garde de pres, je ne dout
mie que li anemis ne me puisse legierement sorprendre. Et
Diex vos gite dou pechié ou vos estes : car certes vos en
estes plus mal bailliz que chevaliers que je sache. »

Quant Lancelot entent ce que li preudons dit, si descent,
et pense qu'il ne se partira hui mes de laienz, ainz se conseille-
ra a cel preudome qui bien le conoist, ce li est avis as
paroles qu'il li dit. Lors atache son cheval a un arbre et vet
avant, et voit que dedenz l'entrée dou mostier se gisoit
morz par semblant un home chanu vestu de chemise blanche
et deliee, et delez lui une haire aspre et poignant. Quant
Lancelot voit ce, si se merveille molt de la mort au preu-
dome. Il s'asiet et demande coment il est morz. Et cil li dit :
« Sire chevaliers, je ne sai ; mes je voi bien qu'il n'est pas
morz selonc Dieu ne selonc ordre. Car en tele robe come vos
le veez ne puet nus tiex hons morir, qui n'ait religion
enfrainte ; et por ce sai je bien que li anemis li a fet cest
asaut par quoi il est morz. Si est trop grant damages, ce me
semble : car il a bien demoré el servise Nostre Seignor plus
de trente anz. » — « Par Dieu, fet Lancelot, cist damages me
semble trop granz, et de ce qu'il a son servise perdu et de ce
qu'il a en tel aage esté sorpris de l'anemi. »

Lors entre li preudons en sa chapele, et prent un livre et
une estole et met entor son col, et vient fors et comence a
conjurer l'anemi. Quant il a grant piece leu et conjuré, il
resgarde et voit l'anemi devant lui en si laide figure qu'il n'a
cuer d'ome el monde qui poor n'en eust. « Tu me travailles

trop, fet li anemis ; or m'as, que me **veuz tu** ? » — « Je voil, fet il, que tu me dies coment cist **mien** compaïnz est morz, et s'il est periz ou sauvez. » Lors **parole** li anemis a vois orible et espoentable et dist al preudome : « Il n'est pas periz, mes sauvez. » — « Coment puet ce estre, fet li preudons ? Il me semble que tu me mentes. Car einsi ne le comande pas nostre ordre, ainz le vee tot plainement, que nus ne veste chemise de lin ; et qui la vest il trespasse ordre. Et qui en trespassant ordre muert, ce n'est mie bien, ce me semble. » — « Je te dirai, fet li anemis, coment il est alé de lui.

« Tu sez bien qu'il est gentilx hons et de haut lignage, et a encor neveuz et nieces en cest païs. Si avint avantier que li quens del Val comença guerre contre un suen neveu qui avoit non Agaran. Quant la guerre fu comenciee, Agarans, qui auques s'en veoit au desoz, ne sot que fere, si s'en vint conseillier a son oncle, que tu voiz ci, et le pria si doucement qu'il s'en issi de son hermitage et s'en ala o lui por maintenir la guerre contre le conte. Si revint a ce qu'il suelt jadis fere, ce est armes porter. Et quant il fu assemblez a ses parenz, si le fist si bien de toute chevalerie que li quens fu pris a la tierce jornee qu'il assemblerent ; et lors firent pes entre le conte et Agaran, et dona li quens bone seurté que ja mes nel guerroieroit.

« Quant la guerre fu apesiee et faillie, si revint li preudons a son hermitage et recomença son servise qu'il avoit maintenu maint jor. Mes quant li quens sot qu'il avoit esté desconfiz par lui, si pria a deus de ses neveuz qu'il l'en venjassent. Et il distrent que si feroient il. Il vindrent maintenant ceste part, et quant il furent descenduz devant ceste chapele, si virent que li preudons estoit ou servise de la messe. Si ne l'oserent mie assaillir en tel point, ainz distrent qu'il atendroient tant qu'il issist de laienz ; si tendirent un paveillon ci devant. Et quant ce fu chose qu'il ot dit son servise et il fu issuz de la chapele, cil distrent qu'il ert morz. Si le pristrent et trestrent lor espees. Et quant il li cuidierent la teste couper errant, Cil qu'il avoit toz dis servi mostra sus lui si apert miracle qu'il ne porent sus lui ferir cop dont il li poissent maufere, et si n'avoit vestu fors sa robe; et despeçoient ausi lor espees et rebouchoient come s'il ferissent sor une enclume. Si i ferirent tant que lor espees furent toutes despeciees, et il furent lassé et travaillié des cous qu'il li orent donez, ne il ne li avoient encore fet tant de mal que sans fust issuz de lui.

« Quant il virent ce, si furent tuit desvé d'ire et de mautalent. Il porterent esche et fusil et alumerent le feu ci devant, et distrent qu'il l'ardroient, car encontre feu ne dureroit il pas. Si le despoillierent tout nu et li osterent la haire que vos veez ilec. Et quant il se vit einsi nu, si en ot honte et vergoigne de soi meismes ; si lor pria qu'il li baillassent aucun garnement, qu'il ne se veist si vilainement com il estoit. Cil furent felon et cruel et distrent que il ne vestiroit ja mes de linge ne de lange, ainz morroit. Quant il oï ce, si comença a sozrire et respondi : « Coment, fist il, cuidiez
« vos que je puisse morir par cest feu qui ci est apareilliez por
« moi ? » — « Vos n'en avroiz ja, font il, se la mort non. » —
« Certes, fet il, seignor, se Nostre Seignor plest que je
« muire, il me plest molt. Mes se g'i muir, ce sera plus par la
« volenté Nostre Seignor que par le feu : car cist feus n'avra
« ja tant de pooir desus moi que poil de moi en soit brullez ;
« ne il n'a ou monde chemise si deliee, se je l'avoie vestue et
« puis entrasse a tout el feu, qui ja en fust maumise ne empi-
« riee. » Quant il oïrent ceste chose, si tindrent tout a fable quan qu'il disoit ; et neporquant li uns d'els dist qu'il verroit par tens se ce porroit estre voirs. Si osta sa chemise de son dos, et li firent vestir, et tantost le giterent ou feu, qu'il avoient fet si grant qu'il dura des hier matin jusqu'a ersoir

molt tart. Et quant il fu estainz, il troverent sanz faille le preudome devié ; mes il avoit la char si saine et si nete come vos poez veoir, ne la chemise qu'il avoit vestue ne fu autrement empiriee que vos poez veoir. Et quant il virent ce, si furent mout espoanté ; si l'osterent de la et l'aporterent en ceste place ou vos le veez ore, et mistrent sa haire delez lui et s'en alerent a tant. Et par cestui miracle que Cil qu'il avoit tant servi a fet por lui, puez tu veoir apertement qu'il n'est pas periz, mes sauvez. Si m'en irai a tant, car bien t'ai devisé ce dont tu estoies en doute. »

Et si tost com il ot ce dit, si s'en ala abatant les arbres devant lui et fesant la greignor tempeste dou monde, si qu'il sembloit que tuit li anemi d'enfer s'en alassent par mi la forest.

Quant li preudons ot ceste aventure, si est assez plus liez que devant. Il estoie le livre et l'estole et vient au cors et le comence a besier, et dist a Lancelot : « Par foi, sire, biau miracle a Nostre Sires mostré por cest home que je cuidoie qu'il fust morz en aucun pechié mortel. Mes non est, Dieu merci, ainz est sauvez, si come vos meismes poez avoir oï. »
— « Sire, fet Lancelot, qui fu cil qui tant a parlé a vos ? Son cors ne poï je veoir, mes sa parole oï je bien, qui est si laide et si espoantable qu'il n'est nus qui poor n'en deust avoir. »
— « Sire, fet li preudons, poor en doit len bien avoir, car il n'est riens qui tant face a douter come cil, car c'est cil qui done conseil a home de perdre cors et ame. » Lors set bien Lancelot qui cil est de qui il parole. Et li hermites li dist qu'il li face compaignie a guetier cel saint cors, et demain li ait tant qu'il l'ait enterré. Et il dit que ce fera il volentiers et que molt est liez de ce que Diex l'a amené en lieu de servir cors de si preudome com il est.

Il oste ses armes et les met en la chapele, et vient a son cheval et li oste la sele et le frain, puis revient au preudome por fere li compaignie. Et quant il sont ensemble assis, il li

comence a demander : « Sire chevaliers, n'estes vos Lancelot
dou Lac ? » Et il dist oïl. — « Et que alez vos querant einsi
armez come vos estes ? » — « Sire, je vois o mes autres
compaignons querre les aventures dou Saint Graal. »

« Certes, fet li preudons, querre les poez vos, mes au trover
avez vos failli. Car se li Sainz Graax venoit devant vos, je ne
cuit pas que vos le poissiez veoir, ne plus que uns avugles
feroit une espee qui devant les eulz li seroit. Et neporquant
maintes genz ont demoré en teniebres de pechié lonc tens et
en obscurté, que Nostre Sires rapeloit puis a veraie lumiere,
si tost come il veoit que li cuer i entendoient. Nostre Sires
n'est pas lenz de secorre son pecheor : si tost come il aperçoit
qu'il se torne vers lui en cuer ou en pensee ou en aucune
bone oevre, il le vient tost visiter. Et se cil a garni son ostel
et netoié einsi com pechierres doit fere, il descent et repose
en lui, ne puis n'a li pechierres garde qu'il s'em parte s'il ne
l'enchace fors de son ostel. Mes s'il i apele autre qui con-
treres li soit, il s'em part com cil qui plus n'i puet demorer,
quant cil i est aqueilliz qui toz dis le guerroie.

« Lancelot, cest essample t'ai mostré por la vie que tu as
si longuement menee puis que tu chaïs en pechié, ce est a
dire puis que tu receus l'ordre de chevalerie. Car devant ce
que tu fusses chevaliers avoies tu en toi herbergiees toutes
les bones vertuz si naturelment que je ne sai juene home
qui poïst estre tes pareuz. Car tout premierement avoies tu
virginité herbergiee en toi si naturelment qu'onques ne
l'avoies enfrainte ne en volenté ne en oevre. Solement en
volenté ne l'avoies tu pas enfrainte ; car maintes foiz avint
que quant tu pensoies a la viuté de la colpe charnel en quoi
virginitez est corrompue, tu escopissoies en despit et disoies
que ja en ceste maleurté ne charroies. Et lors affermoies tu
qu'il n'ert nule si haute chevalerie come d'estre virges et
d'eschiver luxure et garder son cors netement.

« Aprés ceste vertu, qui tant est haute, avoies tu humilité. Humilité vet doucement et soef, le chief enclin. Ele ne fet pas ausi come fesoit li phariseux qui disoit quant il oroit au temple : « Biau sire Diex, je te rent graces et merciz de ce « que je ne sui pas ausi mauvés ne ausi desloiax come sont mi « voisin. » Tiex n'estoies tu pas, ainz sembloies le publican qui n'osoit nes regarder l'ymage, que Diex ne se corroçast a lui por ce qu'il estoit trop pechierres, ainz estoit loign de l'autel et batoit sa colpe, et disoit : « Biau sire Diex Jhesucrist, aiez « merci de cest pecheor ! » En tel maniere se doit maintenir qui droitement veut acomplir les huevres d'umilité. Einsi fesoies tu quant tu estoies damoisiaux, car tu amoies et cremoies ton creator sor toutes choses et disoies que len ne devoit nule terriane chose douter, mes len devoit douter celui qui puet destruire cors et ame et bouter en enfer.

« Aprés ces deus vertuz que je t'ai devisees avoies tu en toi soffrance. Soffrance si est semblable a esmeraude qui toz dis est vert. Car soffrance n'avra ja si fort temptacion que ele puisse estre vaincue, ainz est toz dis verdoianz et en une meisme force, ne ja nus n'ira contre li qu'ele n'emport toz dis la victoire et l'onor. Car nus ne puet si bien vaincre son anemi come par soffrir. Quelque pechié que tu feisses par defors, ce sez tu bien en ta pensee que ceste vertu avoies tu en toi herbergiee trop naturelment.

« Aprés avoies tu une autre vertu herbergiee en toi si naturelment comme se ele te venist de nature : ce ert droiture. Droiture si est une vertuz si fort et si puissant que par li sont toutes choses tenues en droit point, ne ja nule foiz ne se changera, et a chascun rendra ce qu'il avra deservi et ce que droiture li aportera. Droiture ne done a nului par amor ne ne tolt par haine, ne ja n'espergnera ami ne parent, ainz s'en ira toz jorz selonc la ligne de droiture en tel maniere que ja ne changera fors de droite voie por aventure qui aviegne.

« Aprés ceste vertu eus tu en toi charité si hautement herbergiee que ce ert merveille. Car se tu eusses toutes les richesses del monde entre tes mains, tu les osasses bien doner por amor de ton criator. Lors estoit li feus dou Saint Esperit chauz et ardanz en toi, et estoies volenteis et ententis en cuer et en ame de tenir ce que ces vertuz t'avoient presté.

« Einsi garniz de toutes bontés et de toutes vertuz terriennes entras tu ou haut ordre de chevalerie. Mes quant li anemis, qui primes fist home pechier et le mena a dampnacion, te vit si garniz et si coverz de toutes parz, si ot poor qu'il ne te poïst sorprendre en nule maniere. Si veoit apertement que trop esploitast bien a son oes, s'il te poïst metre fors d'aucun de ces poinz ou tu estoies. Il vit que tu estoies ordenez a estre serjanz Nostre Seignor et fus mis en si haut degré que ja mes ne te deusses abessier jusque au servise de l'anemi. Si te douta molt a assaillir por ce que sa peine i cuida perdre. Lors se pensa en mainte maniere coment il te porroit decevoir. Et tant qu'au darreain li fu avis qu'il te porroit plus tost mener par fame que par autre chose a pechier mortelment, et dist que li premiers peres avoit esté par fame deceuz, et Salemons li plus sages de toz les terriens, et Sansons Fortins li plus forz de toz homes, et Absalon li filz David li plus biax hons dou siecle. « Et puis, fist il, que tuit cil en ont « esté deceu et honi, il ne me semble mie que cist enfes i « deust avoir duree. »

« Lors entra en la reine Guenievre, qui ne s'ert pas bien fete confesse puis que ele entra primes en mariage, et l'esmut a ce qu'ele te resgarda volentiers tant come tu demoras en son ostel, le jor que tu fus chevaliers. Quant tu veis qu'ele te resgarda, si i pensas ; et maintenant te feri li anemis d'un de ses darz a descovert, si durement qu'il te fist chanceler. Chanceler te fist il, si qu'il te fist guenchir fors de droite voie et entrer en cele que tu n'avoies onques coneue : ce fu en la voie de luxure, ce fu en la voie qui gaste cors et ame si merveilleusement que nus nel puet tres bien savoir qui essaié ne l'a. Des lors te toli li anemis la veue. Car si tost come tu eus tes eulz eschaufez de l'ardor de luxure, maintenant enchaças humilité et atresis orgueil et vousis aler teste levee ausi fierement come un lyon, et deis en ton cuer que tu ne devoies riens prisier ne ne priseroies ja mes, se tu n'avoies ta volenté de cele que tu veoies si bele. Quant li anemis, qui ot toutes les paroles si tost come la langue les a dites, conut que tu pechoies mortelment en pensee et en volenté, si entra lors toz dedenz toi, et en fist aler celui que tu avoies si longuement ostelé.

« Einsi te perdi Nostre Sires, qui t'avoit norri et escreu et garni de toutes bones vertuz, et t'avoit si haut levé que en son servise t'avoit mis. Si que quant il cuida que tu fusses ses serjanz et le servisses des biens que il t'avoit prestez, tu le lessas maintenant, si que quant tu deus estre serjanz Jhesucrist tu devenis serjanz au deable, et meis en toi tant des vertuz de l'anemi com Nostre Sires i avoit mis des soes. Car contre virginité et chasteé herberjas tu luxure, qui confont l'une et l'autre ; et contre humilité receus tu orgueil, come cil qui ne prisoit nul hom avers soi. Aprés enchaças toutes les autres vertuz que je t'ai nomnees et acoillis celes qui contreres lor estoient. Et neporec Nostre Sires avoit mis tant de bien en toi qu'il ne pooit estre que de cele grant plenté n'i eust aucune chose de remanant. De cel remanant que Diex te lessa as tu fetes les granz proesces par les estranges terres, dont toz li monz parole. Or gardes que tu peusses puis avoir fet, se tu eusses toutes ces vertuz sauvees en toi que Nostre Sires i avoit mises. Tu n'eusses mie failli a achever les aventures dou Saint Graal, dont tuit li autre sont ore en peine, ainz en eusses tant mené a fin com nus hons, sanz le Verai Chevalier, porroit fere ; li oil ne te fussent pas avuglé devant la face ton Seignor, ainz le veisses apertement.

Et toutes ces choses t'ai je dites por ce que je sui dolenz que
tu ies si maubailliz et honiz que ja mes en leu ou tu viegnes
n'avras honor, ainz te diront vilanie tuit cil qui la verité
savront coment il t'est avenu en la Queste.

« Et neporquant tu n'as mie tant meserré que tu ne puisses
trover pardon, se tu cries de bon cuer merci a Celui qui
t'avoit si hautement garni et t'avoit apelé a son servise. Mes
se tu nel fesoies de bon cuer, je ne te lo mie que tu ailles
avant en ceste Queste. Car bien saches que nus n'i est entrez
qui sanz honte s'em parte, se il n'est veraiement confés. Car
la Queste n'est mie de terrianes choses, mes de celestielx ; et
qui ou ciel velt entrer orz et vilains, il en est trebuchiez si
felonnessement qu'il s'en sent a toz les jorz de sa vie. Ausi
est de cels qui en ceste Queste sont entré ort et conchié des
vices terriens, qu'il ne savront tenir ne voies ne sentiers,
ainz iront foloiant par les estranges terres. Si est ore avenue la
semblance de l'Evangile, la ou ele dit :

« Il fu jadis uns preudoms riches qui ot apareillié a fere noces
« et semont ses amis et ses parenz et ses voisins. Quant les
« tables furent mises, si envoia ses messages a cels qu'il avoit
« semons et lor manda qu'il venissent, car tout ert prest. Cil
« targierent et demorerent tant qu'il ennoia au preudome.
« Quant il vit qu'il ne vendroient pas, si dist a ses serjanz :
« Alez de ci et tornez par mi les rues et par mi les chemins et
« dites as privez et as estranges, et as povres et as riches, qu'il
« viegnent mengier, car les tables sont mises et tout est prest. »
« Cil firent le comandement lor seignor et en amenerent tant
« avec aux que la meson fu pleine. Quant il furent tuit assis, li
« sires regarda entre les autres ; si vit un home qui n'ert pas
« vestuz de robe de noces. Il vint a lui et li dist : « Biax amis,
« que queistes vos ceanz ? » — « Sire, g'i vign ausi come li
« autre. » — « Par foi, fist li sires, non feistes : car il sont
« venu plein de joie et de feste et vestu com l'en doit venir a

« noces. Mes vos n'i avez aporté nule chose qui aparteigne a
« feste. » Maintenant le fist giter de son ostel et dist, oiant toz
« cels qui as tables seoient, qu'il avoit semons dis tanz de gent
« qu'il n'avoit venu a ses noces ; dont l'en puet veraiement dire
« que mout i a des apelez et poi des esleuz. »

« Cele semblance dont l'evangile parole poons nos veoir
en ceste Queste. Car par les noces qu'il fist crier poons nos
entendre la table dou Saint Graal, ou li preudome mengeront,
li verai chevalier, cels que Nostre Sires trovera vestuz de
robes de noces, ce est de bones graces et de bones vertuz que
Diex preste a cels qui le servent. Mes cels qu'il trovera
desgarniz et desnuez de veraie confession et de bones oevres
ne voudra il pas recevoir, ainz les fera giter de la compaignie
des autres, si qu'il recevront autant de honte et de vergoigne
come li autre recevront d'onor. »

A tant se test et resgarde Lancelot, qui plore si durement
come s'il veist devant lui morte la riens el monde que il
plus amast, come cil qui tant est dolenz qu'il ne set que il
doie devenir. Et quant il l'a grant piece resgardé, il li
demande s'il avoit esté confés puis qu'il entra en la Queste.
Et il respont a peine et dit oïl ; si li conte tout son estre et
les trois paroles que cil li avoit devisees, et la senefiance
des trois choses. Quant li preudons ot ce qu'il li dit, si li
dist : « Lancelot, je te requier sor la crestienté que tu as et sus
l'ordre de chevalerie que tu receus ja a lonc tens que tu me
dies laquel vie te plest plus, ou cele que tu eus jadis ou cele
ou tu es novelement entrez. » — « Sire, je vos di sor mon
criator que cest novel estre me plest cent tanz plus que li autres
ne fist onques, ne ja mes tant come je vive n'en quier partir por
aventure qui aviegne. » — « Or ne t'esmaier donc, fet li
preudons. Car se Nostre Sires voit que tu li requieres pardon
de bon cuer, il t'envoiera tant de grace que tu li seras
temples et ostel et qu'il se herbergera dedenz toi. »

En tiex paroles trespasserent le jor. Et quant la nuiz fu venue, si mengierent pain et burent cervoise qu'il troverent en l'ermitage. Puis alerent couchier devant le cors et dormirent petit, car il pensoient assez plus as celestielx choses que as terriennes. Au matin, quant li preudons ot enfoï le cors devant l'autel, si entra en l'ermitage et dist qu'il ne s'em partiroit ja mes jor de sa vie, ainz i serviroit son seignor celestiel tot son aage. Et quant il vit que Lancelot volt prendre ses armes, il li dist : « Lancelot, je vos comant en non de sainte penitance que vos la haire a cest saint cors vestoiz des ore mes. Et je vos di que tiex biens vos en vendra que ja mes ne pecheroiz mortelment tant come vos l'aiez entor vos ; et ce vos doit mout aseurer. Et encor vos comant je que tant come vos seroiz en ceste Queste ne mengiez de char ne ne bevez de vin, et alez toz jorz ou mostier oïr le servise de Nostre Seignor, se vos estes en leu que vos le puissiez fere. » Et il reçoit cest comandement ou nom de penitance, et se despoille voiant le preudome et reçoit decepline de bone volenté. Puis prent la haire, qui mout estoit aspre et poignant, et la met en son dos et vest sa robe par desus. Et quant il est apareilliez, il prent ses armes et monte et demande congié au preudome. Et cil li done volentiers ; mes mout le prie de bien fere, et qu'il ne lest en nule maniere qu'il ne soit chascune semaine confés, si que li anemis n'ait pooir de lui maufere. Et il dit que si fera il. Si se part de laienz, et chevauche par mi la forest toute jor jusqu'a hore de vespres sanz aventure trover qui a conter face.

Aprés vespres encontra une damoisele qui chevauchoit un palefroi blanc et venoit grant oirre. Et la ou ele voit Lancelot, si le salue et li dist : « Sire chevaliers, ou alez vos ? » — « Certes, fet il, damoisele, je ne sai, fors la ou aventure me conduira. Car je ne sai mie bien quel part je puisse trover ce que je vois querant. » — « Je sai bien, fet ele, que vos querez. Vos en fustes jadis plus pres que vos n'estes ore, et si en estes plus pres que onques mes ne fustes, se vos vos tenez en ce ou vos estes entrez. » — « Damoisele, fet il, ces deus paroles que vos me dites me semblent estre contraires. » — « Ne vos chaut, fet ele, vos le verroiz encore plus apertement que vos nel veez ore, ne je ne vos ai chose dite que vos encore bien n'entendez. »

Quant ele ot ce dit, et ele s'en volt aler, il li demande ou il porra hui mes herbergier. « Vos ne troveroiz, fet ele, anuit hostel ; mes demain le troveroiz tel com mestier vos sera, et lors avroiz secors de ce dont vos estes en doutance. » Il la comande a Dieu et ele lui ; si se part li uns de l'autre et chevauche tout le chemin par mi le bois, et tant qu'il li anuite a l'entree de deus chemins forchiez, ou il avoit une croiz de fust ou departement des deus voies. Quant il voit la croiz, si fu mout liez de ce qu'il l'a trovee et dit que meshui sera ilec ses ostiex. Si l'encline et descent, et oste a son cheval le frain et la sele, et le lesse pestre ; et oste son escu de son col et deslace son hiaume et l'oste de sa teste ; et s'agenoille devant la croiz et dit ses proïeres et ses oroisons, et prie Celui qui en la Croiz fu mis, por qui honor et remembrance ceste fu mise ci, qu'Il le gart en tel maniere qu'il ne chiee en pechié mortel. Car il ne doute tant nule chose come il fait le renchaoir.

Quant il ot fete s'oroison et prié Nostre Seignor grant piece, si s'acoute sor une piere qui ert devant la croiz. Et il avoit talent de dormir, car il ert las et travailliez dou geuner et dou veillier ; et por ce li avint qu'il s'endormi maintenant qu'il fu acoutez seur le perron. Quant il fu endormiz, si li fu avis que devant lui venoit uns hons toz avironnez d'estoilles ; et avoit en sa compaignie set rois et deus chevaliers et avoit une coronne d'or en sa teste. Quant il estoient venuz devant Lancelot, si s'arestoient et aoroient la croiz et

fesoient ilec lor afflictions. Et quant il avoient grant piece
esté a genoillons, si s'aseoient tuit, et tendoient tuit les
mains vers le ciel et disoient a haute voiz : « Peres des
cielx, vien nos visiter, et rent a chascun selon ce qu'il avra
deservi, et nos met en ton ostel, en la meson ou nos desir-
rons tant a entrer ! » Quant il avoient ce dit, si se tesoient
tuit. Lors resgardoit Lancelot vers le ciel et veoit les nues
ovrir, et en issoit uns hom a grant compaignie d'anges ; et
descendoit sus ax et donoit a chascun sa beneïçon et les
clamoit serjanz bons et loiax et lor disoit : « Mes ostiex est
apareilliez a vos toz : entrez en la joie, qui ja ne faudra. » Et
quant il avoit ce fet, si venoit a l'ainzné des deus chevaliers et
disoit : « Fui t'en de ci ! car je ai perdu quan que je avoie
mis en toi. Tu ne m'as pas esté fil, mes fillastre ; tu ne m'as
pas esté amis, mes guerriers. Je te di que je te confondrai,
se tu ne me renz mon tresor. » Quant il ooit ceste parole,
si s'enfuioit d'entre les autres et crioit merci tant dolenz que
nus plus. Et li hons li disoit : « Se tu velz je t'amerai, se tu
velz je te harrai. » Et cil se departoit maintenant de la com-
paignie. Et li hons qui de vers les cielx estoit descenduz
venoit au plus juene chevalier de toz et le muoit en figure de
lyon et li donoit eles et li disoit : « Biax filz, or puez aler
par tot le monde et voler sus tote chevalerie. » Et cil comen-
çoit a voler, et devenoient ses eles si granz et si merveilleuses
que toz li monz en estoit coverz. Et quant il avoit tant volé
que toz li monz le tenoit a merveille, si s'en aloit contremont
vers les nues ; et maintenant se ovroit li ciex por lui rece-
voir, et il entroit enz sanz plus demorer.

Einsi avint a Lancelot qu'il vit ceste avision en son dor-
mant. Quant il vit qu'il fu jorz, il aleve sa main et fist croiz
en son front ; et se comande a Nostre Seignor et dit : « Biax
peres Jhesucrist, qui es verais sauverres et verais conforz a
toz cels qui e bon cuer te reclaiment, Sire, toi aor je et

rent graces et merciz de ce que tu m'as garanti et delivré des granz hontes et des granz anuiz qu'il me covenist a soffrir, se ta grant deboneretè ne fust. Sire, je sui ta creature, a qui tu as mostree si grant amor que quant l'ame de moi estoit apareilliee d'aler en enfer et en perdicion pardurable, tu par ta pitié l'en as gitee et rapelee a toi conoistre et criembre. Sire, par ta pitié, ne me lai des ore mes aler fors de droite voie, mes garde moi de si pres que li anemis, qui ne bee fors a moi decevoir, ne me truist fors de tes mains ! »

Quant il a ce dit, si se redrece en estant et vient a son cheval et li met la sele et le frain. Si lace son hiaume et prent son escu et sa lance et monte ; et se met en sa voie ausi come il avoit fet le jor devant, et pense a ce qu'il avoit veu en dormant, car il ne set onques a quoi ce puet torner. Si le voldroit volentiers savoir s'il pooit estre. Quant il a chevauchié jusqu'a midi, si se senti molt chauz. Lors encontra en une valee le chevalier qui ses armes en avoit emportees avant hier. Quant cil le vit venir, si nel salua pas, ainz li dist : « Garde toi de moi, Lancelot ! Car tu es morz se tu ne te puez de moi deffendre. » Si li vient le glaive aloignié et le fiert si durement qu'il li perce l'escu et le hauberc, mes en char nel touche. Et Lancelot, qui son pooir i met, le fiert si durement qu'il abat lui et le cheval a terre si felenessement qu'a poi qu'il ne li a le col brisié. Il point oultre et revient arriere et voit le cheval qui ja se relevoit. Et il le prent au frain, si le meine a un arbre et l'atache, por ce que li chevaliers le truist prest quant il se relevera. Quant il a ce fet, si se met a la voie et chevauche jusqu'au soir. Et lors fu vains et las, come cil qui n'avoit mengié de tot le jor ne de l'autre devant ; si ot chevauchié deus granz jornees qui assez l'orent lassé et traveillié.

Tant a chevauchié qu'il vint par devant un hermitage qui estoit en une montaigne. Il regarde cele part et voit devant l'uis seoir un hermite, vielz hons et anciens. Et il est mout liez ; si le salue, et cil li rent son salu bel et cortoisement « Sire, fet Lancelot, porriez vos herbergier un chevalier errant ? » — « Biau sire, fet li preudons, s'il vos plest je vos herbergerai hui mes au mielz que je porrai, et vos donrai, fet li preudons, a mengier de ce que Diex m'a presté. » Et il dit qu'il ne demande mielz ; et li preudons prent le cheval et le meine en un apentiz qui estoit devant son ostel, et li oste il meismes la sele et le frain, et li done de l'erbe dont il avoit laienz a plenté. Puis prent l'escu et le glaive Lancelot et le porte en son ostel. Et Lancelot ot ja deslacié son helme et sa ventaille abatue ; si oste son hauberc de son dos et le porte en l'ostel. Et quant il est touz desarmez, li preudons li demande s'il a oï vespres. Et il dit qu'il ne vit home ne fame ne meson ne recet, fors un sol home qu'il encontra ore a midi. Lors entre li preudons en sa chapele et apele son clerc et comence vespres dou jor et puis de la Mere Dieu. Et quant il ot ce dit qui au jor apartenoit, si s'en issi de la chapele. Lors demande a Lancelot qui il estoit et de quel païs. Et il li dit son estre ne ne li çoile mie chose qui avenue li soit del Saint Graal. Quant li preudons ot ceste aventure, si li prent grant pitié de Lancelot, car il voit qu'il comença a plorer des lors qu'il conta l'aventure dou Saint Graal. Lors li requiert ou non de sainte Marie et de sainte creance qu'il li die toute sa confession et tout son estre. Et il dist que si fera il volentiers, puis qu'il le velt. Si l'en remeine en sa chapele et Lancelot li conte toute sa vie einsi come il l'avoit autre foiz contee, puis le requiert por Dieu qu'il le conselt.

Quant li preudons ot oïe sa vie et sa confession, si le reconforte mout et aseure, et li dit tant de bones paroles que Lancelot en est trop plus aeise que devant. Lors li dist : « Sire, conseilliez moi de ce que je vos demanderai, se vos savez. » — « Dites, fet li preudons. Car il n'est riens dont je ne vos conseil a mon pooir. » — « Sire, fet Lancelot, il m'avint anuit en mon dormant que devant moi venoit uns hons toz avironnez d'estoiles, et avoit en sa compaignie set rois et deus chevaliers. » Lors li conte tout mot a mot einsi com il l'avoit veue. Quant li preudons ot ceste parole, si li dist : « Ha ! Lancelot, la poïs tu veoir la hautesce de ton lignage et de quel gent tu es descenduz. Saches que ci a mout greignor senefiance que maintes genz ne quident. Or m'escoute se tu vels, et je te dirai le comencement de ton parenté. Mes je le prendrai mout loign, car einsi le covient a fere.

« Voirs fu, après la Passion Jhesucrist quarante deus ans, que Joseph d'Abarimacie li preudons, li verais chevaliers, issi de Jherusalem par le comandement Nostre Seignor por preechier et por annoncier la verité de la Novele Loi et les comandemenz de l'Evangile. Quant il vint a la cité de Sarraz, il trova un roi païen, — Ewalac ot a non —, qui avoit guerre contre un suen voisin riche et puissant. Quant il fu acointiez dou roi, il le conseilla en tel maniere qu'il ot la victoire de son anemi et le vainqui en champ par l'aide que Diex li envoia. Et maintenant qu'il fu reperiez a sa cité, il reçut baptesme de la main Josephes le filz Joseph. Il avoit un serorge qui avoit non Seraphe tant come il fu païens, mes, quant il ot sa loi guerpie, si ot a non Nasciens. Quant li chevaliers fu venuz a crestienté et il ot sa loi guerpie, il crut si bien en Dieu et tant ama son creator qu'il fu aussi come pilers et fondemenz de foi. Et bien fu aparant chose que il fu preudons et loiax, la ou Nostre Sires li lessa veoir les granz secrez et les granz repostailles del Saint Graal, dont onques chevaliers n'avoit gueres veu a celui tens, se Joseph n'estoit, ne puis ne fu chevaliers qui gueres en veïst, se ce ne fu ausi come en sonjant,

« A cel tens fu avis au roi Ewalac que d'un suen neveu, filz Nascien, issoit un grant lac, en tel maniere qu'il li issoit del ventre. Et de cel lac issoient nuef flum dont li uit estoient d'une grandor et d'une parfondece. Mes cil qui ert li darreains estoit de lé et de parfont plus grant que tuit li autre, et estoit si rades et si bruianz qu'il n'estoit riens qui le poïst soffrir. Cil fluns ert troubles ou comencement et espés come boe, et el mi leu clers et nez, et en la fin d'autre maniere : car il estoit a cent doubles plus biaus et plus clers que au comencement, et si douz a boivre que nus ne s'em poïst saouler. Tiex estoit li darreains des nuef fluns. Aprés regardoit li rois Ewalac et veoit un hom venir de vers le ciel, qui portoit le tesmong et la semblance de Nostre Seignor. Et quant il ert venuz au lac, si lavoit dedenz ses mains et ses piez et en chascun flun fesoit ausi. Et quant il estoit venuz au nuevieme, si i lavoit ses mains et ses piez et tout son cors.

« Ceste avision vit li rois Mordrains en son dormant ; si t'en mostrerai ore la senefiance et que ce fu a dire. Li niés le roi Mordrain dont li lac issoit, ce fu Celydoines, li filz Nascien, que Nostre Sires envoia en ceste terre por confondre et por abatre les mescreanz. Cil fu veraiement des serjanz Jhesucrist, cil fu veraiement chevaliers Dieu. Cil sot le cors des estoiles et des planetes et la maniere dou firmament autant ou plus que li philosophe ne savoient. Et par ce qu'il en fu ausi grans maistres en science et en engin vint il devant toi avironez d'estoiles. Ce fu li premiers rois crestiens qui maintint le roiaume d'Escoce. Il fu veraiement lac [en science et en engin] et en lui pot l'en puisier toz les poinz et toute la force de divinité. De celui lac issirent nuef fluns, ce furent nuef persones d'omes qui sont descendu de celui ; non mie qu'il soient tuit si fil, ainz ert descenduz li uns de l'autre par droite engendreure. De ces nuef sont li set roi et li dui

chevalier. Li premiers rois qui issi de Celydoine ot non
Narpus, et si fu preudons et mout ama Sainte Eglyse. Li
autres ot non Nasciens en remembrance de son ayel ; en
celui se herberja Nostre Sires si merveilleusement que len
ne savoit en son tens nul plus preudome. Li tierz rois aprés ot
non Elyan le Gros ; cil vousist mielz estre morz qu'il feist
riens contre son creator. Li quarz ot non Ysaies, preudons
et loiax, et douta Nostre Seignor sor toutes choses ; ce fu cil
qui onques a son escient ne corroça son seignor celestiel. Li
quinz aprés ot non Jonaans, bons chevaliers et loiax et
hardiz plus que nus hons ; cil ne fist onques a son cuidier
chose dont il corroçast Nostre Seignor. Cil se parti de cest
païs et s'en ala en Gaule et prist la fille Maronex, dont il ot le
roialme quité. De celui issi li rois Lancelot tes aieux, qui se
parti de Gaule et vint maindre en cest païs et ot a fame la fille
le roi d'Yrlande. Cil fu si preudons come tu as oï quant tu
trovas a la fontaine le cors de ton ayel que li dui lyon gar-
doient. De celui issi li rois Bans tes peres, qui assez fu plus
preudons et de sainte vie que mainte gent ne cuiderent, qui
cuiderent que le duel de sa terre l'eust mort, mes non fist ;
ainz avoit toz les jorz de sa vie requis Nostre Seignor qu'Il le
lessast partir de cest siecle quant il l'en requerroit. Si mostra
bien Nostre Sires qu'Il avoit oïe sa proiere : car si tost come
il demanda la mort dou cors, il l'ot et trova la vie de l'ame.

« Ces set persones que je t'ai nommees, qui sont comen-
cement de ton lignage, ce sont li set roi qui aparurent en
ton songe, qui vindrent devant toi, et ce furent set des
fluns qui issirent del lac que li rois Mordrains vit en son
dormant ; et en toz ces set a Nostre Sires lavees ses mains
et ses piez. Or covient que je te die qui sont li dui chevalier
qui erent en lor compaignie. Li ainznez de cels qui les sivoit,
ce est a dire qui ert descenduz d'els, ce es tu : car tu issiz
dou roi Ban qui estoit li darreains de ces set rois. Quant il

estoient tuit assemblé devant toi, il disoient : « Peres des
« ciax, vien nos visiter et rent a chascun selonc ce qu'il avra
« deservi, et nos met en ton ostel ! » En ce qu'il disoient :
« Peres, vien nos visiter » t'acoilloient il en lor compaignie
et prioient Nostre Seignor qu'il venist quierre els et toi, por
ce qu'il estoient comencement de toi et racine. Par ce qu'il
disoient : « Rent a chascun selonc ce qu'il avra deservi » doiz
tu entendre qu'il n'ot onques en els se droiture non : car por
amor qu'il eussent a toi ne voloient il prier Nostre Seignor
fors de ce qu'il devoient, ce est de rendre a chascun son
droit. Quant il orent ce dit, il te fu avis que de vers le ciel
venoit uns hom o grant compaignie d'anges, et descendoit sus
els et donoit a chascun sa beneïçon. Et einsi come il t'avint
en avision t'est il pieça avenu : car il n'i a nus qui ne soit en
la compaignie des angleres.

« Quant il avoit parlé a l'ainzné des deus chevaliers et il li
avoit dites les paroles dont tu te remembres bien, que tu
doiz bien prendre sus toi come celes qui furent dites de toi
et por toi, car tu es senefiez a celui cui eles estoient dites, il
venoit au juene chevalier qui de toi ert descenduz, car tu
l'engendras en la fille le Roi Pescheor, et einsi descendoit il
de toi ; si le muoit en figure de lyon, ce est a dire qu'il le
metoit oultre toutes manieres d'omes terriens, si que nus ne
li resemblast ne en fierté ne en popir. Et il li donoit eles por
ce que nus ne fust si vistes ne si isniax come il estoit, ne que
nus ne poïst aler si haut ne en proesce ne en autre chose, et
li disoit : « Biau filz, or puez aler par tot le monde et voler
« sus toute terriane chevalerie. » Et cil començoit tantost a
voler ; si devenoient ses eles si granz et si merveilleuses que
toz li monz en ert coverz. Tout ce que tu veoies est ja avenu
de Galaad, cel chevalier qui est tes filz : car il est de si haute
vie que ce est merveille ; ne de chevalerie nel puet nus
hons resembler, ne toi ne autres. Et por ce qu'il est si haut

alez que nus n'i porroit avenir, devons nos dire que Nostre
Sires li a doné eles a voler par desuz toz les autres ; et par
lui devons nos entendre le nueme flun que li rois Mordrains
vit en son songe, qui plus estoit lez et parfonz que tuit li
autre ensemble. Or t'ai dit qui sont li set roi que tu veis en
ton songe et qui fu li chevaliers qui fu ostez de leur com-
paignie, et qui fu li darreains a qui Nostre Sires donoit si
grant grace qu'il le fesoit voler par desus toz les autres. »

— « Sire, fet Lancelot, ce que vos me dites que li Bons
Chevaliers est mes filz me fet mout esbahir. » — « Tu n'en
doiz pas estre esbahiz, fet li preudons, ne merveillier t'en.
Car tu sez bien que la fille le roi Pellés coneus tu charnelment
et ilec engendras tu Galaad, ce t'a len maintes foiz dit. Et
cil Galaad que tu engendras en cele damoisele est cil cheva-
liers qui sist le jor de Pentecoste ou Siege Perilleux ; ce est li
chevaliers que tu quiers. Si le t'ai dit et fet conoistre por ce
que je ne voloie pas que tu te preisses a lui par bataille : car
tu le porroies fere pechier mortelment en toi honir del cors.
Car se tu te prenoies a lui par bataille, tu puez savoir que ce
seroit tantost alee chose de toi, puis que nule proesce ne se
prent a la soe. »

— « Sire, fet Lancelot, mout m'est grant confort de ceste
chose que vos m'avez dite. Car il me semble, puis que Nos-
tre Sires a soffert que tel fruit est issuz de moi, cil qui tant
est preudons ne devroit pas soffrir que ses peres, quiex qu'il
soit, alast a perdicion, ainz devroit Nostre Seignor proier
nuit et jor qu'il par sa douce pitié m'ostast de la male vie ou
j'ai tant demoré. » — « Je te dirai, fet li preudons, coment
il est. Des pechiez mortiex porte li peres son fes et li filz
le suen ; ne li filz ne partira ja as iniquitez au pere, ne li
peres ne partira ja as iniquitez au filz ; mes chascuns selonc
ce qu'il avra deservi recevra loïer. Por ce ne doiz tu pas
avoir esperance en ton fil, mes solement en Dieu, car se tu

de lui requiers aide, il t'aidera et secorra a toz besoinz. » — « Puis qu'il est einsi, fet Lancelot, que nus fors Jhesucrist ne me puet valoir ne aidier, lui pri je qu'il me vaille et ait et ne me laist chaoir es mains de l'anemi, si que je li puisse rendre le tresor qu'il me demande, ce est l'ame de moi, au jor espovantable qu'il dira as mauvés : « Alez d ici, maleoite « gent, ou feu pardurable ! » et dira as bons la douce parole : « Venez avant, li beneoit oir mon pere, li beneoit fil, entrez « en la joie qui ja mes ne faudra ! »

Longuement parlerent ensemble entre le preudome et Lancelot ; et quant il fu hore de mengier, il issirent de la chapele et s'asistrent en la meson au preudome et mengierent pain et burent cervoise. Et quant il orent mengié, li preudons fist Lancelot couchier sus l'erbe, come cil qui autre lit n'avoit apareillié. Et il se dormi assez bien, come cil qui las estoit et travailliez, et ne baoit pas tant a la grant aise del monde come il soloit. Car s'il i baast, il n'i dormist ja mes, por la terre qui trop ert dure et por la haire qui ert aspre et poignant emprés sa char. Mes il est ore a ce menez que ceste mesese et ceste durté li plest tant et embelist qu'il n'essaia onques mes riens qui tant li pleust. Et por ce ne li grieve riens qu'il face.

Cele nuit se dormi Lancelot et reposa en la meson au preudome. Et quant li jorz aparut, il se leva et ala oïr le servise Nostre Seignor. Quant li preudons ot chanté, si prist Lancelot ses armes et monta ou cheval et comanda son oste a Dieu. Et li preudons li pria mout qu'il se tenist en ce que il avoit comencié. Et il dist que si feroit il, se Diex li donoit santé. Si se parti de laienz et chevaucha par mi la forest tote jor en tel maniere qu'il ne tenoit ne voie ne sentier. Car il pensoit mout a sa vie et a son estre et mout se repentoit des granz pechiés qu'il avoit fez, par coi il estoit gitez de la haute compaignie qu'il avoit veue en son dormant. Et ce ert une chose dont il avoit tel duel, qu'il avoit grant poor qu'il ne chaïst en desesperance. Mes por ce qu'il a mise del tout s'entente en Jhesucrist, cuide il encor venir a cel leu dont il estoit gitez et fere compaignie a cels dont il estoit estrez.

Quant il a chevauchié jusqu'a hore de midi, si vint en une grant plaingne qui ert en la forest ; et il voit devant lui un chastel fort et bien seant avironnez de murs et de fossez. Et devant le chastel avoit un pré ou il avoit paveillons tenduz de dras de soie et de diverses colors bien jusqu'a cent. Et devant les paveillons avoit bien cinc cent chevaliers et plus sus granz destriers, et avoient comencié un tornoiement trop merveillex, et estoient li un covert de blanches armes et li autre de noires, ne nule autre diversité d'armes n'avoit entr'ax. Cil qui avoient les blanches armeures se tenoient par devers la forest, et li autre par devers le chastel ; si avoient ja comencié le tornoiement trop merveillex, et tant i avoit chevaliers abatuz que ce ert merveille. Il resgarde le tornoiement grant piece, et tant qu'il li est avis que cil devers le chastel en ont le peior et qu'il perdent place, et si ont assez greignor gent que li autre. Quant il voit ce, si se torne devers els come cil qui lor voldra aidier a son pooir. Il besse la lance et lesse corre le cheval et fiert le premier si durement qu'il porte a terre lui et le cheval. Il point oultre et fiert un autre et brise son glaive, mes toutevoies l'abat a terre. Il met la main a l'espee et comence a departir granz coux amont et aval par mi le tornoiement, come cil qui de grant proesce estoit ; si fet tant en poi d'ore que tuit cil qui le voient li donent le los et le pris del tornoiement. Et neporec il ne puet venir au desus de cels qui contre lui sont : car tant sont soffrant et endurant qu'il s'en esbahist toz. Il fiert sus aus et maille ausi come il feist sus une piece de fust. Mes cil ne font pas semblant qu'il se sentent des cox qu'il lor done, ne nule foiz ne reculent, ainz prennent toz dis terre

sor lui. Si le lassent tant en poi d'ore que il ne puet tenir
s'espee, ainz est si durement lassez et travailliez qu'il ne
cuide ja mes avoir pooir de porter armes. Et il le prennent a
force et l'en meinent en la forest et le metent dedenz. Et
tuit si compaignon furent maintenant vaincu puis qu'il lor
failli d'aide ; et cil qui en meinent Lancelot li distrent :
« Lancelot, nos avons tant fet que vos estes des noz et que
vos estes en nostre prison ; si covient, se vos en volez issir,
que vos façoiz nostre volenté. » Et il lor creante, et il s'em
part maintenant et les lesse en la forest. Si s'en vet un
autre sentier que celui qu'il avoit autre foiz alé.

Et quant il est grant piece esloigniez de cels qui l'avoient
pris, et il se pense qu'il a hui esté menez la ou onques mes
ne pot estre menez, ce est qu'il ne vint onques mes en tor-
noiement qu'il ne vainquist, ne ne pot estre pris en tornoie-
ment ; quant il se porpense de ce, si comence a fere trop
grant duel et dit que or voit il bien qu'il est plus pechierres
que nus autres. Car ses pechiez et sa male aventure li a tolue
la veue des eulz et le pooir dou cors. De la veue des eulz est
il bien esprovee chose de la venue dou Saint Graal qu'il ne
pooit veoir. Del pooir del cors a il bien esté esproyé, car il
ne fu onques mes entre tant de gent come il a esté a cest
tornoiement, qu'il poïst estre lassez ne traveilliez, ains les
fesoit toz foïr de place, ou il vousissent ou non. Einsi dolenz
et corrociez chevauche tant que la nuiz le sorprist en une valee
grant et parfonde. Et quant il vit qu'il ne porroit parvenir
a la montaigne, si descent desoz un grant pueplier et oste a
son cheval la sele et le frain, et s'alege de son hiaume et de
son hauberc et abat sa ventaille. Maintenant se couche sur
l'erbe et s'endort assez legierement, car il ot le jor esté las
et travailliez plus qu'il n'avoit esté pieça mes.

Quant il se fu endormiz, si li fu avis que de vers le ciel li
vint uns hom qui mout resembloit bien preudome, et venoit

ausi come corrociez et li disoit : « Hé ! hom de male foi et
de povre creance, por quoi est ta volenté si legierement
changiee vers ton anemi mortel ? Se tu ne t'i gardes il te fera
chaoir ou parfont puis dont nus ne retorne. » Quant il avoit
ce dit, si s'esvancïssoit'en tel maniere que Lancelot ne sot
qu'il ert devenuz. Si estoit mout a malaise de ceste parole ;
mes por ce ne s'esveilloit il pas, ainz li avint einsi qu'il
s'endormi ne ne s'esveilla jusqu'a l'andemain que li jorz apa-
rut clers. Lors se lieve et fet le signe de la croiz en son
front et se comande a Nostre Seignor ; et resgarde tout entor
lui, mes il ne voit mie son cheval ; et neporec il le quiert
tant qu'il le troeve. Si met la sele et monte si tost com il est
atornez.

Quant il s'en vouloit aler, il vit a destre del chemin que
pres de lui a une archiee avoit une chapele ou il avoit une
recluse, que len tenoit a une des meillors dames dou païs.
Quant il voit ce, si dist qu'il est voirement meschaanz et
que ses pechiez le destorne voirement de toz biens. Car la ou
il est ore vint il ersoir de tele hore que bien poïst estre
venuz jusque ça tout de jorz et demander conseil de son
estre et de sa vie. Il torne cele part et descent a l'entree et
atache son cheval a un arbre, et oste son escu et son hiaume
et s'espee et met tot devant l'uis. Quant il est entrez de-
denz, il voit que desus l'autel estoient li garnement de
Sainte Eglyse aprestez por vestir, et devant l'autel estoit uns
chapelains a genolz et disoit ses oroisons ; et ne demora
gaires qu'il prist les armes Nostre Seignor et s'en revesti et
comença la messe de la glorieuse Mere Dieu. Et quant il
l'ot chantee et il fu desvestuz, la recluse, qui avoit une petite
voiete par ou ele veoit a l'autel, apela Lancelot por ce que
chevaliers erranz li sembloit et mestier avoit de conseil. Et
il vient a li, et ele li demande qui il est et de quel païs et que
il quiert. Et il li dit tot mot a mot einsi come ele avoit

demandé. Et quant il li a tot dit, il li conte l'aventure dou
tornoiement ou il avoit ier esté, et coment cil as blanches
armes le pristrent et la parole qui li avoit esté dite. Aprés li
conte l'avision qu'il avoit veue en son dormant. Et quant il
li a conté tot son estre, si li prie qu'ele le conseut a son
pooir. Et elle li dist tantost :

« Lancelot, Lancelot, tant come vos fustes chevaliers des
chevaleries terrianes fustes vos li plus merveillex hons dou
monde et li plus aventureus. Or premierement quant vos
vos estes entremis de chevalerie celestiel, se aventures mer-
veilleuses vos aviennent, ne vos en mervejlliez mie. Et
neporec de cel tornoiement que vos veistes vos dirai je la
senefiance ; car sanz faille quan que vos veistes ne fu fors
autresi come senefiance de Jhesucrist. Et neporquant sanz
faillance nule et sanz point de decevement estoit li tornoie-
menz de chevaliers terriens ; car assez i avoit greignor sene-
fiance qu'il meismes n'i entendoient. Tout avant vos dirai
por qoi li tornoiemenz fu pris et qui estoient li chevalier.
Li tornoiemenz fu pris por veoir qui plus avroit chevaliers,
ou Elyezer, li filz le roi Pellés, ou Argustes, li filz le roi Her-
len. Et por ce que l'en poïst conoistre les uns des autres fist
Elyezer les suens covrir de covertures blanches. Et quant il
furent ajosté ensemble, si furent li noir vaincu, encor leur
aidissiez vos, encor eussiez vos plus gent qu'il n'avoient.

« Or vos dirai la senefiance de ceste chose. Avant ier, le
jor de Pentecoste, pristrent li chevalier terrien et li cheva-
lier celestiel un tornoiement ensemble, ce est a dire qu'il
comencierent ensemble la Queste. Li chevalier qui sont en
pechié mortel, ce sont li terrien, et li celestiel, ce sont li
verai chevalier, li preudome qui n'estoient pas ordoié de
pechié, comencierent la Queste dou Saint Graal : ce fu li tor-
noiemenz qu'il empristrent. Li chevalier terrien, qui avoient
la terre es elz et es cuers, pristrent covertures noires, come

cil qui estoient covert de pechié noir et horrible. Li autre, qui estoient celestiel, pristrent covertures blanches, ce est de virginité et de chasteé, ou il n'a ne nerté ne tache. Quant li tornoiemenz fu comenciez, ce est a dire quant la Queste fu comenciee, tu regardas les pecheors et les preudomes. Si te fu avis que li pecheor furent vaincu. Et por ce que tu estoies de la partie as pecheors, ce est a dire por ce que tu estoies en pechié mortel, si te tornas devers els et te meslas as preudomes. Bien t'i meslas tu, quant tu a Galaad ton filz vousis joster, a cele hore qu'il abati ton cheval et le Perceval ensemble. Quant tu eus grant piece esté ou tornoiement et tu fus si las que tu ne te poïs mes aidier, li preudome te pristrent et te menerent en la forest. Quant tu te fus avant hier mis en la Queste et li Sainz Graalx t'aparut, lors te trovas tu si vilx et orz de pechiez que tu ne cuidoies que ja mes poïsses porter armes, ce est a dire quant tu te veis si vix et orz que tu ne cuidoies mie que Nostre Sires feïst de toi son chevalier et son serjant. Mes maintenant te pristrent li preudome, li hermite, les religieuses persones, qui te mistrent en la voie Nostre Seignor, qui est pleine de vie et de verdor ausi come la forest estoit. Si te conseillierent ce qui t'estoit profitable a l'ame. Et quant tu fus partiz d'els, tu ne retornas pas a la voie que tu estoies devant alé, ce est a dire que tu ne retornas pas a pechier mortelment com tu avoies fet devant. Et neporec, si tost come il te sovint de la vaine gloire de cest siecle et des granz orgueilx que tu soloies mener, tu començas a fere ton duel de ce que tu n'ayoies tout vaincu, dont Nostre Sires se dut corrocier a toi. Et bien le te mostra en ton dormant, quant il te vint dire que tu estoies de male foi et de povre creance, et t'amentuf que li anemis te feroit chaoir ou parfont puis, ce est en enfer, se tu ne t'i gardoies. Or t'aï deviseé la senefiance del tornoiement et de ton songe, por ce que tu ne te partes de la voie de verité par vaine

gloire ne par aucune racine. Car a ce que tu as tant erré vers
ton Creator saches que se tu vers lui fes chose que tu ne doies,
il te laira forvoier de pechié en pechié, si que tu charras en
pardurable peine, ce est en enfer. »

A tant se test la dame et cil respont : « Dame, vos en
avez tant dit, et vos et li preudome a qui je ai parlé, que se
je chaoie en pechié mortel, len me devroit plus blasmer que
nul autre pecheor. » — « Diex vos otroit, fait ele, par sa pitié
que vos ja mes n'i renchaoiz ! » Lors li redit : « Lancelot,
ceste forest est mout grant et mout desvoiable ; si i puet
bien aler uns chevaliers a jornee que ja n'i trovera ne meson
ne recet ; por ce voil que vos me dïez se vos menjastes hui.
Car se vos n'avez mengié je vos donrai de tel charité come
Diex nos a prestee. » Et il dist qu'il ne menja hui ne ier. Et
ele li fet aporter pain et eve. Et il entre en la meson au cha-
pelain et prent la charité que Diex li envoie. Quant il a
mengié, si se part de laienz et comande la dame a Dieu et
chevauche tote jor jusqu'au soir.

La nuit jut en une roche haute et merveilleuse sanz com-
paignie de tote gent, ne mes de Dieu ; il fu grant partie de
la nuit en proieres et en oroisons et dormi grant piece. A
l'andemain, quant il vit le jor aparoir, il fist le signe de la
croiz en son front et se mist a coutes et a genouz contre
orient et fist sa proiere tele come il l'avoit fete le jor devant.
Lors vint a son cheval et li mist la sele et le frain et monta,
et puis racoilli son chemin ausi come il avoit fet autre foiz.
Si chevaucha tant qu'il vint en une valee parfonde, trop bele
a veoir, et estoit entre deus roches granz et merveilleuses.
Quand il vint en la valee, si comença a penser mout dure-
ment ; il resgarde devant lui et voit l'eve que len apeloit
Marcoise, qui la forest departoit en deus parties. Quant il voit
ce, si ne set que fere. Car il voit que par mi l'eve, qui tant
est parfonde et perilleuse, le covendra passer, et çe est une

chose qui mout l'esmaie. Et neporquant il met si s'esperance en Dieu et sa fiance qu'il s'en oste tout del penser, et dist qu'il passera bien a l'aide de Dieu.

Tandis qu'il estoit en cel penser li avint une aventure merveilleuse ; car il vit de l'eve issir un chevalier armé d'unes armes plus noires que meure, et sist sus un grant cheval noir. Et la ou il voit Lancelot, si li adrece le glaive sanz lui mot dire et fiert le cheval si durement qu'il l'ocit, mes lui ne touche ; si s'en vet si grant erre que Lancelot n'en pot en poi d'ore point veoir. Quant il voit son cheval desoz lui ocis, si se relieve, et si n'est pas mout dolenz puis qu'il plest a Nostre Seignor. Il nel regarde onques, ainz s'en vet outre einsi armez come il estoit. Et quant il est venuz jusqu'a l'eve et il ne voit pas coment il puisse oultre passer, il s'arreste et oste son hiaume et son escu et s'espee et son glaive, et si se couche lez une roche, et dist qu'il atendra ilec tant que Nostre Sires li envoiera secors.

Einsi est Lancelot enclos de trois parties, d'une part de l'eve et d'autre part des roches et d'autre part de la forest. Si ne set tant esgarder de nule part de ces trois parties qu'il i voie sauveté terriane. Car s'il monte es roches et il a talent de mengier, il ne trovera qui sa faim li restanche, se Nostre Sires n'i met conseil. Et s'il entre en la forest, a ce que ele est la plus desvoiable que il onques trovast, il i porra esgarer et demorer lonc tens qu'il ne trovera qui li ait. Et s'il entre en l'eve, il ne voit mie coment il en puisse eschaper sanz peril : car ele est noire et parfonde si qu'il n'i porroit prendre pié. Ces trois choses le font remanoir a la rive et estre en proieres et en oroisons vers Nostre Seignor, que Il par sa pitié le viegne conforter et visiter, et doner li conseil par coi il ne puisse chaoir en temptacion d'anemi par engin de deable, ne estre menez a desesperance. Mes a tant lesse ore li contes a parler de lui et retorne a monseignor Gauvain.

Or dit li contes que quant messires Gauvain se fu partiz
de ses compaignons, qu'il chevaucha mainte jornee loign et
pres sanz aventure trover qui face a amentevoir en conte.
Et ausi faisoient li autre compaignon, car il ne trovoient
mie de dis tanz tant d'aventures come il souloient ; et par
ce lor ennuia plus la Queste. Messires Gauvain chevaucha
des la Pentecoste jusqu'a la Magdaleine sanz aventure trover
qui a conter face ; si s'en merveilla, car en la Queste del
Saint Graal cuidoit il que les aventures forz et merveilleuses
fussent plus tost trovees que en autre leu. Un jor li avint
qu'il encontra Hestor des Mares tot seul chevauchant ; il
s'entreconurent si tost come il s'entrevirent et s'entrefirent
grant joie. Et demanda messires Gauvain a Hestor de son
estre. Et il dist qu'il estoit sainz et hetiez, mes aventure ne
trova pieça en leu ou il venist. « Par foi, fet messires Gau-
vain, de ce me voloie je plaindre a vos : car, se Diex me
conseut, puis que je me parti de Camaalot ne trovai je aven-
ture nule. Si ne sai coment ce est alé : car por aler par
estranges terres et en loingtains païs et por chevauchier de
jorz et de nuiz ne remest il pas. Car je vos creant loiaument
come a mon compaignon que por aler solement, sanz autre
besoigne fere, ai je puis ocis plus de dis chevaliers dont li
pires valoit assez, ne aventure ne trovai nule. » Et Hestor se
comence a seignier de la merveille que il en a. « Or me
dites, fet messires Gauvains, se vos trovastes puis nul de nos
compaignons. » — « Oïl, fet Hestor, je en ai puis quinze jors
trové plus de vint chascun par soi, qu'il n'i ot onques nus
qui ne se plainsist a moi de ce qu'il ne pooit trover aven-
ture. » « Par foi, fet messires Gauvains, merveilles oi. Et de
monseignor Lancelot oïstes vos pieça parler ? » — « Certes,

fet il, nanil ; je ne truis qui noveles m'en die, ne plus que s'il fust fonduz en abysme. Et por ce sui je molt a malese de lui, et ai poor qu'il ne soit en aucune prison. Et de Galaad, et de Perceval, et de Boort oïstes vos puis parler? » — « Certes, fet Hestor, nanil. Cil quatre sont si perdu que l'en n'en set ne vent ne voie. » — « Or les conduie Diex, fet messires Gauvain, en quel leu qu'il soient. Car certes se il as aventures dou Saint Graal faillent, li autre n'i recovreront mie. Et je quit qu'il i avendront bien, car ce sont li plus preudome de la Queste. »

Quant il ont grant piece parlé ensemble, si dist Hestor : « Sire, vos avez grant piece chevauchié toz seuls et je toz seuls, ne n'avons riens trové. Or chevauchons ensemble, savoir se nos serions plus chaanz de trover aucune aventure que chascuns par soi. » « Par foi, fet messires Gauvain, vos dites bien et je l'otroi. Or alons ensemble, que Diex nos conduie en tel leu ou nos truissons aucune chose de ce que nos alons querant. » — « Sire, fet Hestor, ceste part dont je vieng ne troverons nos riens, ne cele part dont vos venez. » Et il dit que ce puet bien estre. — « Donc lo je, fet Hestor, que nos aillons autre voie que cele que nos avons alé. » Et il dit qu'il le loe bien. Et Hestor se met en un sentier qui tornoit au travers de la plaigne ou il s'estoient entr'encontré, si lessent le grand chemin

Einsi chevauchierent uit jorz qu'il ne troverent aventure nule ; si lor en poise mout. Un jor lor avint qu'il chevauchierent parmi une forest grant et estrange, ou il ne troverent home ne fame. Au soir lor avint qu'il troverent entre deus roches, en une montaigne, une chapele vielle et anciane qui tant ert gaste par semblant qu'il n'i reperoit ame. Quant il vindrent la, il descendirent et osterent lor escuz et lor lances et les lessierent defors la chapele lez la paroi. Puis ostent a lor chevax les frains et les seles et lessent pestre

par la montaingne. Lors desceignent lor espees et metent
en la place, puis vont devant l'autel fere lor oroisons et lor
proieres, come bon crestien doivent fere. Et quant il orent
fetes lor oroisons, il se vont aseoir sus un siege qui estoit
ou chancel, et parole li uns a l'autre de maintes choses ;
mes de mengier n'i ot il onques parlé, por ce qu'il savoient
bien qu'a celui point s'en dementeroient il por noient. Il
fesoit laienz mout oscur, por ce qu'il n'i avoit lampe ne
cierge qui arsist. Et quant il orent un poi veillié, si dormi-
rent li uns ça et li autres la.

Quant il se furent endormi, si avint a chascun une avision
merveilleuse qui ne fet mie a oublier, ainz la doit len bien
amentevoir en conte ; car assez i a grant senefiance. Ce que
messires Gauvains vit en son dormant, si li fu avis qu'il ert
en un pré plein d'erbe vert, et de flors i avoit plenté. En cel
pré avoit un rastelier ou il menjoient cent et cinquante toriaus.
Li torel estoient orgueillex et tuit vairié ne mes troi. De ces
trois n'estoit li uns ne bien tachiez ne bien sanz tache ; ainz i
avoit signe de tache ; et li autre erent si blanc et si bel qu'il
ne pocient plus estre. Cil troi torel erent lié par les cox de
jox forz et tenanz. Li torel disoient tuit : « Alons de ci querre
meillor pasture que ceste n'est. » Li torel s'em partoient a tant
et s'en aloient par mi la lande, ne mie par mi le pré, et demo-
roient trop lonc tens. Et quant il revenoient, si en failloient
li plusor. Et cil qui revenoient erent si megre et si las qu'a
peines se pooient il tenir en estant. Des trois sanz tache reve-
noit li uns et li autre dui remanoient. Et quant il estoient
venu au rastelier, si montoit entr'ax un tel estrif que la viande
lor failloit et les covenoit departir li un ça et li autre la.

Einsi avint a monseignor Gauvain. Mes a Hestor avint une
autre mout dessemblable a cele avision. Car il li ert avis
qu'entre lui et Lancelot descendoient d'une chaiere et mon-
toient sus deus granz chevaus, et disoient : « Alons quierre ce

que nos ne troverons ja. » Maintenant se departoient et
erroient mainte jornee, et tant que Lancelot chaoit de son
cheval ; si l'en abatoit uns hons qui tout le despoilloit. Et
quant il l'avoit despoillié, il li vestoit une robe qui toute
ert pleine de frangons, et si le montoit sus un asne. Et quant
il i estoit montez, si chevauchoit lonc tens, et tant qu'il
venoit a une fontainne, la plus bele qu'il onques veist. Et
quant il ert abessiez por boivre, si se reponnoit la fontainne,
si qu'il n'en veoit point. Et quant il veoit qu'il n'en pooit
point avoir, si s'en retornoit la dont il ert venuz. Et Hestors,
qui nule foiz ne se remuoit, erroit tant forvoiant ça et la
qu'il venoit en la meson a un riche home qui tenoit noces et
feste grant. Il huichoit a l'uis et disoit : « Ouvrez, ouvrez ! »
et li sires venoit avant, si li disoit : « Sires chevaliers, autre
ostel querez que cestui : car ceenz n'entre nus qui si haut
soit montez com vos estes. » Et il s'em partoit maintenant,
tant dolenz que nus plus, et s'en reperoit a sa chaiere qu'il
avoit lessiee.

De cest songe fu Hestor si a malaise qu'il s'en esveilla del
corroz qu'il avoit et se comença a torner et a retorner com
cil qui ne pooit dormir. Et messires Gauvains, qui ne dormoit
pas, ainz se fu esveilliez par son songe, quant il oï einsi
torner Hestor, si li dist : « Sire, dormez vos ? » — « Sire, fet il,
nanil ; ainz m'a orendroit esveillié une avision merveilleuse
que j'ai veue en mon dormant. » — « Par foi, fet messires
Gauvain, autel vos di. Je ai veue une trop merveilleuse
avision dont je me sui esveilliez. Si vos di que je ne serai
ja mes aeise devant que je en sache la verité. » — « Tot ausi
vos di, fet Hestor, que je ne serai ja mes aeise devant que je
sache la verité de monseignor Lancelot mon frere. » En ce
qu'il parloient einsi, si voient venir parmi l'uis de la chapele
une main qui aparoit jusque vers le coute, et estoit coverte
d'un vermeil samit. A cele main si pendoit un frain ne mie

trop riche, et tenoit en son poign un gros cierge qui mout
ardoit cler ; et passa par devant els et entra ou chancel et
s'esvanoï en tel maniere qu'il ne sorent que ele devint.
Maintenant oïrent une voiz qui lor dist : « Chevalier plein
de povre foi et de male creance, ces troi choses que vos
avez orendroit veues vos faillent ; et por ce ne poez vos
avenir as aventures dou Saint Graal. » Quant il oent ceste
parole, si sont tuit esbahi. Et quant il se sont teu grant
piece, messire Gauvains parla premiers et dist a Hestor :
« Avez vos entendue ceste parole ? » — « Certes, sire, fet il,
nanil, et si l'ai je bien oïe. » — « A non Dieu, fet messire
Gauvains, nos avons anuit tant veu en dormant et en veillant
que li mielz que je i sache a nostre oes, si est que nos aillons
quierre aucun hermite, aucun preudome qui nos die la sene-
fiance de noz songes et la senefiance de ce que ce nos avons
oï. Et selonc ce qu'il nos conseillera si ferons : car autre-
ment m'est il avis que nos irions por noiant nos pas gas-
tant, ausi com nos avons fet jusque ci. » Et Hestor dit que en
cest conseil ne voit il se bien non. Einsi furent toute la
nuit li dui compaignon en la chapele, ne onques puis qu'il
se furent esveillié ne s'endormirent, ainz pensoit chascuns
durement a ce qu'il avoit veu en son dormant.

Quant li jorz fu venuz, il alerent veoir ou lor chevaus
estoient, si les quistrent tant qu'il les trouverent ; il lor
mistrent les seles et les frains et pristrent lor armes et
monterent et se partirent de la montaigne. Et quant il furent
venuz en la valee, si encontrent un vaslet qui chevauchoit
un roncin et estoit sanz compaignie. Il le saluent et il lor rent
lor salu. « Biax amis, fet messires Gauvains, savriez nos vos
ici pres enseignier ne hermitage ne religion ? » — « Sire, fet
li vaslez, oïl. » Lors lor mostre un petit sentier a destre et
lor dist : « Cist sentiers vos menra droit au haut hermitage
qui est en une petite montaigne ; mes ele est si roiste que

cheval n'i porroient aler, et por ce vos covendra a descendre
et aler a pié. Et quant vos seroiz la venuz, si troveroiz un
hermite qui est li plus preudome et de meillor vie qui soit
en cest païs. » — « Or te comandons a Dieu, fet messires
Gauvains, biax amis, car mout nos as servi a gré de ces
paroles que tu nos as dites. »

Li vaslez s'en vet d'une part et cil d'autre. Et quant il ont
un poi alé, il encontrent en la valee un chevalier armé de totes
armes qui lor crie : « Joste ! » de si loign come il les voit.
« A non Dieu, fet messires Gauvains, puis que je parti de
Camaalot ne trovai mes qui joste me demandast, et puis
que cil la demande, il l'avra. » — « Sire, fet Hestor, laissiez
m'i aler, s'il vos plest. » — « Non feré, fet il ; mes s'il m'abat
il ne me pesera pas se vos i alez aprés moi. » Lors met
lance sor fautre et embrace l'escu et lesse corre au chevalier,
et cil li vient si grant erre come il puet dou cheval trere. Si
s'entrefierent si granz coux que li escuz percent et li hauberc
rompent, si se blecent molt durement li uns plus que li
autres. Messire Gauvains fu navrez ou costé senestre, mes ce
ne fu pas granment. Mes li chevaliers fu feruz si mortelment
que li glaives en parut d'autre part. Il volent andui des
arçons et au parcheoir brise li glaives, si que li chevaliers
remaint toz enferrez et se sent si mortelment navrez qu'il n'a
pooir de lever soi.

Quant messire Gauvains se voit cheü a terre, si se drece
tost et isnelement, et met la main a l'espee et met l'escu
devant son vis, et fet semblant de mostrer la greignor proece
qu'il onques pot, come cil qui assez en avoit en soi. Mes
quant il voit que li chevaliers ne se relieve, si cuide bien que
il soit navrez a mort. Lors li dist : « Sire chevaliers, a joster
vos covient ou je vos ocirrai. » — « Ha ! sire chevaliers,
je sui ocis, veraiement le sachiez. Et por ce vos pri je que
vos façoiz ce que je vos requerrai. » Et il dist qu'il le fera

volentiers, s'il le puet fere en nule maniere. « Sire, fet il,
je vos pri que vos me portoiz a une abeie pres de ci, et me
fetes fere ma droiture tele come len doit fere a chevalier. »
— « Sire, fet messires Gauvains, je ne sai ci pres nule religion. » — « Ha ! sire, fet il, montez moi sus vostre cheval et
je vos menrai a une abeie que je sai, qui n'est mie grantment
loign. » Lors le met messire Gauvains devant soi sus le
cheval et baille a Hestor son escu a porter, et l'embrace par
les flans por ce qu'il ne chaïst. Et li chevaliers conduit le
cheval droit a une abeie qui ilec estoit pres en une valee.

Quant il vindrent a la porte, si huchierent tant que cil de
laienz les oïrent, qui vindrent la porte deffermer et les reçurent lieement, et descendirent le chevalier navré et le couchierent au plus souef qu'il porent. Et si tost come il fu couchiez, si demande son Sauveor et len li aporte. Et quant il le
voit venir, si comence a plorer trop durement, et tent ses
mains encontre, et se fet confés, oiant toz cels de la place, de
toz ses pechiez dont il se sent corpables vers son Criator, et
en crie merci tendrement plorant. Et quant il a tot ce dit
dont il se sent remembranz, li prestres li done son Sauveor,
et il le reçoit o grant devocion. Quant il ot usé *corpus Domini*,
il dist a monseignor Gauvain qu'il li traie le glaive dou piz.
Et il li demande qui il est et de quel païs. « Sire, fet il, je
suiz de la meson le roi Artus et compainz de la Table
Reonde ; et ai non Yvains li Avoltres et filz le roi Urien. Si
estoie meuz en la Queste dou Saint Graal o mes autres compaignons. Mes einsi est ore avenu, par la volenté Nostre
Seignor ou par mon pechié, que vos m'avez ocis ; si le vos
pardoign debonerement, et Diex ausi le vos pardoint ! »
Quant messires Gauvains ot ceste parole, si dist mout dolenz
et corrociez : « Hé Diex ! tant ci a grant mesaventure ! Ha !
Yvains, tant il me poise de vos ! » — « Sire, fet il, qui estes
vos ? » — « Je sui Gauvains, li niés le roi Artus. » — « Dont

ne me cnaut, fet il, se je sui ocis par la main de si preudome com vos estes. Por Dieu, quant vos vendroiz a cort, saluez moi toz nos compaignons que vos troveroiz vis, car je sai bien qu'il en morra assez en ceste Queste, et si lor dites, par la fraternité qui est entre moi et els, qu'il lor soviegne de moi en lor proieres et en lor oroisons et qu'il prient Nostre Seignor qu'il ait merci de l'ame de moi. » Lors comencent a plorer entre messire Gauvain et Hestor. Lors met messire Gauvain la main au fer dou glaive que Yvains avoit ou piz ; et au tirer qu'il fet cil s'estent de la grant angoisse qu'il sent, et maintenant li part l'ame dou cors, si qu'il devia entre les braz Hestor. Messires Gauvains en est trop dolenz, et ausi est Hestor : car mainte bele proece li avoient veu fere. Il le firent ensevelir bel et richement, en un drap de soie que li frere de laienz li aporterent quant il sorent qu'il ert filz de roi, et li firent tel servise come l'en doit fere pour mort, et l'enfoïrent devant le mestre autel de laienz, et mistrent une bele tombe sus lui, et i firent son non escrire et le non de celui qui l'ocist.

Lors se partent de laienz entre monseignor Gauvain et Hestor dolent et corrouciez de ceste mesaventure qui lor est avenue, car il voient bien que ce est droite meschaance ; si chevauchent tant qu'il vindrent au pié dou halt hermitage. Quant il vindrent la, si atachierent lor chevax a deus chesnes. Lors se metent en un estroit sentier qui aloit amont ou tertre et le troverent si roiste et si anuiex a monter qu'il sont tuit las et travaillié ainz qu'il viegnent amont. Quant il sont venu amont, si voient il l'ermitage ou li preudons manoit, qui avoit non Nasciens. Et ce ert une povre meson et une petite chapele. Il vienent cele part et voient, en un cortil qui emprés la chapele estoit, un preudome viel et ancien qui coilloit orties a son mengier, come cil qui d'autre viande n'avoit gosté lonc tens avoit passé. Et tantost

com il les voit armez, si pense bien qu'il soient des cheva-
liers erranz qui sont entré en la Queste dou Saint Graal, dont
il savoit noveles pieça. Il lesse ce qu'il fesoit, si vient a aux
et les salue. Et il s'umilient vers lui et li rendent son salu.

« Biau seignor, fait il, quele aventure vos a ça amenez ? »
— « Sire, fet messires Gauvains, la grant fain et le grant
desirrier que nos avions de parler a vos, por estre conseillié
de ce dont nos estions desconseillié et por estre certain de ce
dont nos somes en error. » Quant il ot einsi parler monsei-
gnor Gauvain, si pense qu'il soit mout sages des terrianes
choses, si li dist : « Sire, de chose que je sache ne ne puisse
ne vos faudrai je ja. »

Lors les meine andeus en sa chapele, si lor demande qui il
sont, et il se noment et se font conoistre a lui, tant qu'il set
bien de chascun qui il est. Lors lor requiert qu'il li dient de
quoi il sont desconseillié, et il les conseillera a son pooir. Et
messires Gauvains li dit maintenant : « Sire, il avint ier, a
moi et a cest mien compaignon qui ci est, que nos chevau-
chames parmi une forest toute jor sanz encontrer home ne
fame, tant que nos trovames en une montaigne une chapele.
Si descendimes iluec, car nos volions mielz dedenz gesir que
defors. Et quant nos fumes alegié de nos armes, nos entrames
enz et nos endormimes li uns ça et li autres la. Quant je me
fui endormiz, si m'avint une avision merveilleuse. » Lors li
conte quele, et quant il li a tot conté, si li reconte Hestor la
soe. Aprés li content de la main qu'il orent veue en veillant
et de la parole que la vois lor dist. Et quant il li ont tot
conté, si li prient por Dieu qu'il lor en die la senefiance :
car sanz grant senefiance ne lor ert ce mie avenu en dor-
mant.

Quant li preudons a tout ce oï por quoi il sont venu a lui,
si respont a monseignor Gauvain. « Or, biau sire, ou pré
que vos veistes avoit un rastelier. Par le rastelier devons nos

entendre la Table Reonde : car ausi come ou rastelier a
verges qui devisent les espaces, ausi a il a la Table Reonde
colombes qui devisent les uns des sieges des autres. Par le
pré devons nos entendre humilité et patience, qui toz jorz
sont vives et en lor force. Et por ce que humilité ne puet
estre vaincue ne pacience, i fu la Table Reonde fondee, ou
la chevalerie a puis esté si fort par la douçor et par la frater-
nité qui est entr'ax, que ele ne pot estre vaincue. Et por ce dit
on qu'ele fu fondee en humilité et en pacience. Au rastelier
menjoient cent et cinquante torel. Il i menjoient et si n'estoient
pas ou pré ; car s'il i fussent, lor cuers mainsissent en humi-
lité et en pacience. Li torel estoient orgueilleux et tuit va-
rié ne mes troi. Par les toriaux doiz tu entendre les compai-
gnons de la Table Reonde, qui par lor luxure et par lor
orgueil sont chaoiz en pechié mortel si durement que lor
pechiez ne pueent atapir dedenz els, ainz les estuet paroir
par dehors, si qu'il en sont vairié et tachié et ort et mauvés
ausi come li torel estoient. Des toriax i avoit trois qui n'es-
toient mie tachié, ce est a dire qui estoient sanz pechié. Li
dui estoient blanc et bel et li tierz avoit eu signe de tache.
Li dui qui estoient blanc et bel senefient Galaad et Perceval,
qui sont plus blanc et bel que nul autre. Bel sont il voire-
ment, quant il sont parfet de toutes vertuz, et sont blanc
sanz ordure et sanz tache, que len troveroit ore a peine qui
n'eust tache aucune. Li tierz ou il avoit eu signe de tache,
ce est Boqrz, qui jadis se meffist en sa virginité. Mes il l'a
puis einsi bien amendé en sa chasteé que toz est pardonnez
icelui meffez. Li troi torel estoient lié par les cox, ce sont li
troi chevalier en quoi virginitez est si durement enracinee
qu'il n'ont pooir des chiés lever, ce est a dire qu'il n'ont
garde que orgueil se puisse entrer en els. Li torel disoient :
« Alons quierre meillor pasture que ceste n'est. » Li cheva-
lier de la Table Reonde distrent le jor de Pentecoste ;

« Alons en la Queste dou Saint Graal, si serons repeu des honors dou monde et de la viande celestiel que li Sainz Esperiz envoie a cels qui sieent a la table dou Saint Graal. La est la bone pasture. Lessons ceste, alons la. » Il se partirent de cort et alerent par mi la lande, ne mie par mi le pré. Quant il se partirent de cort, il n'alerent mie a confession, come cil doivent fere qui se metent ou servise Nostre Seignor. Il ne s'esmurent pas en humilité ne en pacience, qui est senefiee par le pré, ainz alerent par la lande, par la gastine, en la voie ou il ne croist ne flor ne fruit, ce est en enfer, ce est en la voie ou totes choses sont gastees qui ne sont covenables. Quant il revenoient, si en failloient li plusor, ce est a dire qu'il ne revendront mie tuit, ainz en morra partie. Et cil qui reperoient estoient si megre et si las qu'a peine se pooient il tenir en estant ; ce est a dire que cil qui revendront seront si essorbé de pechié que li un avront ocis les autres ; qu'il n'avront membre qui sostenir les puisse, ce est a dire qu'il n'avront nule vertu en ax qui home tiegne en estant qu'il ne chiee en enfer, et seront garni de totes ordures et de toz pechiez mortielx. Des trois sanz tache revendra li uns et li autre dui remaindront, ce est a dire que des trois bons chevaliers revendra li uns a cort, ne mie por la viande dou rastelier, mes por anoncier la bone pasture que cil ont perdue qui sont en pechié mortel. Li autre dui remaindront, car il troveront tant doulçor en la viande dou Saint Graal que en nule maniere ne s'em partiroient puis qu'il l'avront asavoree. La darreaine parole de vostre songe, fet il, ne vos dirai je pas, car ce seroit une chose dont ja preu ne vendroit, et si vos en porroit len mauvesement destorner. » — « Sire, fet messires Gauvains, et je m'en soffrerai puis qu'il vos plest. Et je le doi bien fere ; car si bien m'avez certefié ce dont je me doutoie que je voi apertement la verité de mon songe. »

Lors parole li preudons a Hestor et li dit : « Hestor, il vos fu avis qu'entre vos et Lancelot descendiez d'une chaiere. Chaiere senefie mestrie ou seignorie. La chaiere dont vos descendiez, ce est la grant honor et la grant reverence que len vos portoit a la Table Reonde ; ce est a dire que vos la lessastes quant vos partistes de la cort le roi Artus. Vos montastes entre vos deus sus deus granz chevax, ce est en orgueil et en bobant, ce sont li dui cheval a l'anemi. Et puis disiez : « Alons quierre ce que nos ne troverons ja », ce est li Sainz Graax, les secrees choses Nostre Seignor, qui ja ne vos seront mostrees, car vos n'estes pas dignes dou veoir. Quant vos fustes partiz li uns de l'autre, Lancelot chevaucha tant qu'il chaï de son cheval, ce est a dire qu'il lessa orgueil et se prist a humilité. Et sez tu qui l'osta d'orgueil ? Celui qui abati orgueil dou ciel ; ce fu Jhesucrist, qui humilia Lancelot et le mena a ce qu'il le despoilla. Il le despoilla des pechiez, si qu'il se vit nuz des bones vertuz que crestiens doit avoir, et cria merci. Et maintenant le revesti Nostre Sires, et sez tu de quoi ? De pacience et d'umilité : ce fu la robe qu'il li dona qui estoit pleine de frengons, ce est la haire qui est aspre come frengons. Puis le monta sus un asne, ce est la beste d'umilité, et bien fu aparant chose, que Nostre Sires le chevaucha quant il vint en sa cité de Jherusalem, qui estoit rois des rois, et avoit totes richesces en sa baillie, ne n'i volt pas venir sus destrier ne sus palefroi, ainz i vint sus la plus rude beste et sus la plus vilaine, ce est sus l'asne, por ce que li povre et li riche i preissent essample. Itel beste veistes vos Lancelot chevauchier en vostre dormant. Et quant il avoit une piece chevauchié, si venoit a une fontaine, la plus bele qu'il onques veïst, et descendoit por boivre en ; et quant il estoit abessiez, la fontaine se reponoit ; et quant il veoit qu'il n'en porroit point avoir, si s'en retornoit a sa chaiere dont il ert partiz. Fontaine si est de tel maniere que

len ne la puet espuisier, ja tant n'en savra len oster : ce est
li Sainz Graax, ce est la grace del Saint Esperit. La fontaine
est la douce pluie, la douce parole de l'Evangile, ou li cuers
del verai repentant troeve la grant douçor, que de tant come
il plus l'asavore, de tant en est il plus desirranz ; ce est la
grace del Saint Graal. Car de tant come ele est plus large et
plus plenteureuse, d'itant en remaint il plus. Et por ce doit
ele par droit estre apelee fontaine. Quant il venoit a la fon-
taine, il descendoit, ce est a dire quant il vendra devant le
Saint Graal, il descendra, si qu'il ne se tendra pas a home,
por ce qu'il onques chaï en pechié. Et quant il s'abessera, ce
est a dire quant il s'agenoillera por boivre et por estre
rasaziez de sa grant grace et repeuz, lors se repondra la
fontaine, ce est li Sainz Graax. Car il perdra la veue des
eulz devant le Saint Vessel, por ce qu'il les conchia a res-
garder les terrianes ordures, et perdra le pooir dou cors,
por ce qu'il en servi si longuement a l'anemi. Et durra cele
venjance vint et quatre jorz, en tel point qu'il ne mengera ne
ne bevra, ne ne parlera ne ne movra pié ne main ne membre
qu'il ait, ainz li sera avis qu'il sera toz jorz en tel beneurté
come il estoit quant il perdi la veue. Lors dira il partie de
ce qu'il avra veu. Maintenant s'en partira dou païs et ira a
Camaalot.

« Et vos, qui toz jorz chevaucheroiz le grant destrier, ce
est a dire qui toz jors seroiz en pechié mortel, et en orgueil
et en envie et en maint autre vice, iroiz forsvoiant ça et la,
tant que vos vendroiz a la meson au Riche Pescheor, la ou
li preudome, li verai chevalier tendront lor feste de la haute
troveure qu'il avront trovee. Et quant vos vendroiz la et vos
cuideroiz enz entrer, li rois vos dira qu'il n'a cure d'ome
qui si haut soit montez come vos estes, ce est a dire qui
gise en pechié mortel et en orgueil. Et quant vos orroiz ce,
si retorneroiz a Kamaalot, sanz ce que vos n'avroiz gueres

fet de vostre preu en ceste Queste. Si vos ai or dit et devisé partie de ce qu'il vos avendra.

« Or covient que vos sachiez apertement de la main que vos veistes passer par devant vos, qui portoit un cierge et un frain, puis vos dist la voiz que ces troi choses vos failloient. Par la main que tu veiz doiz tu entendre charité, et par le samit vermeil la grace dou Saint Esperit, dont charitez est toz dis embrasee. Et qui charitez a en soi, il est chauz et ardanz de l'amor Nostre Seignor celestiel, ce est Jhesucrist. Par le frain doiz tu entendre abstinence. Car ausi com par le frain li hons meine et conduit son cheval la ou il veut, tout ausi est d'abstinence. Car ele est si fermee ou cuer del crestien qu'il ne puet chaoir en pechié mortel, ne aler a sa volenté, se ce n'est en bones oevres. Par le cierge que ele portoit doiz tu entendre la verité de l'Evangile : ce est Jhesucrist qui rend clarté et veue a toz cels qui se retraient de pechier et revienent a la voie de Jhesucrist. Quant ce fu donques chose que charitez et abstinence et veritez vindrent devant toi en la chapele, ce est a dire quant Nostre Sires vint en son ostel en sa chapele, qu'il n'avoit pas edefiee a ce que li pecheor vil et ort et conchié i entrassent, mes por ce que veritez i fust anonciee, et quant il vos i vit, il s'en ala, por le leu que vos aviez ordoié de vostre repere, et quant il s'en ala, il vos dist : « Chevaliers pleins de povre foi et de « male creance, ces troi choses vos faillent, charitez, absti- « nence, veritez ; et por ce ne poez vos avenir as aventures « dou Saint Graal. » Or vos ai devisees les senefiances de vos songes, et la senefiance de la main. »

— « Certes, fet messire Gauvains, voirement l'avez vos si bien devisee que je la voi apertement. Or vos pri que vos nos dioiz por quoi nos ne trovons tant d'aventures come nos solions. » — « Je vos diré, fet li preudons, coment il est. Les aventures qui ore avienent sont les senefiances et les

demostrances dou Saint Graal ne li signe dou Saint Graal n'aparront ja a pecheor ne a home envelopé de pechié. Dont il ne vos aparront ja ; car vos estes trop desloial pecheor. Si ne devez mie cuidier que ces aventures qui ore avienent soient d'omes tuer ne de chevaliers ocirre ; ainz sont des choses esperituex, qui sont graindres et mielz vaillanz assez. »
— « Sire, fet messires Gauvains, par ceste reson que vos me dites m'est il avis que puis que nos serions en pechié mortel, por noiant irions avant en ceste Queste ; car je n'i feroie noiant. » — « Certes, fet li preudons, vos dites voir ; il en i a assez qui ja n'i avront se honte non. » — « Sire, fet Hestor, se nos vos creions, nos retornerions a Camaalot ? » — « Jel vos lo, fet li preudons. Et encor vos di je que, tant come vos soiez en pechié mortel, n'i feroiz vos riens dont vos aiez honor. » Et quant il a dite ceste parole, si s'en partent a tant. Et quant il sont un poi esloignié, si rapele li preudons monseignor Gauvain. Et il vient a lui ; lors li dit li preudons :

« Gauvains, mout a lonc tens que tu fus chevaliers, ne onques puis ne servis ton Creator se petit non. Tu es vielz arbres, si qu'il n'a mes en toi ne fueille ne fruit. Car te porpense tant, se mes non, que Nostre Sires en eust la moele et l'escorce, puis que li enemis en a eu la flor et le fruit. »
— « Sire, fet messires Gauvains, se je eusse loisir de parler a vos, je i parlasse volentiers. Mes veez la mon compaignon qui devale le tertre, por quoi il m'en covient aler. Mes bien sachiez que ja si tost n'avré loisir de revenir comme je revendrai ; car molt ai grant talent de parler a vos priveement. » A tant se part li uns de l'autre ; si devalent li dui chevalier le tertre et vienent a lor chevax et montent et chevauchent jusqu'au soir. Si jurent chiés un forestrier, qui bien les herberja et molt lor fist grant feste. A l'andemain s'em partirent et se remistrent en lor chemin et chevauchierent lonc tens sanz aventure trover qui a conter face. Mes a tant lesse

ores li contes a parler d'aux et retorne a monseignor Boort de Gaunes.

* * *

Or dit li contes que quant Boorz se fu partiz de Lancelot si come li contes a devisé, qu'il chevaucha jusq'a hore de none. Lors ateint un home de grant aage qui ert vestuz de robe de religion et chevauchoit un asne, ne n'avoit o lui serjant ne vaslet ne compaignie nule. Boorz le salue et li dist : « Sire, Diex vos conduie ! » Et cil le resgarde et conoist qu'il est chevaliers erranz, si li respont que Diex le conseut. Lors demande Boorz dont il vient einsi seuls. « Je vieng, fet il, de visiter un mien serjant qui est malades, qui me souloit aler en mes aferes. Et vos, qui estes et quel part alez vos ? » — « Je sui, fet il, uns chevaliers erranz qui suiz meuz en une queste dont je voldroie molt que Notre Sires me conseillast. Car ce est la plus haute queste qui onques fust comenciee, ce est la Queste dou Saint Graal, ou cil avra tant honor, qui a fin la porra mener, que cuer d'ome mortel nel porroit penser. »

— « Certes, fet li preudons, vos dites verité, honor i avra il grant, et ce n'iert mie de merveille, car il ert li plus loiax serjanz et li plus verais de toute la Queste. Il n'entrera pas en ceste Queste vil ne conchié ne ort, come sont li desloial pecheor qui i sont entré sanz amendement de vie : car ce est li servises meesme Nostre Seignor. Or resgardez come il sont fol. Il sevent bien, et maintes foiz l'ont oï dire, que nus ne puet a son Creator venir s'il n'i vient par la porte de neteé, ce est par confession ; car nus ne puet estre mondez ne netoiez se veraie confession nel visite : par la confession en oste l'en l'anemi. Car quant li chevaliers, ou li hons quel qu'il soit, peche mortelment, il reçoit l'anemi et manjue, mes garder ne s'en puet qu'il ne soit toz diz o lui. Et quant

il i a esté dis anz ou vint, ou combien de terme que ce soit, et
il vient a confession, il le vonche hors et le giete de son cors
et herberge autre dont il a greignor honor, ce est Jhesucrist.
Si a presté longuement a la chevalerie terriane la viande del
cors. Or s'est eslargiz et adouciz plus apertement qu'il ne
seut. Car il lor a prestee la viande del Saint Graal, qui est
repessement a l'ame et sostenement dou cors. Iceste viande
est la douce viande dont il les a repeuz et dont il sostint si
longuement le pueple Israhel es deserz. Einsi s'est ore eslar-
giz envers els, car il lor promet or la ou il souloient prendre
plom. Mes tout ausi come la viande terriane s'est chan-
giee a la celestiel, tout ausi covient il que cil qui jusqu'a
cest terme ont esté terrien, ce est a dire que cil qui jusqu'a
cel terme ont esté pecheor, soient changié de terrien en celes-
tiel, et lessent lor pechié et lor ordure et viegnent a confes-
sion et a repentance, et deviegnent chevalier Jhesucrist et
portent son escu, ce est pacience et humilité. Car autre escu
ne porta il contre l'anemi, quant il le vainqui en la Croiz ou
il soffri mort por ses chevaliers oster de la mort d'enfer et
dou servage ou il estoient. Par cele porte, qui est apelee con-
fession, sanz quoi nus ne puet venir a Jhesucrist, covient
entrer en ceste Queste et muer l'estre de chascun et changier,
contre la viande qui changiee lor est. Et qui par autre porte
voldra entrer, ce est a dire qui se travaillera granment sanz
aler a confession premierement, il n'i trovera ja chose que il
quiere, ainz s'en revendra sans taster et sans gouster de cele
viande qui promise lor est. Et encor lor avendra il autre
chose. Car por ce qu'il se metront en leu de chevaliers
celestiex et si nel seront mie, ce est qu'il se tendront a
compaignon de la Queste et si nel seront pas, ainz seront ort
et mauvés plus que jel ne porroie penser, et en charra li uns
en avoutire, li autres en fornicacion et li autre en homicide.
Et einsi seront gabé et escharni par lor pechié et par engin

de deable, qu'il s'en revendront a cort sanz riens trover, fors ce que li anemis done de lui servir, ce est honte et deshonor, dont il avront a plenté ainz qu'il reviegnent mes arrieres. Sire chevaliers, tot ce vos ai je dit por ce que vos estes meuz en la Queste dou Saint Graal. Car je ne loeroie en nule maniere que vos vos traveillissiez plus en ceste Queste, se vos n'estiez tiex que vos en deussiez estre. »

— « Sire, fet Boorz, il me semble, a la raison que vos me dites, qu'il en seront tuit compaignon s'en elx ne remaint, car sanz faille il m'est avis que en si haut servise come cist est, qui est meesme servise Jhesucrist, ne doit nus entrer fors par confession. Et qui autrement i entrera, je ne cuit mie qu'il li puisse bien chaoir, qu'il soit trouverres de si haute trouveure come ceste est. » — « Vos dites voir, fet li preudons. »

Lors li demande Boorz s'il est prestres. « Oïl, fet il. » — « Dont vos requier je, fet Boorz, ou nom de sainte charité, que vos me conseilliez com li peres doit conseillier le fil, ce est li pechierres qui vient a confession ; car li prestres est en leu de Jhesucrist, qui est peres a toz çax qui en lui croient. Si vos pri que vos me conseilliez au profit de l'ame et a l'ennor de chevalerie. » — « A non Dieu, fet li preüdons, vos me requerez grant chose. Et se je de ce vos failloie, et puis chaïssiez en pechié mortel ou en error, vos m'en porriez apeler au grant jor espoantable devant la face Jhesucrist. Por ce vos conseillerai au mielz que je porré. » Lors li demande coment il a non, et il dit qu'il a non Boort de Gaunes et fu filz le roi Boort, et cousins monseignor Lancelot del Lac.

Quant li preudons ot ceste parole, si respont : « Certes, Boort, se la parole de l'Evangile ert en vos sauvee, vos seriez bons chevaliers et verais. Car, si com Nostre Sires dit : « Li « bons arbres fet le bon fruit », vos devez estre bons par droiture, car vos estes le fruit del tres bon arbre. Car vostre peres, li rois Boors, fu uns des meillors homes que je onques veisse, rois piteus et humbles ; et vostre mere, la reine Eveine, fu une des meillors dames que je veisse pieça. Cil dui furent un sol arbre et une meisme char par conjonction de mariage. Et puis que vos en estes fruit vos devriez estre bons quant li arbre furent bon. » — « Sire, fet Boors, tout soit li hons estrez de mauvés arbre, ce est de mauvés pere et de mauvese mere, est il muez d'amertume en dolçor si tost come il reçoit le saint cresme, la sainte onction ; por ce m'est il avis qu'il ne vet pas as peres ne as meres qu'il soit bons ou mauvés, mes au cuer de l'ome. Li cüers de l'ome si est l'aviron de la nef, qui le meine quel part qu'il veut, ou a port ou a peril. » — « A l'aviron, fet li preudons, a mestre qui le tient et mestroie et fet aler quel part qu'il veut ; ausi est il dou cuer de l'ome. Car ce qu'il fet de bien li vient de la grace et del conseil dou Saint Esperit, et ce qu'il fet de mal li vient de l'enticement a l'anemi. »

Assez parlerent de ceste chose entr'els deus, tant qu'il virent devant ax une meson a hermite. Li preudons vet cele part et dit a Boort qu'il le sive, car il le herbergera hui mes, et le matin parlera a lui priveement de ce dont il li a demandé conseil ; et Boorz li otroie volentiers. Quant il sont la venu, si descendent et troevent laienz un clerc, qui oste au cheval Boort la sele et le frain et s'en prent garde, et aide Boort a desarmer. Et quant il est desarmez, li preudons li dit qu'il aille oïr vespres. Et il dit : « Volentiers. » Lors entrent en la chapele, et cil comence vespres. Et quant il les a chantees, si fet metre la table et done a Boort pain et eve et li dit : « Sire, de tel viande doivent li chevalier celestiel pestre lor cors, non pas de grosses viandes qui l'ome meinent a luxure et a pechié mortel. Et se Dex me conseut, fet il, se je cuidoie que vos vousissiez fere une chose por moi, je vos en requerroie. » Et Boorz li demande que ce est. « Ce est une chose, fet li preudons, qui vos vaudra a l'ame et vos sostendra assez le cors. » Et il li creante qu'il le fera. « Granz merciz, fet li preudons. Et savez vos que vos m'avez otroié ? Que vos ne repestrez le cors d'autre viande jusqu'a tant que vos seroiz a la table del Saint Graal. » — « Et que savez vos, fet Boort, si je i seré ? » — « Je le sai bien, fet il, que vos i seroiz, vos tierz de compaignons de la Table Reonde. » — « Donc vos creant je, fet il, com loiax chevaliers, que je mes ne mengeré fors pain et eve jusqu'a cele hore que je seré a cele table que vos dites. » Et li preudons le mercie de ceste abstinence qu'il fera por l'amor del verai Crucefié.

Cele nuit jut Boors sus l'erbe vert que li clers coilli delez la chapele. A l'andemain, si tost come li jorz aparut, se leva Boors, et lors vint li preudons a lui et li dist : « Sire, veez ci une cote blanche que vos vestirez en leu de chemise. Si sera signes de pénitance et vaudra un chastiement a la char. » Et il oste sa robe et sa chemise et la vest en tele entencion come li preudons li baille, puis vest par desuz une robe d'escarlate vermeille. Puis se seigne et entre dedenz la chapele au preudome, et se fet confés a lui de toz les pechiez dont il se sent corpables vers son Creator. Si le troeve li preudons de si bone vie et de si religieuse qu'il s'en merveille toz, et set qu'il ne s'ert onques meffez en corruption de char, fors a cele hore qu'il engendra Elyan le Blanc. Et de ce doit il moutes merciz a Nostre Seignor. Et quand li preudons l'a assouz et enjointe tel penitance com il set qu'il li covient, Boorz li requiert qu'il li doint son Sauveor : si en sera toutevoies plus aseur en quel que leu qu'il viegne, car il ne set se il morra en ceste Queste ou s'il en eschapera. Et li preudons li dist qu'il se sueffre tant qu'il ait messe oïe. Et il dit que si fera il.

Lors comence li preudons ses matines ; et quant il les a chantees, si se revest et comence la messe. Et quant il ot feté

la beneiçon, si prent *corpus Domini* et fet signe a Boort qu'il
viegne avant. Et il si fet et s'agenoille devant lui. Et quant il
est venuz, li preudons li dit : « Boort, voiz tu ce que je tiegn ? »
— « Sire, fet il, oïl bien. Je voi que vos tenez mon Sauveor
et ma redemption en semblance de pain ; et en tel maniere nel
veisse je pas, mes mi oil, qui sont si terrien qu'il ne pueent
veoir les esperitex choses, nel me lessent autrement veoir, ainz
m'en tolent la veraie semblance. Car de ce ne dout je mie
que ce ne soit veraie char et verais hons et enterine deité. »
Lors comence a plorer trop durement et li preudons li dit :
« Or seroies tu fox se tu si haute chose come tu devises
recevoies, se tu ne li portoies loial compaignie toz les jorz
mes que tu vivroies. » — « Sire, fet Boorz, ja tant come je vive
ne serai se ses serjanz non, ne n'istrai fors de son comande-
ment. » Lors li done li preudons et il le reçoit o grant devo-
tion, et tant liez et joianz qu'il ne cuide ja mes estre corrociez
por chose qui li aviegne.

Quant il l'ot usé et esté a genolz tant come lui plot, il
vient au preudome et li dit qu'il s'en velt aler, car assez a
demoré laienz. Et li preudons li dist qu'il s'em puet bien
aler quant lui plaira, car il est armez en tel maniere come
chevaliers celestiex doit estre, et si bien garniz contre
l'anemi que mielz ne porroit estre. Lors vient a ses
armes et les prent. Et quant il est armez, si se part de
laienz et comande a Dieu le preudome. Et cil li requiert
qu'il prit Dieu por lui quant il vendra devant le Saint
Graal. Et Boort li requiert qu'il prit Nostre Seignor qu'il nel
laist chaoir en pechié mortel par temptacion d'anemi. Et li
preudons li dit qu'il pensera de lui en totes les manieres
qu'il porra.

Maintenant s'em part Boort et chevauche toute jor jusqu'a
none. Quant vint un poi aprés cele hore, il resgarda amont
en l'air et vit un grant oiesel voler par desus un arbre viel et

sec et deserté, sanz fueille et sanz fruit. Quant il ot grant
piece volé entor, si s'assist sus l'arbre ou il avoit oiselez
suens propres, ne sai quanz, et tuit erent mort. Et quant il
se seoit sus aux et il les trovoit sanz vie, il se feroit de son
bec en mi le piz si qu'il en faisoit le sanc saillir. Et si tost
come il sentoient le sanc chaut, si revenoient en vie, et il
moroit entr'elx, et einsi prenoient comencement de vie par le
sanc dou grant oiesel. Quant Boort voit ceste aventure, si se
merveille trop que ce puet estre, car il ne set quel chose
puisse avenir de ceste semblance. Mes tant conoist il bien
que ce est senefiance merveilleuse. Lors resgarde grant piece
por savoir se li granz oiesiax se releveroit, mes ce ne pot
avenir, car il ert ja morz. Et quant il voit ce, si raquelt sa
voie et chevauche jusqu'aprés vespres.

Au soir li avint, si come aventure le mena, qu'il vint a une
tor fort et haute ou il demanda l'ostel ; et len le herberja
volentiers. Quant cil de laienz l'orent desarmé en une chambre,
si le menerent en une sale en haut, ou il trova la dame de
laienz, qui estoit bele et juene, mes povrement estoit vestue.
Et quant ele voit Boort entrer laienz, si li cort a l'encontre et
dit que bien soit il venuz. Et il la salue come dame ; et ele
le reçoit a grant joie et le fet aseoir delez li et li fet feste
merveilleuse. Quant il fu tens de mengier, elle fist Boort
aseoir delez li, et cil de laienz aporterent granz mes de char
et les mistrent sus la table. Et quant il voit ce, si pense que
ja n'en menjera. Lors apele un vaslet et li dit qu'il li aport de
l'eve. Et cil si fet en un hanap d'argent ; et Boort le met
devant soi et fet trois soupes. Et quant la dame voit ce, si li
dit : « Sire, ne vos plest pas ceste viande que len vos a
devant aportee ? » — « Dame, fet il, oïl bien. Et neporquant
je ne menjerai hui mes autre chose que vos veez. » Et
ele en lesse a tant la parole, come cele qui ne li oseroit pas
fere chose qui li despleust. Quant cil de laienz orent men-

gié et les napes furent levees, il se drecierent et alerent as
fenestres dou palés ; si s'asist Boorz delez la dame.

En ce qu'il parloient einsi entra laienz uns vaslez qui dist a
la dame : « Dame, malement vet. Vostre suer a pris deus de
vos chastiax et toz celz qui de par vos i estoient, et vos
mande qu'ele ne vos lera plein pié de terre, se vos demain
a hore de prime n'avez trové un chevalier qui por vos se combate contre Priadan le Noir, qui ses sires est. » Quant la dame
ot ceste parole, si comence a fere trop grant duel, et dit :
« Ha ! Diex, por quoi m'otroiastes vos onques a tenir terre,
quant je en devoie estre deseritee, et sanz reson ? » Quant
Boorz ot ceste novele, si demande a la dame que ce est.
« Sire, fet ele, ce est la greignor merveille dou monde. » —
« Dites moi, fet il, quele, s'il vos plest. » — « Sire, fet ele
volentiers.

« Voirs fu que li rois Amanz, qui tint toute ceste terre en
sa baillie, et plus encor que ce ne monte, ama jadis une
dame, moie sereur, qui est assez plus vielle que je ne sui, et
li bailla tout le pooir de sa terre et de ses homes. Tandis come
ele fu entor lui, amena costumes mauveses et ennuieuses ou
il n'avoit point de droiture, mes tot apertement tort, par
quoi ele mist a mort grant partie de ses genz. Quant li rois
vit qu'ele ovroit si mal, si l'encbaça de sa terre et me mist en
baillie quan qu'il avoit. Mes si tost come il fu morz, ele
comença guerre contre moi, dont ele m'a puis tolue grant
partie de ma terre et assez de mes homes tornez a sa partie.
Et encor de tant com ele a en fet ne se tient ele mie a paiee,
ainz dit qu'ele me deseritera dou tout. Et ele en a si bel
comencement que ele ne m'a lessié fors ceste tor, qui ne me
remaindra pas, si je ne truis demain qui por moi se combate
contre Priadan le Noir, qui por sa querele deresnier en vuelt
entrer en champ. »

— « Or me dites, fet il, qui cil Priadans est. » — « Ce

est, fet ele, li plus redoutez champions de cest païs, et qui de greignor proesce est. » — « Et vostre bataille, fet il, doit estre demain ? » — « Voirs est, fet ele. » — « Or poez, fet il, mander a vostre suer et a cel Priadan que vos avez trové un chevalier qui por vos se combatra ; que vos devez avoir la terre, puis que li rois Amanz la vos dona, et que ele n'i doit riens recovrer puis que ses sires l'en chaça. »

Quant la dame entent ceste parole, si n'est mie petit liee, ainz dit por la joie qu'ele en a : « Sire, bien venissiez vos hui ceenz ! Car vos m'avez fete trop grant joie de ceste promesse. Or vos doinst Diex force et pooir que vos ceste querele puissiez deresnier, si voirement come mes droiz i est ! Car autrement nel demant je pas. » Et il l'aseure molt, et li dit que ele n'a garde de perdre son droit tant com il soit sainz et hetiez. Et ele mande a sa suer que ses chevaliers iert demain toz prez a fere quan que li chevalier del païs esgarderont qu'il en doie fere. Si ont ainsi porparlee la chose que la bataille est aterminee a l'andemain.

Cele nuit fist Boort grant joie et grant feste, et la dame li fist apareillier un lit bel et riche. Et quant il fu tens de couchier et il l'orent deschaucié, si le menerent en une chambre grant et bele. Et quant il i fu venuz et il vit le lit que len avoit fet por lui, si les fet toz departir et aler d'iluec. Et il s'en vont tuit puis qu'il le velt. Et il estaint les cierges erranment, puis se couche a la terre dure et met un coffre souz sa teste et fet ses proieres et ses oroisons, que Diex par sa pitié li soit en aide contre cel chevalier a qui il se doit combatre, si voirement come il le fet por droiture et por loiauté metre avant, et por torçonnerie abatre.

Quant il ot fetes ses proieres et ses oroisons, si s'endormi. Et si tost come il fu endormiz, si li fu avis que devant lui venoient dui oisel dont li uns estoit si blans come cisne et ausi granz, et cisne resambloit bien. Et li autres ert noirs a merveilles, si

n'ert mie de grant corsaige. Et il le resgardoit, si li sembloit une
cornille ; mes molt ert bele de la nerté qu'ele avoit. Li blans
oisiaux venoit a lui et li disoit : « Se tu me voloies servir, je
te donroie totes les richesces dou monde, et te feroie ausi
biaus et ausi blans come je sui. » Et il li demandoit qui il
ert. « Dont ne voiz tu, fet il, qui je sui ? Je sui si blans et si
biax et puis assez plus que tu ne cuides. » Et il ne li respon-
doit mot a ce. Et cil s'en aloit ; et maintenant revenoit li
noirs oisiax, et li disoit : « Il covient que tu me serves
demain, et ne m'aies mie en despit por ce se je sui noire.
Saches que mielz vaut ma nerté qu'autrui blanchor ne fait. »
Lors s'em partoit d'ilec, qu'il ne veoit ne l'un ne l'autre
oisel.

Aprés ceste avision l'en avint une autre assez merveilleuse.
Car il li ert avis qu'il venoit en un ostel bel et grant, et bien
resembloit une chapele. Et quant il i estoit venuz, si trovoit
un home seant en une chaiere. Et avoit a senestre partie
loign de lui un fust porri et vermeneus, si foible que a
poines se pooit sostenir en estant ; et a destre avoit deus
flors de lys. L'une des flors se traoit pres de l'autre et li
voloit sa blanchor tolir. Mes li preudons les departoit, si que
l'une ne touchoit a l'autre, et ne demoroit gueres que de
chascune flor issoit arbres portant fruit a grant plenté.
Quant ce estoit avenu, li preudons disoit a Boort :
« Boorz, ne seroit il fox, qui ces flors lairoit perir por
cest fust porri secorre qu'il ne chaïst a terre ? » — « Sire,
fet il, oïl voir. Car il m'est avis que cest fust ne porroit riens
valoir, et ces flors sont assez plus merveilleuses que je ne
cuidoie. » — « Or te garde donc, fet li preudons, que se tu
voiz tele aventure avenir, que tu ne lesses pas ces flors perir
por le fust porri secorre. Car se trop grant ardor les sor-
prent, eles porront tost perir. » Et il dist qu'il seroit remem-
branz de ceste chose s'il venoit en leu.

Einsi li avindrent la nuit ces deus avisions qui mout le firent merveillier, car il ne pooit onques penser que ce pooit estre. Et tant li greverent en son dormant qu'il s'en esveilla et fist le signe de la croix en son front, et mout se comanda a Nostre Seignor ; et atendi jusqu'a tant qu'il fu jorz. Et quant il fu jorz et granz et biax, il entra ou lit et l'atorna en tel maniere que len ne se poïst apercevoir qu'il n'i eust geu. Lors vient a li la dame de laienz et le salue, et il respont que Diex li doint joie. Lors le moine la dame en une chapele qui laienz estoit, si oï matines et le servise dou jor.

Quant vint un poi devant prime, il issi dou mostier et vint en la sale o grant compaignie de chevaliers et de serjanz que la dame i avoit mandez por veoir la bataille. Quant il vint ou palés, si dist la dame a Boort qu'il menjast ainz qu'il s'armast, si en seroit toutevoies plus aseur. Et il dist qu'il ne menjeroit pas devant qu'il eust sa bataille menee a fin. « Dont n'i a il, font cil dou païs, fors dou prendre vos armes et d'apareillier vos. Car nos cuidons que Priadans soit ja armez ou champ ou ceste bataille doit estre. » Lors demande ses armes, et len li aporte maintenant. Et quant il est tout apareilliez si qu'il n'i faut riens, il monte en son cheval et dit a la dame que ele mont et sa compaignie et le moinent ou champ ou ceste bataille doit estre. Et ele monte maintenant entre lui et ses genz et se partent de laienz ; et vont jusqu'a une praerie qui estoit en une valee, et veoient ou fonz dou val molt grant gent, qui atendoient Boort et la dame por qui il se devoit combatre. Il devalerent le tertre ; et quant il vindrent en la place et les deus dames s'entrevirent, si vint l'une contre l'autre. Lors dist la juene dame, cele por qui Boort se combatoit : « Dame, je me plaingn de vos et a droit. Car vos m'avez tolu mon heritage et mon droit que li rois Amanz me dona, ou vos ne poez riens recovrer, come cele qui deseritee en fu par la bouche le roi. » Et cele dit que onques dese-

ritee n'en fu, ce est ele preste del prover, se ele l'ose
deffendre. Et quant ele voit que ele n'en porra eschaper
autrement, si dist a Boort : « Sire, que vos semble de la
querele a ceste damoisele ? » — « Il me semble, fet il, que
ele vos guerroie a tort et desloiauté, et desloial sont tuit cil
qui l'en aident. Si en ai tant oï par vos et par autres que je
sai bien qu'ele en a le tort et vos le droit. Et se uns chevaliers
veut dire que ele en ait le droit, je sui prez que je l'en face hui
en cest jor recreant. » Et cil saut avant et dist que ces
menaces ne prise il mie un bouton, ainz est prez qu'il deffende
la dame. — « Et je suiz prez, fet Boort, que je por ceste
dame qui ci m'a amené combate contre vos, que ele doit
avoir la terre, puis que li rois l'en revesti, et l'autre dame la
doit perdre par droit. »

Lors se departent li uns çà li autres la cil qui estoient en
la place, et vuident la place ou la bataille devoit estre ; et li
dui chevalier se traient en sus et s'entresloignent, puis
laissent corre li uns a l'autre et s'entrefierent si durement es
granz aleures des chevax que li escu percent et li hauberc
rompent. Et se li glaive ne volassent en pieces, ocis se
fussent ambedui. Lors s'entrehurtent des cors et des escuz si
durement qu'il s'entreportent a terre par desus les croupes
des chevax. Et il se relievent assez tost, come cil qui estoient
de grant proesce ; et metent les escuz sus les testes et traient
les espees, et s'entredonent granz coux là ou il se cuident
empoirier. Si se despiecent les escuz amont et aval et en font
voler a la terre granz corpiax et se desrompent les haubers sus
les braz et sus les hanches, et se font plaies parfondes et granz,
et se traient les sans des cors as espees cleres et trenchanz.
Si troeve Boort assez greignor deffense ou chevalier qu'il ne
cuidoit ; et neporec il set bien qu'il est en droite querele et
en loial, et ce est une chose qui molt le fet seur. Et sueffre
que li chevaliers fiere sus lui menu et sovent, et il se cuevre

et le lesse travaillier par lui meismes. Et quant il a grant piece soffert et il voit que li chevaliers est venuz en la grosse alaine, lors li cort sus ausi vistes et ausi fres com s'il n'i eust onques cop feru. Si li done granz cox de l'espee et le moine tant en poi d'ore que cil n'a pooir de soi deffendre, tant a cox receuz et del sanc qu'il a perdu. Et quant Boorz le voit einsi lassé, si li cort sus plus et plus, et cil vet tant guenchissant ça et la qu'il chiet a terre tot envers. Et Boors l'aert au hiaume et le tire si fort qu'il li errache de la teste et le giete en voie, et le fiert dou pont de l'espee sus le chief, si qu'il en fet le sanc saillir et les mailes dou hauberc entrer dedenz ; et dist qu'il l'ocierra s'il ne se tient por outré, et fet semblant qu'il li voille la teste couper. Et cil voit le branc drecié sor son chief, si a poor de morir, et por ce crie merci et dit : « Ha ! frans chevaliers, por Dieu aies de moi merci et ne m'oci mie ! Et je te creant que ja mes ne guerroierai la juene dame tant come je vive, ainz me tendrai toz coiz. » Et Boort le lesse maintenant. Et quant la viele dame voit que ses chevaliers est vaincuz, si s'enfuit de la place si tost come ele puet, come cele qui cuide estre honie. Et Boort vient maintenant a toz cels de la place qui terre tenoient de lui et dist qu'il les destruira s'il ne la voelent deguerpir. Si i ot assez des homes qui firent homage a la juene dame. Et cil qui ne li voldrent fere furent ocis et deserité et chacié de la terre. Si avint einsi par la proesce Boort que la dame revint en la hautesce ou li rois l'avoit mise. Et neporec de tant com ele pot la guerroia l'autre puis toz les jorz de sa vie, come cele qui toz jorz avoit envie sus li.

Quant ce fu chose que li païs fu acoisiez, en tel maniere que li anemi a la juene dame n'oserent les testes lever, Boort s'em parti et chevaucha parmi la forest, pensant a ce qu'il avoit veu en dormant : car mout desirroit que Diex le menast en tel leu ou il en peust oïr la senefiance. Le premier soir

jut chiés une veve dame, qui molt bien le herberja et molt
fu liee de sa venue et joiant quand ele le conut.

A l'andemain, si tost come li jorz aparut, se parti de laienz et
se mist ou grant chemin de la forest. Et quant il ot erré jusqu'au midi, si li avint une aventure merveilleuse. Car il encontra, en travers de deus chemins, deus chevaliers qui menoient
Lyonel son frere tout nu en braies sus un roncin grant et fort,
les mains liees devant le piz, et tenoit chascuns plein son
poign d'espines poignanz, dont il l'aloient batant si durement
que li sans li sailloit de plus de cent parz contreval le dos, si
qu'il en ert sanglanz devant et derrieres. Et il ne disoit
onques mot, come cil qui estoit de grant cuer, ainz soffroit
tout ce qu'il li fesoient si com s'il n'en sentist riens. En ce
qu'il le voloit aler rescorre, Boort resgarde d'autre part et
voit un chevalier armé qui emportoit a force une bele damoisele, et la voloit metre ou plus espés de la forest, por estre plus
desconeue a cels qui la querroient, se nus venoit aprés lui por
lui rescorre. Et cele, qui n'ert mie seure, crioit a haute voiz :
« Sainte Marie, secorez vostre pucele ! » Et quant ele voit
Boort chevauchier toz seus, si pense que ce soit des chevaliers erranz de la Queste. Lors se torne cele part et li crie
quan que ele puet : « Ha ! chevalier, je te conjur sus la foi
que tu doiz a Celui cui hom lige tu es et en qui servise tu t'es
mis, que tu m'aides et ne me lesses honir a cest chevalier
qui a force m'emporte ! »

Quant Boors entent cele qui einsi le conjure de Celui cui
liges hons il est, si est si angoisseux qu'il ne set qu'il doie
fere ; car se il son frere en lesse mener a celz qui le tienent,
il nel cuide ja mes veoir sain ne haitié ; et s'il ne secort ceste
pucele, ele iert maintenant honie et despucelee, et einsi recevra honte par la defaute de lui. Lors drece les eulz vers
le ciel et dist tot em plorant : « Biax douz peres Jhesucriz, cui
hons liges je sui, garde moi mon frere en tel maniere que

cil chevalier ne l'ocient. Et je por pitié de vos et por misericorde secorrai ceste pucele d'estre honie : car il me semble que cil chevaliers la voille despuceler. » Lors s'adrece cele part ou li chevaliers emporte la damoisele et broche le cheval si que il li fet le sanc saillir d'ambedeus les costez. Et quant il l'aproche, si li escrie : « Sire chevaliers, lessiez la damoisele ou vos estes morz ! » Quant cil ot ceste parole, si met jus la damoisele ; et il estoit armez de toutes armes fors de glaive ; si embrace l'escu et tret l'espee et s'adrece vers Boort. Et cil le fiert si durement que par mi l'escu et par mi le hauberc li met le glaive. Et cil se pasme de l'angoisse qu'il sent. Et Boort vient a la damoisele, si li dist : « Damoisele, il me semble que vos estes delivre de cest chevalier. Que vos plest que je face plus ? » — « Sire, fet ele, puis que vos m'avez garantie de perdre honor et d'estre honie, je vos pri que vos me menez la ou cist chevaliers me prist. » Et il dist que si fera il volentiers. Lors prent le cheval au chevalier navré, si i monte la pucele et l'enmeine einsi come ele devise. Et quant ele est esloigniee, ele li dist : « Sire chevaliers, vos avez mielz esploitié que vos ne cuidiez de ce que vos m'avez resquesse. Car se il m eust despucelee, cinq cenz homes en moreussent encore qui en seront sauvé. » Et il demande qui li chevaliers est. — « Certes, fet ele, ce est uns miens cousins germains, que je ne sai par quel engin de deable li anemis l'avoit eschaufé a ce qu'il me prist celeement chiés mon pere, et m'en aporta en ceste forest por moi despuceler. Et s'il l'eust fet, il fust mors del pechié et honiz dou cors, et moi desennoree a toz jorz mes. » Endementres qu'il parloient einsi, si voient venir jusq'a douze chevaliers armez qui queroient la damoisele par la forest. Et quant il la voient, si li font si grant joie que ce est merveilles. Et ele lor prie qu'il facent feste au chevalier et le retiengnent avec ax, car ele fust honie se Diex et ses cors ne fust. Il le prennent au frain et

li dient : « Sire, vos en vendroiz o nos, car einsi le covient
a fere. Et nos vos prions que vos i vigniez, car tant nos avez
servi que a peines le vos porrions guerredoner. » — « Biau
seignor, fet il, je n'iroie en nule maniere : car tant ai a fere
aillors que je ne porroie demorer. Si vos pri qu'il ne vos en
poist ; car bien sachiez que volentiers i alasse, mes li besoinz
i est si granz endroit moi, et la perte si doleureuse se je remanoie, que nus fors Diex nel porroit restorer. » Quand cil
oient que li essoignes i est si granz, si ne l'en osent plus
efforcier ; si le comandent a Dieu ; et la damoisele li prie
molt doucement por Dieu qu'il la viegne veoir si tost come il
en avra le loisir, et li devise en quel leu il la trovera. Et il dist
que se aventure le menoit cele part, il li souvendroit de
ceste chose. Si se part a tant d'els et cil en meinent la pucele
a sauveté.

Et Boors chevauche cele part ou il ot veu Lyonel son
frere. Et quant il vint a cel leu meismes ou il avoit veu
Lyonel torner, si resgarde amont et aval si loign come la
forest li sueffre veoir. Si escoute et oreille por savoir se il
porroit oïr riens. Et quant il n'ot chose par quoi il puisse
avoir nule esperance de son frere, il se met ou chemin qu'il
lor vit torner. Et quant il a grant piece alé, si ateint un home
vestu de robe de religion, et chevauchoit un cheval plus noir
que meure. Quant cil ot que Boort venoit aprés lui, si l'apele
et li dist : « Chevaliers, que querez vos ? » — « Sire, fet
Boort, je quier un mien frere que je vi ores mener batant a
deus chevaliers. » — « Ha ! Boorz, fet il, se je ne cuidoie que
vos vos desconfortissiez trop, et que vos n'en chaïssiez en
desesperance, je vos en diroie ce que j'en sai, et le vos mostreroie as eulz. »

Quant Boort entend ceste parole, si pense tantost que li
dui chevalier l'aient ocis. Lors comence a fere trop grant
duel, et quant il puet parler, si dit : « Ha ! sire, s'il est morz,

si m'en mostrez le cors, si le feré enterrer et fere tele honor come l'en doit fere a filz de roi : car certes il fu filz de preudome et de preudefame. » — « Or resgarde, fet li hons, si le verras. » Et il se resgarde ; si voit un cors gesir a terre toz estenduz et sanglanz, novelement ocis. Il le resgarde et conoist, ce li est avis, que ce est son frere. Lors a si grant duel qu'il ne se puet tenir en estant, ainz chiet a terre touz pasmez et gist grant piece en pasmoison. Et quant il se relieve, si dist : « Ha! biau sire, qui vos a ce fet ? Certes or n'avré je ja mais joie, se Cil qui es tribulations et es angoisses vient visiter les pecheors ne me conforte. Et puis qu'il est einsi, biax douz freres, que la compaignie de nos deus est departie, Cil que j'ai pris a compaignon et a mestre me soit conduisierres et sauverres en toz perilz. Car des or mes n'ai ge a penser fors de m'ame, puis que vos estes trespassez de vie. »

Quant il a ce dit, il prent le cors et le lieve en la sele come cil qui riens ne li poise, ce li est avis, et puis dist a celui qui ilec estoit : « Sire, por Dieu dites moi s'il a ci pres ne mostier ne chapele ou je puisse cest chevalier enterrer. » — « Oïl, fet cil. Ci pres a une chapele devant une tor ou il porra bien estre enfoïz. » — « Sire, por Dieu, fet Boorz, car m'i menez. » — « Je vos i menré volentiers, fet cil. Venez aprés moi. » Et Boorz saut sus la croupe de son cheval et porte devant lui, ce li est avis, le cors de son frere. Si ne sont gueres alé quant il voient devant els une tor fort et haute, et devant avoit une meson viez et gaste en semblance de chapele. Il descendent devant l'uis a l'entree et entrent dedenz et metent le cors sus une grant tombe de marbre qui ert en mi la meson. Boorz quiert amont et aval, mes il ne voit ne eve beneoite ne croiz ne nule veraie enseigne de Jhesucrist. « Or le lessons ci, fet li hons, et alons herbergier en cele tor jusques a demain, que je revendrai por fere le servise de vos-

tre frere. » — « Coment, sire, fet Boorz, estes vos dont
prestres ? » — « Oïl, fet cil. » — « Dont vos requier je, fet
Boorz, que vos me dioiz la verité de mon songe qui m'avint
anuit en mon dormant, et d'autre chose dont je sui en
doute. » — « Dites, fet cil. » Et il li conte maintenant de l'oi-
sel qu'il avoit veu en la forest. Aprés li dist des oisiax, dont
li uns ert blans et li autres noirs, et del fust porri et des flors
blanches. — « Ge t'en dirai, fet cil, orendroit une partie et
demain l'autre.

« Li oisiax qui venoit a toi en guise de cisne senefie une
damoisele qui t'amera par amors et t'a amé longuement,
et te vendra proier prochainement que tu soies ses amis
et ses acointes. Et ce que tu ne li voloies otroier senefie
que tu l'en escondiras, et ele s'en ira maintenant et morra de
duel s'il ne t'en prent pitié. Li noirs oisiax senefie ton grant
pechié qui la te fera escondire. Car por crieme de Dieu ne
por bonté que tu aies en toi ne l'escondiras tu pas, ainz le
feras por ce que len te tiegne a chaste, por conquierre la
loenge et la vaine gloire del monde. Si vendra si grant mal de
cette chasteé que Lancelot, tes cosins, en morra, car li parent
a la damoisele l'ociront, et ele morra del duel que ele avra
de l'escondit. Et por ce porra len bien dire que tu es homi-
cides de l'une et de l'autre, ausi com tu as esté de ton frere,
qui tu le poïsses avoir resqueus aiseement se tu vousisses,
quant tu le lessas et alas secorre la pucele qui ne t'aparte-
noit. Or resgarde ou il a greignor domage, ou en ce que ele
fust despucelee, ou en ce que tes freres, qui est un des bons
chevaliers dou monde, fust ocis. Certes mielz fust que toutes
les puceles dou monde fussent despucelees que il fust ocis. »

Quant Boort ot que cil en qui il cuidoit si grant bonté de
vie le blasme de ce qu'il avoit fet de la pucele, si ne set que
dire. Et cil li demande : « As tu oïe la senefiance de ton
songe ? » — « Sire, oïl, fet Boors. » — « Or est en toi,

fet il, de Lancelot ton cousin. Car se tu veuz tu le porras
secorre de mort, et se tu veuz tu le porras ocirre. Or est en
toi, li quiex que tu voldras en avendra. » — « Certes, fet
Boort, il n'est riens que je plus tost ne feisse que monsei-
gnor Lancelot ocirre. » — « Ce verra len par tens, » fet
cil.

Lors le meine en la tor. Et quant il entre laienz, si troeve
chevaliers et dames et puceles qui tuit li dient : « Boort,
bien viegniez ! » Si l'en meinent en la sale et le desarment.
Et quant il est en pur cors, si li aportent un riche mantel
forré d'ermine et li metent au col, et l'asieent en un blanc lit
et le confortent tuit et l'esmoevent a fere joie, tant qu'il li
font oublier partie de sa dolor. En ce qu'il entendoient a lui
reconforter, a tant es vos une damoisele si bele et avenant
qu'il paroit en li avoir toute biauté terriane ; et fu si riche-
ment vestue com s'ele eust a chois esté de toutes les beles
robes dou monde. « Sire, fet uns chevaliers, vez ci la dame a
qui nos somes, la plus bele dame et la plus riche dou
monde, et cele qui plus vos a amé. Ele vos a atendu lonc
tens, come cele qui ne voloit avoir a ami nul chevalier, se
vos non. » Et quant il entent ceste parole, si est toz
esbahiz. Quant il la voit venir, si la salue ; et ele li rent son
salu et s'asiet de joste lui, et parolent entr'aux de maintes
choses, et tant que ele li requiert qu'il soit ses amis, car ele
l'aime sor toz homes terriens ; et s'il li velt otroier s'amor,
ele le fera plus riche home que onques hom de son lignage
ne fu.

Quant Boort ot ceste novele, si est molt a malaiese, come
cil qui en nule maniere ne voldroit enfraindre sa chasteé : si
ne set que respondre. Et ele li dist : « Que est ce, Boort ? Ne
ferez vos mie ce que je vos pri ? » — « Dame, fet il, n'a si
riche dame ou monde cui volenté je feisse de ceste chose.
Ne len nel me devroit mie requierre en cest point ou je sui

ore : car mes freres gist laienz morz, qui a hui esté ocis ne sai par quel maniere. » —« Ha ! Boort, fet ele, a ce ne resgardez pas ! Il covient que vos façoiz ce que je vos requier. Et saichiez, se je ne vos amasse plus que onques fame n'ama home, je ne vos en requeisse pas : car ce n'est mie costume ne maniere que fame prit avant home, encore l'aimt ele bien. Mes la grant baance que j'ai toz jorz eue a vos meine mon cuer a ce et efforce qu'il covient que je die ce que j'ai toz jorz celé. Por ce vos pri, biau douz amis, que vos façoiz ce que je vos requier, ce est que vos gisiez en cesté nuit o moi. » Et il dit que ce ne feroit il en nule maniere. Et quant ele ot ce, si fet si grant semblant de dolor qu'il li est avis qu'ele pleurt et face trop grant duel ; mes tout ce ne li vaut riens.

Quant ele voit que ele nel porra vaincre en nule maniere, si li dist : « Boort, a ce m'avez menee que par cest escondit morré orendroit devant vos. » Lors le prent par la main et le meine a l'uis dou palais et li dit : « Tenez vos ci, si verroiz coment je morrai por amor de vos. » — « Par foi, fet il, je nel verrai ja. » Et ele comande a cels de laienz qu'il le tiegnent. Et il dient que si feront il. Et ele monte maintenant en haut desus les creniax et meine o li douze damoiseles. Et quant eles i sont montees, si dist l'une, non pas la dame : « Ha ! Boorz, aiez merci de nos toutes, otroiez a ma dame sa volenté ! Certes, se tu nel velz fere, nos nos lairons orendroit toutes chaoir de ceste tor ainz que nostre dame, car sa mort ne verrions nos en nule maniere. Certes, se tu por si pou de chose nos lesses morir, onques chevaliers ne fist si grant desloiauté. » Et il les esgarde et cuide veraiement que ce soient gentilx fames et hautes dames ; si l'em prent grant pitié. Et neporquant il n'est pas conseilliez qu'il ne vueille mielz qu'eles toutes perdent lor ames que il seuls perdist la soe : si lor dit qu'il n'en fera riens, ne por lui mort ne por lor

vie. Et eles se laissent maintenant chaoir de la halte tor a
terre. Et quant il voit ce, si est toz esbahiz : si hauce sa
main et se seigne. Maintenant ot entor lui si grant noise et
si grant cri qu'il li est avis que tuit li anemi d'enfer soient
entor lui : et sanz faille il en i avoit plusors. Il resgarde
entor lui, mes il ne voit ne la tor ne la dame qui le reque-
roit d'amors, ne riens qu'il eust devant veu, fors solement
ses armes qu'il avoit la aportees et la meson ou il cuidoit
avoir lessié son frere mort.

Quant il voit ce, si aperçoit maintenant que ce ert anemis
qui cest aguet li avoit basti, qui le voloit mener a destruction
de cors et a perdicion d'ame ; mes par la vertu Nostre Sei-
gnor s'en estoit eschapez. Lors tent ses mains vers le ciel et
dit : « Biau peres Jhesucrist, beneoiz soies tu qui m'as doné
force et pooir de moi combatre a l'anemi, et m'as otroié la
victoire de ceste bataille. » Lors vet la ou il cuidoit avoir
lessié son frere mort, si ne troeve riens. Lors est plus aeise
que devant, car il cuide bien qu'il ne soit mie morz et que
ce ait esté fantosme que il ait veu. Si vient a ses armes, si
les prent et s'arme et monte, et se part de la place ou il ne
demorra plus, si come il dit, por l'anemi qui i repere.

Quant il a une piece chevauchié, si escoute et ot une
cloche soner a senestre. Et il est molt liez de ceste chose ; si
torne cele part et ne demore gueres qu'il voit une abaie close
de bons murs, et estoit de blans moines. Et il vient a la
porte et hurte tant que len li oevre. Et quant il le voient
armé, si pensent erranment qu'il soit des compaignons de la
Queste. Il le descendent et le meinent en une chambre por
desarmer, et li font tot le bien qu'il pueent. Et il dit a un
preudome qu'il cuidoit bien qu'il fust prestres : « Sire, por
Dieu, menez moi a celui des freres de ceenz qui plus est a
vostre escient preudons. Car hui m'est avenue une trop
merveilleuse aventure, dont je voldroie estre conseilliez a

Dieu et a lui. » — « Sire chevaliers, fet il, vos iroiz par
nostre conseil a danz abé : car ce est li plus preudons de
ceenz et de clergie et de bone vie. » — « Sire, fet Boorz, por
Dieu menez m'i. » Et cil dit que si fera il volentiers. Lors le
meine en une chapele ou li preudons estoit, et quant il li a
mostré, si s'en retorne ; et Boort vient avant, si le salue. Et
cil li encline, si li demande qui il est, et Boorz dit qu'il est
uns chevaliers erranz. Lors li conte ce qui le jor li estoit
avenu. Et quant il li a tout conté, si li dist li preudons :

« Sire chevaliers, je ne sai qui vos estes, mes par mon
chief je ne cuidaisse mie que chevaliers de vostre aage fust si
forz en la grace Nostre Seignor come vos estes. Vos m'avez
dit de vostre afere, dont je ne vos porroie hui mes conseillier
a ma volenté, car trop est tart. Mes vos iroiz resposer hui
mes, et le matin vos conseillerai au mielz que je porrai. »

Boort s'em part et comande le preudome a Dieu ; et cil
remaint, qui assez pense a ce qu'il li ot dit, et comande au
frere qu'il soit serviz bien et richement, car assez est plus
preudons que l'en ne cuide. Cele nuit fu Boorz plus riche-
ment serviz et aiesiez qu'il ne vousist, et li apareilla l'en char
et poisson. Mes il n'en menja onques, ainz prist pain et eve
et menja tant com mestier li fu, ne d'autre chose ne gousta,
come cil qui en nule maniere ne vousist avoir enfrainte
la penitance qui li avoit esté enchargiee, ne en lit ne en
autre chose. Au matin, si tost come il ot oï matines et
messe, li abes, qui ne l'avoit pas oublié, vint a lui et li dist
que bon jor li donast Diex. Et Boort li redist autel. Lors le
tret a une part loign des autres devant un autel, et li preu-
dons li dist qu'il li cont ce qui li estoit avenu en la Queste
del Saint Graal. Et il li conte mot a mot ce qu'il ot oï et veu
en dormant et en veillant, et li prie qu'il li die la senefiance
de toutes ces choses. Et cil pense un poi et dit qu'il li dira
volentiers ; et il comence a dire ;

« Boort, quant vos eustes receu le Haut Mestre, le Haut Compaing, ce est a dire quant vos eustes receu *corpus Domini*, vos vos meistes a la voie por savoir se Nostre Sires vos donast trover la haute trouveure qui avendra as chevaliers Jhesucrist, as verais preudomes de ceste Queste. Vos n'eustes gaires alé quant Nostre Sires vos vint devant en guise d'oisel, et vos mostra la dolor et l'angoisse qu'il soufri por nos. Et si vos dirai coment vos le veistes. Quant li oisiax vint a l'arbre sanz fueille et sanz fruit, il comença a resgarder ses oisiaus et vit qu'il n'en i avoit nul vif. Maintenant se mist entr'aus et se comença a ferir en mi le piz de son bec, tant que li sanz en sailli fors ; et morut ilec, et de cel sanc reçurent vie li poucin, ce veistes vos. Or vos en dirai la senefiance.

« Li oisiax senefie nostre Creator, qui forma a sa semblance home. Et quant il fu boutez de paradis fors par son meffet, il vint en terre ou il trova la mort, car de vie n'i avoit point. Li arbres sanz foille et sanz fruit senefie apertement le monde, ou il n'avoit alors se male aventure non et povreté et soufreté. Li poucin senefient l'umain lignage, qui alors ert si perduz qu'il aloient tuit en enfer, ausi li bon come li mauvés, et estoient tuit egal en merite. Quant li filz Dieu vit ce, si monta en l'arbre, ce fu en la Croiz, et fu ilec feruz del bec dou glaive, ce est de la pointe, ou costé destre, tant que li sanz en issi. Et de celui sanc reçurent vie li poucin, cil qui ses oevres avoient fetes : car il les osta d'enfer, ou toute morz estoit et est encor sanz point de vie. Ceste bonté que Diex fist au monde, a moi et a vos et as autres pecheors, vos vint il mostrer en semblance d'oisel, por ce que vos ne doutissiez pas a morir por lui, ne plus qu'il fist por vos.

« Puis vos amena chiés la dame a qui li rois Amanz avoit bailliee sa terre a garder. Par le roi Amant doiz tu entendre Jhesucrist, qui est li rois ou monde qui plus ama, et plus pot len trover en lui douçor et pitié que len ne feist en home terrien. Si la guerreoit l'autre de quan que ele pooit, cele qui de la terre avoit esté chaciee. Vos feistes la bataille et la vainquistes : or vos dirai que ce senefie.

« Nostre Sires vos avoit mostré qu'il avoit son sanc respandu por vos ; et vos tantost empreistes une bataille por lui. Por lui fu ce bien quant vos por la dame l'empreistes : car par li entendons nos Sainte Eglyse, qui tient sainte crestienté en droite foi et en droite creance, qui est la terre et le droit heritage Jhesucrist. Par l'autre dame, qui deseritee en avoit esté et qui la guerreoit, entendons nos la Vielle Loi, li anemis qui toz dis guerroie Sainte Eglyse et les suens. Quant la juene dame vos ot contee la raison que l'autre dame avoit de guerroier la, vos empreistes la bataille si come vos deustes ; car vos estiez chevaliers Jhesucrist, por quoi vos estiez a droit tenuz de deffendre Sainte Eglyse. La nuit vos vint veoir Sainte Eglyse en semblance de fame triste et corrociee et que len deseritoit a tort. Ele ne vos vint pas veoir en robe de joie ne de feste, ainz i vint en robe de corroz, ce est en robe noire. Ele vos aparut triste et noire por le corroz meismes que si fil li font, ce sont li crestien pecheor, qui li deussent estre fil, et il li sont fillastre ; et la deussent garder come mere, mes non font, ainz la corroucent de jorz et de nuiz. Et por ce vos vint ele veoir en semblance de fame triste et corrouciee, qu'il vos en preist greignor pitié.

« Par le noir oisel qui vos vint veoir doit len entendre Sainte Eglyse, qui dist : « Je suis noire mes je suis bele : « sachiez que mielz valt ma nerté que autrui blancheur ne « fet. » Par le blanc oisel qui avoit semblance de cisne doit len entendre l'anemi, et si vos dirai coment. Li cisnes est blans par defors et noirs par dedenz, ce est li ypocrites, qui est jaunes et pales, et semble bien, a ce qui defors en apert, que ce soit des serjanz Jhesucrist ; mes il est par dedenz si noirs et si horribles d'ordures et de pechiez qu'il engigne trop malement le monde. Li oisiaus vint devant toi en dormant et ausi fist il en veillant, et sez tu ou ce fu ? Quant li anemis t'aparut en semblance d'ome de religion, qui te dist que tu avoies lessié ton frere ocirre. De ce te menti il, car tes freres n'est pas ociz, ainz est encor toz vis. Mes il le te dist por ce qu'il te vouloit fere entendre folie et mener a desesperance et a luxure. Et einsi t'eust il mis en pechié mortel, par quoi tu eusses failli as aventures dou Saint Graal. Einsi t'ai ore devisé qui fu li blans oisiax et qui li noirs, et qui fu la dame por qui tu empreis la bataille et contre qui ce fu.

« Or covient que je te devise la senefiance del fust porri et des flors. Li fuz sanz force et sanz vertu senefie Lyoniax, tes freres, qui n'a en soi nule vertu de Nostre Seignor qui en estant le tiegne. La porreture senefie la grant plenté de pechiez mortiex qu'il a en soi amoncelez et acreuz de jor en jor, por quoi l'en le doit apeler fust porri et vermeneus. Par les deus flors qui estoient a destre sont senefié dui vierge ; si en est li uns li chevaliers que vos navrastes ier, et l'autre la pucele que vos resqueusistes. L'une des flors se traoit pres de l'autre, ce fu li chevaliers qui la damoisele vouloit avoir a force et la vouloit despuceler et tolir li sa blancheur. Mes li preudons les departoit, qui est a dire que Nostre Sires ne voloit pas que sa blancheur fust einsi perdue, ainz vos i amena, si que vos les departistes et sauvastes a chascun sa blancheur. Il vos disoit : « Boort, bien seroit fox qui ces flors « lairoit perir por cest fust porri secorre. Garde que se tu « voiz tele aventure, que tu ne lesses mie les flors perir por « le fust porri secorre. » Ce te comanda il et tu le feis ; dont il te set merveilleux gré. Car vos veistes vostre frere que li dui chevalier en menoient, et veistes la damoisele que li chevaliers en menoit. Ele vos pria si doucement que vos fustes par pitié conquis, et meistes arriere dos toute naturel amor por amor de Jhesucrist : si alastes la pucele secorre et lessastes vostre frere mener en peril. Mes Cil en qui servise vos estiez mis i fu en leu de vos, et en avint si biau miracle, por l'amor que vos mostrastes au roi des ciex, que maintenant chaïrent mort li chevalier qui vostre frere en menoient ; et il se deslia et prist les armes a l'un d'els et monta en un cheval et se remist en la Queste aprés les autres ; et de ceste aventure savroiz vos verité assez prochainement.

« Ce que tu veoies que des flors issoit fueilles et fruit, senefie que dou chevalier istra encore lignage grant dont il i avra de preudomes et de verais chevaliers, que l'en doit bien tenir a fruit ; et ausi istra de la damoisele. Et s'il fust einsi avenu que ele en si ort pechié eust perdu son pucelage, Nostre Sires en fust corrociez a ce qu'il fussent andui dampné par mort soubite ; et einsi fussent perdu et en cors et en ame. Et ce rescousistes vos ; por quoi l'en vos doit tenir a serjant Jhesucrist bon et loial. Et si m'ait Diex, se vos fussiez terriens, ja si haute aventure ne vos fust avenue que vos delivrissiez les crestiens Nostre Seignor, le cors de peine terriane et l'ame des dolors d'enfer. Or vos ai devisées les senefiances des aventures qui vos sont avenues en la Queste dou Saint Graal. »

— « Sire, fet Boors, vos dites voir. Vos les m'avez si bien devisees que j'en serai meillor toz les jorz de ma vie. » — « Or vos pri je, fet li preudons, que vos priez por moi, car, si m'ait Diex, je cuit qu'il vos orroit plus legierement qu'il ne feroit moi. » Et il se test, com cil qui est toz honteus de ce que li abes le tient a preudome.

Quant il orent grant piece parlé ensemble, Boort se parti de laienz et comanda l'abé a Dieu. Quant il se fu armez, il se mist en son chemin et chevaucha jusqu'au soir, qu'il jut chiés une veve dame qui mout bien le herbergea. Au matin se met a la voie ; et chevaucha jusqu'a un chastel que len apeloit Tubele, et seoit en une valee. Quant il vint pres dou chastel, si encontra un vaslet qui aloit grant erre vers une forest. Et il li vient a l'encontre et li demande s'il set nules noveles. « Oïl, fet li vaslez, demain devant cest chastel avra un tornoiement trop merveilleus. » — « De quel gent ? » fet Boort. — « Del conte des Plains, fet il, et de la veve dame de laienz. » Quant Boort ot cest novele, si pense que il demorra : car il ne sera mie qu'il n'i voie aucun des compaignons de la Queste. car tiex i porroit venir qui li diroit noveles de son frere, ou par aventure ses freres meismes i sera, s'il est pres d'iluec et il ait santé. Lors torne vers un hermitage qui estoit a l'entree d'une forest. Et quant il est la venuz, si troeve Lyonel son frere qui seoit toz desarmez a l'entree de la chapele, et s'ert iluequues herbergiez por estre l'endemain au tornoiement qui en cele praerie devoit estre feruz. Quant il voit son frere, si a si grant joie que nus nel porroit deviser. Lors saut dou cheval a terre et li dist : « Biau frere, quant venistes vos ci ? » Quant Lyonel entent ceste parole, si le conoist et si ne se remue onques, ainz li dist : « Boort, Boort, il ne defailli mie avant ier en vos que je ne fui ocis, quant li dui chevalier me menoient batant et vos me lessastes aler, que onques ne m'aidastes, ainz alastes aidier a la damoisele qui li chevaliers emportoit, et me lessastes en peril de mort. Onques mes freres ne fist si grant desloiauté, et por celui meffet ne vos aseur je fors de la mort : car bien avez mort deservie. Or si vos gardez de moi ; car bien sachiez que vos ne poez de moi atendre se la mort non, en quel leu que je vos truisse, si tost come je serai armez. »

Quant Boort entent ceste parole, si est trop dolenz que

ses freres est corrociez a lui. Lors se met devant lui a
genouz a terre et li crie merci a jointes mains, et li prie por
Dieu qu'il li pardoint. Et il dit que ce ne puet estre, ainz
l'ocirra, se Diex li ait, s'il en puet venir au deseure. Et por
ce qu'il nel veut plus escouter, s'en entre en la meson a
l'ermite ou il avoit ses armes mises, si les prent et s'arme
vistement. Et quant il s'est armez, si vient a son cheval et
monte et dit a Boort : « Gardez vos de moi ! Car se Diex
m'ait, se je puis venir au desus de vos, je n'en feré autre
chose que len doit fere de felon et de desloial. Car certes
vos estes li plus felons et li plus desloiax qui onques issist
d'ausi preudome come li rois Boorz fu, qui engendra moi et
vos. Or montez sus vostre cheval, si en seroiz plus avenant,
et se vos ne le fetes, je vos ocierrai einsi a pié come
vos estes ; si en sera la honte moie et li domages vostres,
mes de cele honte ne me chaut, car mielz en voil je un poi
avoir et estre blasmez de maintes genz, que vos n'en soiez
honiz einsi com vos devez. »

Quant Boorz voit qu'il est a ce menez que combatre li
covient, si ne set que fere : car de combatre a li ne seroit il
conseilliez en nule maniere. Et toutevoies, por ce qu'il soit
plus aseur, montera il sus son cheval : mes encor l'essaiera
une foiz por savoir se ja porroit trover merci. Lors s'age-
noille a terre devant les piez au cheval son frere et plore
tendrement et dist ; « Por Dieu, biax freres, aiez de moi
merci ! Pardonez moi cest meffet et ne m'ociez mie ; mes
aiez en remembrance la grant amor qui doit estre entre moi
et vos ! »

De quan que Boorz dist ne chaut a Lyonel, come cil que
li anemis avoit eschaufé jusqu'a volonté d'ocirre son frere.
Et Boort est toutevoies a genolz devant lui et li crie merci
jointes mains. Quant Lyonels voit qu'il n'i prendra plus et
qu'il ne se levera mie, si point outre et fiert Boort dou piz

de son cheval si durement qu'il l'abat a terre toz envers, et
au chaoir qu'il fist fu molt bleciez; et cil li vet par desus le
cors tout a cheval tant que tot le debrise. Et Boort se pasme
de l'angoisse qu'il sent, si qu'il cuide bien morir sanz confession. Et quant Lyonel l'a tel atorné qu'il n'a mes pooir
de lever, si descent a terre, car il bee a couper li la teste.

Quant il est descenduz et il li volt errachier le hiaume de
la teste, lors vint acorant li hermites cele part, qui mout ert
vielz hons et anciens, et bien ot oïes les paroles qui lor
furent dites. Quant il voit Lyonel qui a Boort voloit couper
la teste, si se lesse chaoir sus lui, et dist a Lyonel : « Ha !
frans chevaliers, por Dieu aies merci de toi et de ton frere !
Car se tu l'ocis, tu seras morz de pechié, et il sera trop
outrageus domages de lui ; car ce est uns des plus preudomes
dou monde et des meillors chevaliers. » — « Se Diex m'ait,
sire, fet Lyonels, se vos ne vos fuiez de sus lui, je vos ocirrai
et por ce ne sera il mie cuites. » — « Certes, fet li preudons, je voil mielz que tu m'ocies que lui, car il ne sera mie
si grant domage de ma mort com de la soe : et por ce voil
je mielz morir que il muire. » Si se couche de lonc en lonc
de lui, et l'embrace par les espaules. Et quant Lyonels voit
ce, si tret l'espee dou fuerre et fiert le preudome si durement qu'il li abat le haterel par derriere. Et cil s'estent qui
angoisse de mort destraint.

Quant il a ce fet, si ne se refraint point de son mautalent,
ainz prent son frere au hiaume et li deslace por lui couper le
chief : si l'eust ocis en petit d'ore, quant vint par la volenté
Nostre Seignor Calogrenant, uns chevaliers de la meson le
roi Artus et compainz de la Table Reonde. Quant il voit le
preudome ocis, si se merveille mout que ce estoit. Lors resgarde devant lui et voit Lyonel qui voloit son frere ocirre, et
li avoit le hiaume deslacié : si conoist Boort, qu'il amoit de
grant amor. Si saut a terre et prent Lyonel par les espaules

et le tire si fort qu'il le tret arrieres et li dit : « Que est ce,
Lyonel ? Estes vos fors del sens, qui volez vostre frere ocirre,
qui est un des meillors chevaliers que len conoisse ? A non
Dieu, ce ne vos soffreroit nus qui preudons fust. » —
« Coment ? fet Lyonel, volez le vos rescorre ? Se vos plus vos
en entremetez, je le lairé et me prendrai a vos. » Et cil le res-
garde, qui toz est esbahiz de ceste chose, et li dist : « Coment,
fet il, Lyonel ? Est ce a certes que vos le volez ocirre ? » —
« Ocirre, fet il, le voil je et ocirrai, que ja por vos ne por
autre nel lairai : car il m'a tant meffet qu'il a bien mort
deservie. » Lors li recort sus, et le velt ferir parmi la teste. Et
Calogrenant se met entre eus deus et dist que, s'il est mes hui
tant hardiz qu'il mete main en lui, il est venuz a la meslee.

Quant Lyonel entend ceste parole, si prent son escu et
demande Calogrenant qui il est. Et il se nomme ; et quant il
le conoist, si le deffie et li cort suz l'espee trete, et li done si
grant cop come il puet amener del brant. Quant cil voit qu'il
est venuz a la meslee, si cort prendre son escu et tret l'espee.
Et il estoit bons chevaliers et de grant force, et se deffent
viguereusement. Et dure la meslee tant que Boorz se fu
levez en son seant, si angoisseus qu'il ne cuide mes des mois
avoir pooir, se Nostre Sires ne li aide. Quant il voit Calo-
grenant qui a son frere se combat, si est molt a malaise. Car
se Calogrenant ocit son frere devant lui, il n'avra ja mes joie,
et s'il ocit Calogrenant, la honte en sera soe : car il set bien
qu'il ne comença la meslee se por lui non. De cette chose
est il molt a malese ; si les alast volentiers departir, s'il poïst,
mes il se delt tant qu'il n'a pooir de soi deffendre ne d'autrui
assaillir. Si a tant resgardé qu'il vit Calogrenant au desoz de
la bataille. Car Lyonels estoit de grant chevalerie et hardiz
durement, et li ot depecié son escu et son hiaume, et tant
l'avoit mené qu'il n'i atendoit se la mort non : car tant avoit
perdu dou sanc que ce ert merveille coment il se pooit tenir

en estant. Quant il se voit si au desouz, si a poor de morir ; si se regarde et voit Boort qui s'ert dresciez en seant, si li dit : « Ha ! Boort, car me venez aidier et giter de peril de mort, ou je me sui mis por vos rescorre, qui estiez plus pres de mort que tiex [que vos] veez ore. Certes, se g'i muir, toz li mondes vos en devroit blasmer. » — « Certes, fet Lyonels, ce ne vos a mestier, vos en morroiz de ceste emprise, nus ne vos porroit estre garanz que je ne vos ocie andeus de ceste espee ! »

Quant Boort ot ce, si n'est pas aseur, car il set bien que se celui estoit ocis, il seroit en peril de mort ; si fet tant qu'il se drece en estant et vient a son helme et le met en sa teste. Et quant il voit l'ermite ocis, si a mout grant duel et prie Nostre Seignor qu'il ait merci de lui, car por si pou de chose ne morut onques mes nus si preudons. Et Calogrenanz li escrie : « Ha ! Boort, lairez m'i vos morir ? S'il vos plest que g'i muire, la mort me plaira molt, car por plus preudome sauver ne porroie je mort soffrir. » Lors le fiert Lyonel de l'espee, si qu'il li fet le hiaume voler de la teste. Quant cil sent sa teste nue et descoverte et voit qu'il ne puet eschaper, si dit : « Ha ! biau peres Jhesucrist, qui soffristes que je me meisse en vostre servise, non mie si dignement come je deusse, aiez merci de m'ame en tel maniere que ceste dolor, que mes cors sostendra por bien et por aumolne que je voloie fere, me soit penitance et assoagement a l'ame de moi. » En ce qu'il disoit ceste parole le fiert Lyonel si durement qu'il le rue mort a terre, et li cors s'estent de l'angoisse qu'il sent.

Quant il a ocis Calogrenant, si ne se volt pas a tant tenir, ainz cort sus a son frere et li done tel cop qu'il le fet tout embronchier. Et cil, en qui humilitez estoit si naturelment enracinee, li prie por Dieu qu'il li pardoint ceste bataille. « Car s'il avient, biau frere, que je vos ocie ou vos moi, nos

serons mort de pechié. » — « Ja ne m'ait Diex, fet Lyonels, se
je ja ai merci de vos, que je ne vos ocie se j'en puis venir au
desus : car il n'est mie remés en vos que je ne soie ocis. »
Lors tret Boorz l'espee et dit tout em plorant : « Biax peres
Jhesucriz, ne me soit establi a pechié se je deffent ma vie
contre mon frere ! » Lors hauce l'espee contremont, et en ce
qu'il le voloit ferir ot une voiz qui li dit : « Fui, Boort, nel touchier,
car tu l'ocirroies ja. » Maintenant descendi entr'els deus
uns brandons de feu en semblance de foudre et vint de vers le
ciel, et en issi une flamme si merveilleuse et si ardanz que
andui lor escu furent brui, et en furent si effreé qu'il chaïrent
andui a terre et jurent grant piece en pasmoisons. Et
quant il se releverent, si s'entreresgarderent durement ; et
voient la terre toute rouge entr'els deus del feu qui i avoit
esté. Mes quant Boort voit que ses freres n'a nul mal, si en
tent ses mains vers le ciel et en mercie Dieu de bon cuer.

Lors oï une voiz qui li dist : « Boort, lieve sus et va de ci.
Si ne tien plus compaignie a ton frere, mes achemine toi vers
la mer, ne ne demore en nul leu devant que tu i soies, car
Perceval t'i atent. » Quant il ot ceste parole, si s'agenoille et
tent ses mains vers le ciel et dit : « Peres des cielx, beneoiz
soies tu quant tu me deignes apeler a ton servise ! » Lors
vient a Lyonel, qui encor ert toz estordiz, si li dist : « Biax
freres, vos avez mal esploitié de cest chevalier, nostre compaignon,
que vos avez ocis, et de cest hermite. Por Dieu, ne
vos movez de ci devant que li cors soient mis en terre et que
len lor ait fete si grant honor come len doit fere. » — « Et
vos, que feroiz ? fet Lyonel. Atendroiz vos ci tant qu'il
soient enterré ? » — « Nenil, fet Boorz, ainz m'en irai a la
mer ou Perceval m'atent, si come la voiz devine m'a fait
entendant. »

Lors se part d'iloc et se met au chemin qui vers la mer tornoit.
Si chevauche par ses jornees tant qu'il vint a une abeie

qui seoit desuz la mer. Cele nuit jut laienz ; et quant il se fu
endormiz, si vint a lui une voiz qui li dist : « Boort, lieve
sus, et va t'en droit vers la mer ou Perceval est qui t'atent
sor la rive ! » Quant il ot ceste parole, si saut sus et fet le
signe de la croiz en mi son front et prie Nostre Seignor qu'il
le conduie. Il vet la ou il avoit ses armes mises, si les prent
et s'arme maintenant, puis vient a son cheval et li met la sele
et le frain. Et quant il est appareilliez, por ce qu'il ne velt pas
que cil de laienz sachent qu'il s'en aille a tele hore, vet que-
rant par laienz par la ou il s'em puisse aler, tant qu'il troeve
par derriere le mur percié, ou il avoit bone voie. Si vient a son
cheval et monte et s'en vient a la frete dou mur et passe oultre.

Si se part de laienz que nus ne s'en aperçoit ; et che-
vauche tant qu'a la mer vient, et troeve une nef a la rive,
toute coverte d'un blanc samit. Il descent et entre dedenz et
se comande a Jhesucrist. Et si tost come il est entrez dedenz,
si voit que la nef se part de la rive, et li venz se fiert ou voile,
qui en meine la nef si grant oirre qu'il semble que ele aille
volant par desus les ondes. Quant il voit qu'il a failli a son
cheval metre dedenz, si s'en sueffre a tant. Lors resgarde par
la nef, mes il ne voit riens, car la nuiz ert noire et oscure,
por quoi l'en n'i pooit pas bien veoir. Il vient au bort de la nef
et s'acolte ilec et prie Jhesucrist qu'il en tel leu le conduie ou
s'ame puisse estre sauve. Et quant il a fete sa proiere, si s'en-
dort jusqu'au jor.

Quant il se fu esveilliez, il resgarde en la nef et voit un
chevalier armé de toutes armes, fors dou hiaume, qui estoit
devant lui. Et quant il l'a un poi avisé, si conoist que ce est
Perceval le Gallois. Maintenant le cort acoler et fere de lui
joie. Et cil devient toz esbahiz de ce qu'il le voit devant lui,
car il ne set coment il i puisse estre venuz. Lors li demande
qui il est : « Coment, fet Boorz, ne me conoissiez vos
pas ? » — « Certes, fet Perceval, nanil, ainz me merveil

molt coment vos estes ceenz venuz, se Nostre Sires meismes ne vos i aporta. » Et Boort comence a sorrire de ceste parole, et oste son hiaume. Et lors le conoist Perceval ; si ne seroit pas legiere a aconter la joie qu'il s'entrefirent. Et Boorz li comence a conter coment il vint a la nef, et par quel amonestement. Et Perceval li reconte les aventures qui li estoient avenues en la roche ou il avoit esté, la ou li anemis li aparut en guise de fame qui le mena jusqu'a pechier mortelment. Einsi sont li dui ami ensemble si come Nostre Sires lor avoit apareillié. Si atendent ilec les aventures que Nostre Sires lor voudra envoier ; si s'en vont tot contreval la mer une heure arriere et une autre avant, si comme li venz les meine. Si parolent de meintes choses et reconforte li uns l'autre. Et Perceval dit que ore ne li faut il fors Galaad que sa promesse ne li soit rendue. Lors devise a Boorz comment il li avoit esté pramis. Mes a tant lesse ore li contes a parler d'els et retorne au Bon Chevalier.

*
* *

Or dit li contes que, quant li Bons Chevaliers se fut partiz de Perceval et il l'ot rescoux des vint chevaliers qui l'avoient entrepris, qu'il se mist ou grant chemin de la Forest Gaste, et erra mainte jornee une hore avant et autre arriere, einsi come aventure le menoit. Si trova laienz mainte aventure qu'il mist a fin, dont li contes ne fet mie mencion, por ce que trop i eust a fere s'il vousist chascune dire par soi. Quant li Bons Chevaliers ot grant piece chevauchié par le roiaume de Logres, en toz les leuz ou il oï parler qu'il eust aventure, si s'em parti et chevaucha vers la mer, si come il li vint en volenté. Si li avint qu'il passa par devant un chastel ou il avoit un tornoiement merveilleux. Mes tant avoient ja cil defors fet que cil dedenz estoient a la fuie, car trop erent cil defors plus et meillor chevalier.

Quant Galaad vit que cil dedenz erent a si grant meschief et que len les ocioit a l'entree dou chastel, si se torna par devers ax, et pense qu'il lor aidera. Si besse le glaive et fiert le cheval des esperons, et fiert le premier qu'il encontre si durement qu'il le fet voler a terre, et li glaives vole en pieces. Et il met la main a l'espee, come cil qui bien s'en sot aidier, et se fiert la ou il voit la greignor presse, et comence a abatre chevaliers et chevax, et a fere tiex merveilles d'armes que nus nel veist qui a preudome nel tenist. Et messires Gauvains, qui au tornoiement estoit venuz lui et Hestors, aidoient a cels defors ; mes si tost come il virent l'escu blanc a la croiz vermeille, si dist li uns a l'autre : « Veez la le Bon Chevalier ! Or sera fox qui l'atendra, car contre s'espee ne dure armeure nule. » En ce qu'il parloient einsi vint Galaad apoignant vers monseignor Gauvain einsi come aventure le portoit. Si le fiert si durement qu'il li fent le hiaume et la coife de fer. Et messires Gauvains, qui bien cuide estre morz dou coup que il a receu, vole jus des arçons ; et cil, qui ne pot son cop retenir, ataint le cheval par devant l'arçon et le trenche tot par devant les espaules, si qu'il l'abat mort par desoz monseignor Gauvain.

Quant Hestor voit monseignor Gauvain a pié, si se tret arriere, por ce qu'il voit que ce ne seroit pas sens de celui atendre qui tiex cous set doner, et por ce qu'il le doit garder et amer come son neveu. Et cil point amont et aval et fet tant en poi d'ore que cil dedenz sont recovré, qui ore estoient desconfit ; si ne finent de ferir et d'abatre, tant que cil defors sont desconfit a fine force et s'en fuient la ou il cuident avoir garant. Et il les enchauce grant piece. Et quant il voit qu'il n'est noienz del retorner, si s'en vet si coiement que nus ne set quel part il est alez ; si emporte d'ambesdeus parz le los et le pris del tornoiement. Et messires Gauvains, qui est si angoisseus dou cop qu'il li ot doné qu'il n'en

cuide mie vis eschaper, dist a Hestor, qu'il vit devant lui :
« Par mon chief, ore est averee la parole qui me fu avant
ier dite, le jor de Pentecoste, del perron et de l'espee ou
j'avoie mise la main, que j'en recevroie tel cop, ainz que li
anz fust passez, que je n'en voldroie estre feruz por un chas-
tel. Et par mon chief, ce est cele espee dont cist chevaliers
m'a orendroit feru. Si pui bien dire que la chose est einsi
avenue come ele me fu promise. » — « Sire, fet Hestor, vos
a donc li chevaliers blecié einsi come vos dites ? » — « Cer-
tes, fet messires Gauvains, oïl, si que je n'en puis eschaper
sanz peril, se Diex n'i met conseil. » — « Et que porrons
nos donques fere ? fet Hestor. Or m'est il avis que nostre
queste est remese, puis que vos estes si bleciez. » — « Sire,
fet il, la vostre n'est mie remese, mes la moie, tant come
Diex plaira que je vos sive. »

En ce qu'il parloient einsi, assemblerent ilec li chevalier
dou chastel. Et quant il conurent monsignor Gauvain et il
sorent qu'il ert ainsi bleciez, si en furent molt corrouciez li
plusor : car sanz faille il estoit l'ome dou monde qui plus
ert amez d'estrange gent. Si le prenent et l'emportent ou
chastel, et le desarment et le couchent en une chambre coie
et serie, loign de gent. Puis mandent un mire et li font
regarder sa plaie et li demandent s'il garra. Et il les aseure
qu'il le rendra dedenz un mois sain et haitié en tel maniere
qu'il porra chevauchier et porter armes. Et cil li creantent
que s'il ce puet fere, il li donront tant d'avoir qu'il en sera
riches toz les jorz de sa vie. Et il dist qu'il en soient tot aseur,
car il le fera einsi com il l'a dit. Einsi remest laienz messire
Gauvains, et Hestors o lui, qui ne s'en volt onques partir
devant qu'il fu gariz.

Et li Bons Chevaliers chevaucha tant, quant il fu del tor-
noiement partiz, einsi come aventure le menoit, qu'il vint la
nuit a deus liues de Corbenyc. Si li avint qu'il li anuita

devant un hermitage. Et quant il vit que la nuiz fu venue, si descent et apele a l'uis l'ermite, tant qu'il li ovri. Mes quant li hermites voit qu'il est chevaliers erranz, si li dist que bien soit il venuz. Si pense d'osteler le cheval, et li fet oster ses armes. Et quant il est desarmez, si li fet doner a mengier de tel charité come Diex li avoit donee. Et il la reçut volentiers, come cil qui de tot le jor n'avoit mengié. Et quant il ot mengié, si s'endormi sus un fes d'erbe qui laienz estoit.

Quant il furent couchié, si vint la une damoisele qui hurta a l'uis et apela Galaad. Et tant que li preudons vient a l'uis, et demande qui ce est qui a tele hore velt entrer laienz. « Sire Ulfin, fet ele, je sui une damoisele qui voil au chevalier parler qui laienz est. Car je ai mout grant besoign de lui. » Et li preudons l'esveille et li dist : « Sire chevaliers, une damoisele velt parler a vos, qui la fors est et qui mout a grant besoign de vos, ce me semble. » Et Galaad se lieve lors et vient a li et li demande que ele velt. « Galaad, fet ele, je voil que vos vos armez et montez en vostre cheval et me sivez. Et je vos di que je vos mostrerai la plus haute aventure que chevaliers veist onques. » Quant Galaad ot ceste novele, si vient a ses armes et les prent et s'arme. Et quant il a mise la sele en son cheval, si monte et comande l'ermite a Dieu, et dist a la damoisele : « Or poez, fet il, aler la ou vos plaira : car je vos sivrai en quel leu que vos ailloiz. » Et cele s'en va si grant oirre com ele puet trere dou pallefroi, et cil la suit adés. Si ont tant alé qu'il comença a ajorner. Et quant li jorz fu biax et clers, si entrent en une forest qui duroit jusqu'a la mer, et estoit apelee Celibe. Si chevauchierent le grant chemin tout le jor en tele maniere qu'il ne burent ne ne mangierent.

Au soir aprés vespres vindrent a un chastel qui seoit en une valee, qui estoit trop bien garniz de toutes choses, et fer-

mé d'eve corant et de bons murs granz et forz et de fossez
hauz et parfonz. La damoisele ala toz jors devant, si entra
el chastel et Galaad après. Et quant cil de laienz la virent, si
comencierent a dire : « Bien veignoiz, dame. » Si la reçoivent a
grant joie, come cele qui lor dame estoit. Et ele lor dit qu'il
facent feste au chevalier, car ce est li plus preudons qui
onques portast armes. Et cil le corent desarmer si tost come
il l'orent descendu ; et il dist a la damoisele : « Dame, remain-
drons nos mes hui çaienz ? » — « Nanil, fet ele, mes si tost
come nos avrons mengié et un petit dormi, nos en irons. » Lors
sont assis au mengier ; et après alerent dormir. Et si tost
come ele vint ou premier somme, la damoisele apela Galaad
et li dist : « Sire, levez sus ! » Et il se lieve et cil de laienz
aportent cierges et tortiz por ce qu'il i veist a soi armer. Et
il monte en son cheval, et la dame prent un escrin trop bel
et trop riche et le met devant soi quant ele est montee.

Lors se partent dou chastel et s'en vont grant aleure ; si
chevauchent cele nuit mout grand oirre. Et tant errerent qu'a
la mer vindrent. Et quant il sont la venuz, si troverent la nef
ou Boorz et Perceval estoient, qui atendoient au bort de la
nef ; ne il ne dormoient mie, ainz crierent de loign a Galaad :
« Sire, bien veigniez vos ! Tant vos avons atendu que or vos
avons, Dieu merci ! Et venez avant, car il n'i a fors de l'aler
a la haute aventure que Diex nos a apareilliee. » Et quant il
les ot, si lor demande qui il sont et por coi il dient qu'il l'ont
tant atendu. Si demande a la damoisele se ele descendra.
« Sire, fet ele, oïl. Et lessiez ci vostre cheval, car je i lesseré
le mien. » Et il descent maintenant et oste a son cheval la
sele et le frain, et au palefroi a la damoisele ausi. Si fet le
signe de la croiz en son front et se comande a Nostre Sei-
gnor. Si entre en la nef et la damoisele après. Et li dui com-
paignon les reçoivent a si grant joie et a si grant feste come
il puent plus. Et maintenant comença la nef a aler grant

aleure parmi la mer, car li venz se feroit enz granz. Si vont
tant en poi d'ore qu'il ne voient terre ne loign ne pres. Et
lors fu ajorné, si s'entreconurent ; et plorent tuit troi de la
joie qu'il ont de ce que si s'estoient entretrové.

Lors osta Boorz son hiaume et Galaad le suen et s'espee,
mes son hauberc ne volt il pas oster. Et quant il voit la nef
si bele et par defors et par dedenz, si demande as deus com-
paignons se il sevent dont si bele nef vint. Et Boorz dit qu'il
n'en set riens. Et Perceval l'en conte ce qu'il en set, et li dit
tout einsi come il li estoit avenu en la roche, et coment li
preudons qui prestres li sembloit l'i avoit fet entrer. « Et bien
me dist qu'il ne demorroit mie granment que je vos avroie
en ma compaignie ; mes de ceste damoisele ne me dist il
onques riens. » — « Par foi, fet Galaad, ceste part ne fusse je
ja venuz, a mon escient, se ele ne m'i eust amené. Dont len
puet dire que g'i sui plus venuz par lui que par moi. Car en
ceste voie ne fui je onques mes, et de vos deus, compai-
gnons, ne cuidasse je ja mes oïr parler en si estrange leu
com cist est. » Et il s'en comencent a rire.

Lors conte li uns a l'autre de ses aventures, tant que Boorz
dist a Galaad : « Sire, se or fust ci messires Lancelot vostre
peres, il me fust avis que riens ne nos fausist. » Et cil dist
qu'il n'i puet estre, puis qu'il ne plest a Nostre Seignor.

A tiex paroles errerent tant qu'il fu hore de none ; et lors
porent il estre auques esloignié del roiaume de Logres, car
la nef ot tote la nuit coru et tout le jor a plein voile. Et lors
arivent entre deus roches en une isle sauvage, si reposte que
ce estoit merveille, et sanz faille ce ert uns regort de mer.
Et quant il furent ilec arrivé, si virent devant ax une autre
nef oultre une roche ou il ne poïssent ja avenir se il n'i
alassent a pié. « Biau seignor, fet la damoisele, en cele nef
la est l'aventure por coi Nostre Sires vos a mis ensemble : si
vos covient issir de ceste nef et aler i. » Et il dient que si

feront il volentiers. Si saillent fors et prennent la damoisele et la metent fors ; puis atachent lor nef, que li floz ne la face esloignier. Quant il sont sus la roche, si s'en vont li uns aprés l'autre cele part ou il voient la nef. Et quant il sont la venu, si la troevent assez plus riche que cele dont il estoient issu ; mes il se merveillent mout de ce qu'il ne voient home ne fame dedenz. Et il se traient plus pres pour resgarder s'il verroient rien. Et il resgardent el bort de la nef et voient letres escrites en caldieu, qui disoient une mout espoantable parole et douteuse a toz cels qui i volsissent entrer ; et fu dite en tel maniere :

Oz tu, hons qui dedenz moi vels entrer, qui que tu soies, bien resgarde que tu soies pleins de foi, car je ne sui se foi non. Et por ce resgarde bien, avant que tu i entres, que tu ne soies entechiez, car je ne sui se foi non et creance. Et si tost come tu guenchiras a creance, je te guenchirai en tel maniere que tu n'avras de moi soustenance ne aide, ainz te faudrai del tout, en quel leu que tu soies aconseuz de mescreance, ja si poi n'i seras atainz.

Quant il conoissent les letres, si resgarde li uns l'autre. Lors dist la damoisele a Perceval : « Savez vos, fet ele, qui je sui ? » — « Certes, fet il, nanil ; onques a mon escient ne vos vi. » — « Sachiez, fet ele, que je sui vostre suer et fille au roi Pellehen. Et savez vos por quoi je me sui fet conoistre a vos ? Por ce que vos me creez mielz de ce que je vos dirai. Je vos di premierement, fet ele, com a la riens que je plus aim, que se vos n'estes parfetement creanz en Jhesucriz, que vos en ceste nef n'entrez en nule maniere, car bien sachiez que maintenant i peririez. Car la nef est si haute chose que nus entechiez de mal vice n'i puet remanoir sanz peril. »

Quant Perceval ot ce, si la resgarde et avise tant qu'il conoist que ce est sa suer. Et lors li fet mout grant joie et li dit : « Certes, bele suer, je i entrerai ; et saves vos por quoi ? Por ce

que, se je sui mescreanz, que je i perisse come desloiax, et
se je sui pleins de foi et tiex come chevaliers doit estre, que
je soie sauvez. » — « Or i entrez donc, fet ele, seurement,
que Nostre Sires vos i soit garanz et deffense. »

En ce que ele disoit ce, Galaad, qui estoit devant, hauce
sa main et se seigne et entre enz. Et quant il est dedenz, si
comence a resgarder d'une part et d'autre, et la damoisele
entre aprés et se seigne a l'entrer. Et quant li autre voient ce,
si n'atargent plus, ainz entrent enz. Et quant il ont bien resgardé
sus et jus, si dient qu'il ne cuidoient mie que en mer
ne en terre eust nule si bele nef ne si riche come cele lor
semble. Et quant il ont cerchié partout, si resgardent ou
cors de la nef et voient un mout riche drap estendu en guise
de cortine, et par desoz un mout bel lit grant et riche.

Galaad vint au drap, si le sozlieve et resgarde desoz; et vit
le plus bel lit qu'il onques veist. Car li liz ert granz et riches,
et avoit au chevet une corone d'or mout richè, et as piez avoit
une espee qui mout estoit bele et clere, et fu ou travers dou lit
trete dou fuerre bien demi pié.

Cele espee ert de diverse façon : car li ponz estoit d'une
pierre qui avoit en soi toutes les colors que len puet trover en
terre. Et si avoit encore autre diversité qui valoit encor plus :
car chascune des colors avoit en soi une vertu. Et encor devise
li contes que l'enheudeure estoit de deus costes, et ces deus
costes estoient de deus diverses bestes. Car la premiere estoit
d'une maniere de serpent qui converse en Calidoine plus que
en autre terre ; si est apelez icil serpenz papalustes ; et de cel
serpent est tele la vertu que se nus hons tient nule de ses costes
ou aucun de ses os, il n'a garde de sentir trop grant chalor.
De tel maniere et de tel force estoit la coste premiere. Et
l'autre estoit d'un poisson qui n'est mie trop granz, et si converse
ou flum d'Eufrate, et ne mie en autre eve, et cil poissons
est apelez ortenax. Si sont ses costes de tel maniere que

se nus hons en prent une, ja tant come il la tendra ne li
sovendra de joie ne de duel qu'il ait eu, fors seulement de
cele chose por quoi il l'avra prise. Et maintenant qu'il l'avra
mise jus repensera ausi come il estoit acostumé, en maniere
de naturel home. Itel vertu avoient les deus costes qui estoient
en l'enheudeure de l'espee, et si erent covertes d'un vermeil
drap trop riche, tout plein de letres qui disoient :

JE SUI MERVEILLE A VEOIR ET A CONOISTRE. CAR ONQUES NUS
NE ME POT EMPOIGNIER, TANT EUST LA MAIN GRANT, NE JA NE
FERA, FORS UN TOT SOL ; ET CIL PASSERA DE SON MESTIER TOZ
CELS QUI DEVANT LUI AVRONT ESTÉ ET QUI APRÉS LUI VENDRONT.

Einsi disoient les letres de l'enheudeure, et si tost com cil
les ont leues, qui assez savoient de letres, si resgarde li uns
l'autre, et distrent : « Par foi, ici puet on veoir merveilles. »
— « A non Dieu, fet Perceval, je essaieré se je ceste espee
porroie empoignier. » Si met la main a l'espee, mes il ne puet
l'enheudeure empoignier. « Par foi, fet il, or cuit je bien que
ces letres dient voir. » Lors i remet Boorz la main, mes il n'i
puet riens fere qui vaille. Et quant il voient ce, si dient a
Galaad : « Sire, essaiez a ceste epee. Car nos savons bien que
vos acheverez ceste aventure, a ce que nos i avons failli. »
Et il dist qu'il n'i essaiera ja. « Car je voi, fet il, assez grei-
gnors merveilles que je ne vi onques mais. » Lors resgarde
l'alemele de l'espee, qui tant estoit trete dou fuerre com vos
avez oï ; et voient autres letres vermeilles come sanc, qui
disoient :

JA NUS NE SOIT TANT HARDIZ QUI DOU FUERRE ME TRAIE, SE IL
NE DOIT MIELZ FERE QUE AUTRE ET PLUS HARDIEMENT. ET QUI
AUTREMENT ME TRERA, BIEN SACHE IL QU'IL N'EN FAUDRA JA A
ESTRE MORZ OU MEHAIGNIEZ. ET CESTE CHOSE A JA ESTÉ ESPROVEE
AUCUNE FOIZ.

Quant Galaad voit ceste chose, si dist : « Par foi, je voloie
rere ceste espee ; mes puis que li deffens i est si granz, je n'i

metrai ja la main. » Autretel dist Perceval et Boorz. « Biaux seignors, fet la damoisele, sachiez que li treres est veez a toz, fors a un sol, et si vos dirai coment il en avint n'a pas lonc tens.

« Voirs fu, fet la damoisele, que ceste nef arriva ou roiaume de Logres, et a celui tens avoit il guerre mortel entre le roi Lambar, qui fu peres a celui roi que len apele le Roi Mehaignié, et le roi Varlan, qui ot esté sarrazins toz les jorz de sa vie, mes lors avoit esté crestiennez novelement, si que len le tenoit a un des plus preudeshomes del monde. Un jor avint que li rois Lambars et li rois Varlans orent lor ost assemblee en la marine ou la nef estoit arivee, et tant que li rois Varlans fu tornez a desconfiture. Et quant il se vit desconfit et ses homes ocis, si ot poor de morir. Si vint a ceste nef, qui la estoit arivee, et sailli dedenz. Et quant il ot trovee ceste espee, si la trest fors del fuerre et issi fors. Et trova le roi Lambar, l'ome del monde de crestiens ou il avoit greignor foi et greignor creance et ou Nostre Sires avoit greignor part. Et quant li rois Varlans vit le roi Lambar, si dreça l'espee et le feri amont ou hiaume, si durement qu'il fendi lui et le cheval jusqu'en terre. Itiex fu li premiers cox de ceste espee, qui fu fet ou roiaume de Logres. Si en avint si grant pestilence et si grant persecucion es deus roiaumes, que onques puis les terres ne rendirent as laboureors lor travaus, car puis n'i crut ne blé ne autre chose, ne li arbre ne porterent fruit, ne en l'eve ne furent trové poisson, se petit non. Et por ce a len apelee la terre des deus roiaumes la Terre Gaste, por ce que par cel doulereus cop avoit esté agastie.

« Quant li rois Varlans vit l'espee si trenchant, si pensa qu'il retorneroit por prendre le fuerre. Et lors revint à la nef et entra dedenz et remist l'espee ou fuerre ; et si tost come il ot ce fet, si chaï morz devant cest lit. Einsi fu esprovee ceste espee, que nus ne la treroit qui ne fust morz ou mehaigniez.

Si remest li cors le roi devant cest lit, tant que une pucele l'en gita fors ; car il n'avoit ilec home si hardi qui dedenz ceste nef osast entrer, por le deffens que les letres dou bort fesoient. »

— « Par foi, fet Galaad, ci ot assez bele aventure ; et je croi bien qu'il avenist einsi : car de ce ne dout je mie que ceste espee ne soit assez plus merveilleuse que autre. » Et lors vet avant por trere la. « Ha ! Galaad, fet la damoisele, soffrez vos encor un petit, tant que nos aions bien regardees les merveilles qui i sont. » Et il la lesse maintenant, et lors comencent a resgarder le fuerre, mes il ne sevent de quoi il puisse estre, s'il n'est de cuir de serpent. Et neporquant il voient qu'il est vermeuz come fueille de rose, et si ot desus letres escrites les unes d'or et les autres d'azur. Mes quant ce vint au resgarder les renges de l'espee, si n'i ot nus qui ne s'en merveillast plus que onques mes. Car il voient que les renges n'avenissent pas a si riche brant come cil ert : car eles erent de si vil matiere et de si povre come d'estoupes de chanvre, et estoient si foibles par semblant qu'il lor ert avis qu'eles ne poïssent mie sostenir l'espee une hore sanz rompre. Et les letres qui estoient ou fuerre disoient :

CIL QUI ME PORTERA DOIT ESTRE MOUT PLUS PREUZ ET MOUT PLUS SEURS QUE NUS AUTRES, SE IL ME PORTE SI NETEMENT COME IL ME DOIT PORTER. CAR JE NE DOI ENTRER EN LEU OU IL AIT ORDURE NE PECHIÉ. ET QUI M'I METRA, BIEN SACHE IL QUE CE SERA CIL QUI PRIMES S'EN REPENTIRA. MES S'IL ME GARDE NETEMENT, IL PORRA PARTOUT ALER ASEUR. CAR LI CORS DE CELUI A QUI COSTÉ JE PENDRAI NE PUET ESTRE HONIZ EN PLACE TANT COME IL SOIT CEINZ DES RENGES A QUOI JE PENDRAI. NE JA NUS NE SOIT SI HARDIZ QUI CES RENGES, QUI CI SONT, EN OST POR RIEN : CAR IL N'EST PAS OTROIÉ A HOME QUI OR SOIT NE QUI A VENIR SOIT. CAR ELES NE DOIVENT ESTRE OSTEES FORS PAR MAIN DE FAME ET FILLE DE ROI ET DE REINE. SI EN FERA TEL ESCHANGE QUE ELE I METRA UNES

AUTRES DE LA RIENS DE SUS LI QUE ELE PLUS AMERA, ET SI LES METRA EN LEU DE CESTES. ET SI COVIENT QUE LA DAMOISELE SOIT TOZ LES JORZ DE SA VIE PUCELE EN VOLENTE ET EN OEVRE. ET S'IL AVIENT QUE ELE ENFRAIGNE SA VIRGINITÉ, ASEUR SOIT ELE QUE ELE MORRA DE LA PLUS VIL MORT QUE NULE FAME PUISSE MORIR. ET CELE DAMOISELE APELERA CESTE ESPEE PAR SON DROIT NON ET MOI PAR LE MIEN ; NE JA DEVANT LA NE SERA NUS QUI PAR NOZ DROIZ NONS NOS SACHE NOMMER.

Quant il ont les letres leues, si comencent a rire et dient que ce sont merveilles a veoir et a oïr. « Sire, fet Perceval, tornez ceste espee, si verroiz qu'il a de l'autre part. » Et il la torne maintenant sus l'autre costé. Et quand il l'ot tornee, si virent que ele estoit rouge come sanc de l'autre part, et si i avoit letres qui disoient :

CIL QUI PLUS ME PRISERA PLUS I TROVERA A BLASMER AU GRANT BESOIGN QUE IL NEL PORROIT CUIDIER ; ET A CELUI A QUI JE DEVROIE ESTRE PLUS DEBONERE SERAI JE PLUS FELONESSE. ET CE N'AVENDRA FORS UNE FOIZ, CAR EINSI LE COVIENT ESTRE A FORCE.

Tex paroles disoient les letres qui de cele part estoient. Et quant il virent ce, si sont plus esbahi que devant. « En non Deu, fet Perceval a Galaad, ge vos voloie dire que vos preissiez ceste espee. Mes puis que ces letres dient qu'ele faldra au grant besoing, et qu'ele sera felenesse la ou ele devra estre debonere, ge ne vos loeroie pas que vos la preissiez : car ele vos porroit honir a un cop, et ce seroit trop grant damage. » Quant la damoisele oït ceste chose, si dist a Perceval : « Biax freres, fet la damoisele, ces deus choses sont ja avenues, et si vos dirai quant ce fu, et a quel gent eles avindrent, por quoi nus ne doit douter a prendre ceste espee por quoi il en soit dignes.

« Il avint jadis, bien a quarante ans aprés la Passion Jhesucrist, que Nasciens, li serorges le roi Mordrain, fu portez en une nue plus de quatorze jornees loign de son païs par le comandement Nostre Seignor, en une isle vers le païs d'occident : si apeloit l'en cele isle l'Isle Tornoiant. Et quant il vint la, si avint que il ceste nef ou nos sommes trova a l'entree d'une roche. Et quant il fu dedenz entrez et il ot trové cest lit et ceste espee ausi come vos la veez ore, si la resgarda grant piece et la covoita tant a avoir que ce fu merveille. Et neporquant il n'avoit mie hardement de trere la. Si chaï einsint en voloir et en desirier d'avoir la. Si demora uit jorz en la nef sanz boivre et sanz mengier se petit non. Au novieme jor li avint que uns venz granz et merveilleus le prist, qui le fist partir de l'Isle Tornoiant et l'emporta en une isle d'occident molt loign d'ilec. Si arriva tout droit devant une roche. Et quant il fu a terre, si trova un jaiant, le plus grant et le plus merveilleus dou monde, qui li cria qu'il estoit morz. Et il ot doute de morir quant il vit cel maufé qui vers lui acoroit. Si regarda entor lui ; mes il ne vit rien dont il se poïst deffendre. Lors corut a l'espee, come cil qui angoisse de morir et doutance semonoit, si la trest fors dou fuerre. Et quant il la vit nue, si la prisa tant qu'il ne poïst riens tant prisier. Lors la comença a branler contremont ; mes au premier branle li avint que ceste espee brisa par mi. Lors dist que la chose qu'il avoit plus prisiee el monde devoit il plus blasmer, et par droit, por ce que au grant besoign li estoit faillie.

« Lors remist les pieces de l'espee sus le lit et sailli fors de la nef, et s'ala combatre au jaiant et l'ocist. Puis revint en la nef. Et quant li venz se fu feruz ou voile par aventure, si erra par mi la mer, tant qu'il encontra une autre nef qui ert le roi Mordrain, qui molt avoit esté guerroiez et assailliz de l'anemi a la roche dou Port Perillex. Quant li uns vit l'autre, si s'entrefirent mout grant joie, come cil qui molt s'entr'amoient de grant amor. Si demanda li uns a l'autre de son estre et de ses aventures qui li erent avenues. Et tant que

Nasciens dist : « Sire, je ne sai que vos me direz des aven-
« tures dou monde. Mes puis que vos ne me veistes mes, vos di
« je qu'il m'avint une des plus merveilleuses aventures dou
« monde, ne qui onques au mien escient avenist a home. »
Lors li conte coment il li estoit avenu de la riche espee, coment
ele li estoit brisiee au grand besoign, quant il en cuida ocierre
le jaiant. — « Par foi, fist il, merveilles me dites. Et de cele
« espee que feistes vos ? » — « Sire, fet Nasciens, je la mis ou
« je la pris. Si la poez venir veoir s'il vost plest, car ele est
« çaienz. » Lors se parti li rois Mordrains de sa nef et entra
en la Nascien et vint au lit. Et quant il vit les pieces de
l'espee qui ert brisiee, si la prisa plus que riens qu'il eust
onques mes veue. Si dist que cele briseure n'avoit pas esté
fete par mauvestié de l'espee ne par defaute, mes par aucune
senefiance ou par aucun pechié de Nascien. Lors prist les
deus pieces et les remist ensemble. Et si tost come li dui acier
furent josté ensemble, si resouda l'espee ausi legierement
com ele avoit esté brisiee. Et quant il vit ce, si comença
maintenant a sorrire et dist : « Par Dieu, merveilles est des
« vertuz Jhesucrist, qui solde et fraint plus legierement que
« len ne porroit cuidier. » Lors remist l'espee ou fuerre et la
coucha la ou vos la veez ore. Et maintenant oïrent une voiz
qui lor dist : « Issiez fors de cele nef et entrez en l'autre, car
« par poi que vos ne chaez en pechié, et se vos en pechié estes
« trovez tant come vos seroiz çaienz, vos n'en poez eschaper
« sanz perir. » A tant issirent de la nef et entrerent en une
autre. Et en ce que Nasciens entroit de l'une en l'autre, si fu
feruz d'une espee en lançant par mi l'espaule si durement
qu'il chaï en la nef arriere ; et au chaoir qu'il fist dist il : « Ha !
« Diex, come je sui bleciez ! » Lors oï une voiz qui li dist : « Ce
« est por le forfet que tu feis de l'espee que tu tresis : car tu n'i
« devoies pas adeser, car tu n'en estoies pas dignes. Or si te
« regarde mielz une autre foiz d'aler contre ton Creator. »

« En tel maniere avint ceste parole come je vos ai devisee, qui ci est escrite : CIL QUI PLUS ME PRISERA PLUS I TROVERA A BLASMER AU GRANT BESOIGN. Car cil ou monde qui plus prisa ceste espee, ce fu Nasciens, et ele li failli au grant besoign si come je vos ai conté. »

— « A non Dieu, fet Galaad, de ceste chose nos avez vos bien fait sages. Or si nos dites coment l'autre avint. » — « Volentiers, fet la damoisele.

« Voirs fu, fet ele, que li rois Parlan, que len apele le Roi Mehaignié, tant come il ot pooir de chevauchier essauça mout sainte crestienté, et honora povre gent plus que nus que len seust, et fu de si bone vie que len ne trovast son pareil en crestienté. Mes un jor chaçoit en un suen bois qui duroit jusqu'a la mer, et tant que il perdi chiens et veneors et ses chevaliers touz, fors un sol qui ses cousins germains estoit. Et quant il vit qu'il ot perdue toute sa compaignie, si ne sot que fere ; car il se veoit si parfont en la forest que il n'en savoit coment issir, com cil qui n'avoit pas la voie aprise. Lors se mist ou chemin entre lui et son chevalier, et erra tant qu'il vint sor le rivage de la mer par devers Illande. Et quant il i fu venuz, si i trova ceste nef ou nos sommes ore : si vint au bort et trova les letres que vos avez veues. Et quant il les vit, si ne s'esmaia pas, com cil qui ne se sentoit mie meffez vers Jhesucrist de totes les bontez que chevaliers terriens poïst avoir. Lors entra en la nef toz sels, car li chevaliers ses compainz n'ot pas le hardement qu'il i entraist. Quant il ot trovee ceste espee, si la trest del fuerre tant com vos poez veoir, car devant ce ne paroit il point de l'alemele. Et toute l'eust il trete sanz targier ; mes maintenant entra laienz une lance, dont il fu feruz par mi oultre les deus cuisses, si durement qu'il en remest mehaigniez si com il apert encore, ne onques puis n'en pot *arir, ne ne sera devant que vos vendroiz a lui. Et einsi fu il mehaigniez par le hardement que il fist. Et por icele venjance dist len que ele li fu felonnesse qui li deust estre debonere : car il ert li mieldres chevaliers et li plus preudons qui alors fust. »

— « A non Dieu, damoisele, font il, tant nos en avez dit que nos veons or bien que por ces letres ne doit on mie lessier a prendre ceste espee. »

Lors resgardent le lit et voient qu'il est de fust et n'est pas couche. Et ou mileu par devant avoit un fuissel qui estoit enfichié par mi le fust qui ert du long dou lit par devant, si qu'il ert contremont toz droiz. Et d'autre part derriere outre en l'autre esponde en avoit un autre qui toz estoit droiz, et si estoit tres endroit celui. De l'un des fuissiaux jusqu'a l'autre avoit tant d'espace com li liz et de lé. Et desus ces deus fuissiaux avoit un autre menu quarré qui estoit chevilliez en l'un et en l'autre. Et li fuissiaux qui par devant ert fichiez estoit plus blans que noif negiee ; et cil derrieres ert ausi rouges come goutes de vermeil sanc ; et cil qui aloit par desus ces deus ert ausi verdoianz come esmeraude. De ces trois colors estoient li troi fuissel desus le lit ; et si sachiez veraiement que ce estoient naturiex colors sanz peinture, car eles n'i avoient esté mises par home mortel ne par fame. Et por ce que maintes genz le porroient oïr qui a mençonge le tendroient, se len ne lor faisoit entendant coment ce poroit avenir, si s'en destorne un poi li contes de sa droite voie et de sa matiere por deviser la maniere des trois fuissiax qui des trois colors estoient.

*
\* \*

Or dit li contes dou Saint Graal ci endroit que quant il avint chose que Eve la pecheresse, qui la premiere fame fu, ot pris conseil au mortel anemi, ce fu au deable, qui des

lors comença a engignier l'humain lignage par decevoir,
et il tant l'ot enortee de pechié mortel, ce fu de couvoitise,
par quoi il avoit esté gitez fors de paradis et trebuchiez de
la grant gloire des cielx, il li fist son desloial talent mener
a ce qu'il li fist coillir dou fruit mortel de l'arbre et de
l'arbre meismes un rainsel avec le fruit, si come il avient
sovent que li rains remaint o le fruit que len quielt. Et si
tost come ele l'ot aporté a son espous Adam, a qui ele l'ot
conseillié et enorté, si le prist as mains en tel maniere qu'il
l'esracha dou rainsel, si le menja a nostre paine et a la soie
et a son grant destruiement et au nostre. Et quant il l'ot
esracié dou rainsel einsi com vos avez oï, si avint que li
rains remest en la main sa fame, si com il avient aucune
foiz que len tient aucune chose en sa main et si n'i cuide
len riens tenir. Et si tost com il orent mengié dou mortel
fruit, qui bien doit estre apelez mortiex, car par lui vint
primes la mors a ces deus et puis as autres, si changierent
toutes lor qualitez qu'il avoient devant eues et virent qu'il
estoient charnel et nu, qui devant ce n'estoient se chose
esperitiex non, ja soit ce qu'il eussent cors. Et neporquant
ce n'aferme mie li contes que il del tout fuissent esperitel ;
car chose formee de si vil matiere come limon ne puet
estre de tres grant neteé. Mais il erent ausi come esperitel
quant a ce qu'il estoient formé por toz jorz vivre, se ce
avenist qu'il se tenissent toz jorz de pechier. Et quant il
se resgarderent, il se virent nu et il conurent les hontiex
membres ; si fu li uns de l'autre vergondeus : de tant se
sentirent il ja de lor meffet. Lors couvri chascuns d'aus
les plus ledes parties de sus lui de ses deus paumes. Eve
tint en sa main toutes voies le raisel qui li estoit remés
dou fruit, ne onques cel rainsel ne lessa ne avant ne
aprés.

Quant Cil qui toz les pensers set et les corages conoist

sot qu'il avoient einsi pechié, si vint a aus et apela Adam premierement. Et il estoit reson qu'il en fust plus achaisonnez que sa fame, car ele estoit de plus foible complexion, come cele qui avoit esté fete de la coste de l'ome ; et si fust droiz qu'ele fust obeissanz a lui ne mie il a li ; et por ce apela il Adam premierement. Et quant il li ot dite sa felonnesse parole : « Tu mengeras ton pain en suor », si ne volt mie que la fame en eschapast quite, qu'ele ne fust parçoniere de la peine ausi come ele avoit este del forfet; si li dist : « En d'olor et en tristece enfanteras ta porteure. » Aprés les gita andeus de paradis, que l'Escriture apele paradis de delit. Et quant il furent fors, si tint totevoies Eve le rainsel en sa main, que onques nel regarda a cele foiz. Mes quant ele se regarda et ele vit le raim, si s'aperçut por ce qu'ele le vit verdoiant come celui qui tantost avoit esté coilliz. Si sot que li arbres dont li rains avoit esté coilliz estoit achaison de son deseritement et de sa mesese. Lors dist que, en remembrance de si grant perte com par cel arbre li estoit avenue, garderoit ele le rainsel tant come ele le porroit garder, en tel maniere qu'ele le verroit sovent en remembrance de sa grant mesaventure.

Lors s'apensa Eve qu'ele n'avoit huche ne autre estui en coi ele le peust estoier, car encore au tens de lores n'estoit il nule tele chose. Si le ficha dedenz terre, si qu'il i tint droiz, et dist que einsi le porroit ele veoir assez sovent. Et li rains qui en la terre estoit fichiez, par la volenté au Creator a qui toutes choses sont obeissanz, crut et reprist en la terre et racina.

Cil rains que la premiere pecheresse aporta de paradis fu pleins de mout grant senefiance. Car en ce que ele le portoit en sa main senefioit il une grant lœsce, tot ausi come s'ele parlast a ses oirs qui aprés li estoient a venir,

car ele ert encore pucele ; et li rains senefioit ausi come
se ele lor deist : « Ne vos esmaiez mie se nos somes gité
de nostre heritage : car nos ne l'avons mie perdu a toz
jorz mais ; veez en ci enseignes que encore i serons nos
en aucune seson. » Et qui voldroit demander au livre por
quoi li hons ne porta fors de paradis le raim plus que la
fame, car plus est li hons haute chose que la fame, a ce
respont il que li porters dou rainsel n'apartenoit pas a
l'ome se a la fame non. Car la ou la fame le portoit sene-
fioit il que par fame estoit vie perdue et par fame seroit
restoree. Et ce fu senefiance que par la Virge Marie
seroit li heritages recovrez qui perduz estoit au tens de
lors.

Des ore repere li contes au rainsel qui ert remés en
terre, et dist qu'il crut tant et moutéplia qu'il fu granz
arbres en petit de tens. Et quant il fu granz et aombrables,
si fu toz blans come noif en la tige et es branches et es
fueilles. Et ce ert senefiance de virginité ; car virginitez
est une vertu par coi li cors est tenuz nez et l'ame blanche.
Et ce qu'il estoit blans en toutes choses senefie que cele
qui l'avoit planté estoit encore virge [a cele hore qu'ele
le plantoit : car] a cele hore que Eve et Adans furent gité
fors de paradis estoient il encor net et virge de toute vilenie
de luxure. Si sachiez que virginitez et pucelages ne sont
mie une meisme chose, ançois a grant différence entre l'un
et l'autre. Car pucelages ne se puet de trop aparagier a
virginité, et si vos dirai por quoi. Pucelages est une vertuz
que tuit cil et toutes celes ont qui n'ont eu atouchement
de charnel compaignie. Mais virginitez est trop plus haute
chose et plus vertuose : car nus ne la puet avoir, soit
hom soit fame, por qu'il ait eu volenté de charnel assem-
blement. Et cele virginité avoit encore Eve a cele hore
qu'ele fu gitee de paradis et des granz deliz qui i estoient ;

et a cele hore qu'ele planta le raim n'avoit ele pas encore virginité perdue. Mais aprés comanda Diex a Adam qu'il coneust sa fame, ce est a dire qu'il geust a li charnelment, einsi come nature le requiert que li hons gise o s'espouse et l'espouse o son seignor. Lors ot Eve virginité perdue et des lors en avant orent charnel assemblement.

Tant qu'il avint grant piece aprés ce qu'il l'ot coneue einsi come vos avez oï, que entr'ax deus se seoient desoz cel arbre. Et Adam la comença a resgarder et a plaindre sa dolor et son essil. Si comencierent mult durement a plorer li uns por l'autre. Lors dist Eve que ce n'ert mie merveille se il avoient ilec remembrance de dolor et de pesance, car li arbres l'avoit en soi, ne nus ne pooit estre desoz, tant fust liez, qu'il ne s'en partist dolenz; et a bon droit estoient il dolent, car ce ert li Arbres de la mort. Et si tost come ele ot ceste parole dite, si parla une voiz et dist a aus : « Ha ! chetif, porquoi jugiez vos einsi la mort et destinez li uns a l'autre ? Ne destinez plus nule chose par desesperance, mes confortez li uns l'autre, car plus i a de la vie que de la mort. » Einsi parla la voiz as deus chetis ; et lors furent mout reconforté ; si l'apelerent des lors en avant l'Arbre de Vie, et por la grant joie qu'il en orent en planterent il mout d'autres qui tuit descendirent de celui. Car si tost com il en ostoient un raim, il le fichoient en terre, si reprenoit tantost et enracinoit de son gré, et toz jorz retenoit il la color de celui.

Et cil crut toz jorz et amenda. Si avint puis que plus volentiers s'i seoient Adam et Eve qu'il ne fesoient devant. Et tant qu'il avint un jor qu'il s'i seoient andui, si dit la veraie estoire que ce fu a un vendredi. Quant il orent grant piece sis ensemble, si oïrent une voiz qui parla a aus et lor comanda qu'il assemblassent charnelment. Et il furent ambedui de si grant vergoigne plein que lor ueil ne poïssent pas soffrir qu'il s'entreveissent a si vilain mestier fere, car

ausi grant honte en avoit li hons come la fame. Ne il ne
savoient coment il osaissent trespasser le comandement
Nostre Seignor, car la venjance dou premier comandement
les chastioit. Si s'entrecomencierent a resgarder mout hon-
teusement. Lors vit Nostre Sires lor vergoigne, si en ot pitié.
Mes por ce que ses comandemenz ne pooit estre trespassez
et que ses voloirs estoit tiex que de ces deus voloit establir
l'umaine ligniee por restorer la disieme legion des anges,
qui dou ciel avoient esté trebuchié par lor orgueil, por ce
lor envoia il grant confort a lor vergoigne. Car il mist main-
tenant entr'ax deus une oscurté si grant que li uns ne pot
l'autre veoir. Et lors furent mout esbahi coment cele oscur-
tez pooit estre venue entr'ax si soudainement. Lors apela li
uns l'autre, et s'entretasterent sanz veoir. Et por ce qu'il
covient que totes choses soient fetes au comandement Nostre
Seignor, por ce covint il que les cors assemblassent charnel-
ment, einsi come li verais Peres l'avoit comandé a l'un et a
l'autre. Et quant il orent geu ensamble, si orent fete novele
semence en quoi lor granz pechiez fu auques alegiez ; car
Adam ot engendré et sa feme conceu Abel le juste, qui son
Criator servi premierement en gré de rendre dismes loiau-
ment.

Einsi fu Abel li justes engendrez desoz l'Arbre de Vie au
vendredi, ce avez vos bien oï. Et lors failli l'oscurtez, et
s'entrevirent ausi come devant. Si s'aperçurent bien que ce
avoit fet Nostre Sires por lor vergoigne covrir ; si en furent
molt lié. Et tantost en avint une merveille, que li Arbres,
qui devant avoit esté blans en totes choses, devint ausi
verdoianz come herbe de pré ; et tuit cil qui de lui issirent
puis qu'il furent assemblé devenoient vert en fust et en
fueille et en escorce ausi.

Einsi fu changiez li Arbres de blanc en vert ; mes cil qui
de lui estoient descendu ne changierent onques lor premiere

color, ne onques ne parut a nul d'eus se a celui non solement. Mes cil fu toz coverz de verz colors amont et aval, et des lors en avant comença a florir et a porter fruit, ne onques devant ce n'avoit flori ne fructifié. Et ce qu'il perdi la blanche color et prist la vert senefie que la virginité estoit alee de cele qui planté l'avoit, et la verdor qu'il prist et la flor et li fruiz fu senefiance de la semence qui desoz lui avoit esté semee, et qu'ele seroit toz dis vert en Nostre Seignor, ce est a dire en bone pensee et en amoreuse vers son Creator. Et la flor senefia que la creature qui desoz cel Arbre avoit esté engendree seroit chaste et nete et pure de cors. Et li fruiz senefioit qu'ele metroit en oevre viguereusement et qu'ele mostreroit le semblant de religion et de bonté en toutes choses terriennes.

Einsi fu cil Arbres longuement de vert color, et tuit cil qui de lui estoient descendu puis l'assemblement jusqu'a cel tens que Abiax fu granz, et qu'il fu si deboneres vers son Creator et tant l'ama qu'il li rendi ses dismes et ses premices des plus beles choses qu'il avoit. Mes Cayns ses freres ne le fist pas einsi, ainz prenoit les plus vix choses et les plus despites qu'il avoit et les offroit a son Creator. Et de ce avenoit il que Nostre Sires donoit si beles choses a celui qui les beles dismes li rendoit, que quant il ert ou tertre montez ou il estoit acostumez a ardoir ses offrendes, si come Nostre Sires li avoit comandé, si s'en aloit la fumee droit ou ciel. Mes la Kaïm son frere n'aloit pas en tel maniere, ainz s'espandoit parmi les chans et ert lede et noire et puanz ; et cele qui issoit del sacrefice Abel estoit blanche et soef olant. Quant Cayns vit que Abel ses freres estoit plus beneurez en son sacrefice qu'il n'estoit, et que plus le recevoit Nostre Sires en gré que le suen, si l'em pesa mult, et moult en acoilli en grant haine son frere, et tant qu'il l'en haï outre mesure. Et lors comença a penser coment il s'em porroit vengier, et tant qu'il dist a soi meismes qu'il l'ocirroit : car autrement ne veoit il mie qu'il en peust avoir venjance.

Einsi porta Cayns mout longuement haine dedenz son cuer, que onques n'en mostra chiere ne semblant par quoi ses freres s'em poïst apercevoir, qui a nul mal n'i pensoit. Et tant fu celee cele haine que Abel fu un jor alez en champ auques loign del manoir son pere, et li manoirs ert auques loign de cel Arbre, et devant cel Arbre estoient ses berbiz que il gardoit. Et li jorz fu eschaufez et li solaux fu ardanz, si que Abel ne pot la chalor soffrir ; si s'en ala seoir desoz cel Arbre. Si lui prist talent de dormir, si se coucha desoz l'Arbre et comença a sommeillier. Et ses freres, qui longuement avoit la traïson porpensee, l'ot espié et suï tant qu'il le vit desoz cel Arbre acoter. Lors vint aprés et le cuida ocirre si soudainement qu'il n'en fust aperceuz. Mes Abiax l'oï bien venir ; si se regarda, et quant il vit que ce fu ses freres, si se dreça encontre lui et le salua, car il l'amoit mout en son cuer ; si li dist : « Bien viegniez, biau frere ! » Et cil li rendi son salu et le fist seoir ; si lessa aler un coutel corbe qu'il tenoit, et l'en feri par desoz la mamele premierement.

Einsint reçu Abel la mort par la main de son desloial frere, en cel leu meismes ou il ot esté conceuz. [Et tout enci com il fuit conceus a un jor de venredi, ci com li veraie bouche le met en nom : altreci resut il mort a jor del venredi] par cel tesmoign meismes. Et la mort que Abel reçut par traïson a cel tens qu'il n'estoient encore que troi home en terre senefia la mort au verai Crucefié, car par Abel fu il senefiez et par Caym fu senefiez Judas par qui il reçut mort. Et tout einsi come Caïns salua Abel son frere et puis l'ocist, tout ausi salua Judas son seignor, et si avoit sa mort porchaciee. Einsi s'acorderent bien les deus morz ensemble, non pas de hautece, mes de senefiance. Car ausi com Cayns ocist Abel au vendredi, ausi ocist Judas son seignor au vendredi, non pas par sa main, mes par sa langue. Et mout senefia bien Caym Judas de maintes choses : car il pooit achaison trover en Jhesucrist par quoi il le deust haïr ; mes il avoit achaison sanz droiture, [car il le haoit] non pas por mauvestié qu'il eust en lui veue, mes por itant solement qu'il ne veoit en lui se bien non. Car il est costume a toz li mauvés homes qu'il ont guerre et envie contre la bone gent ; et se Judas, qui tant ert desloiax et traitres, seust autant de desloiauté et felonie en Jhesucrist come il fesoit en soi meismes, il nel haïst mie, ainz fust la chose par quoi il l'amast plus, puis qu'il le veist autel come il se sentoit. Et de cele traïson que Cayns fist vers Abel son frere parole Nostre Sires ou sautier par la bouche David le roi, qui dist une felonesse parole, et si ne sot por quoi il l'avoit dite ; car il parole ausi come s'il deist a Caym : « Tu porpensoies et disoies felonies envers ton frere, et contre le filz de ta mere bastisoies tu tes traïsons et tes aguez. Et ce feis tu, et je me tesoie. Et por ce as tu cuidié que je fusse semblables a toi, por ce que je n'en parloie mie ; mes non sui, ançois te chastierai et reprendrai mout durement. »

Ceste venjance avoit esté esprovee avant que David l'eust devisee, la ou Nostre Sires vint a Caym et li dist : « Cayns, ou est tes freres ? » Et il respondi com cil qui se sentoit corpables de la traïson que il avoit fete et qui avoit ja son frere covert des fueilles de l'Arbre meismes, por ce qu'il ne fust trovez. Si dist, quant Nostre Sires li ot demandé ou ses freres estoit : « Sire, dist il, je ne sai ; sui je donc garde de mon frere ? » Et Nostre Sires li dist : « Que est ce que tu as fet ? La voiz del sanc Abel ton frere se complaint a moi de la ou tu l'espandis a terre. Et por ce que tu as ce fet seras tu maleoiz sus terre ; et la terre sera maleoite en toutes les oevres que tu feras, por ce que ele recoilli le sanc de ton frere, que tu espandis sus lui en traïson. »

Einsi maudist Nostre Sires la terre, mes il ne maudist mie l'Arbre soz quoi Abel avoit esté ocis, ne les autres arbres qui de celui descendirent, ne qui puis furent crié par desus la terre par la volenté de Lui. Et de cel Arbre avint une grant merveille, car si tost come Abel ot mort receue soz l'Arbre, perdi il la color vert et devint en totes choses vermeux ; et ce fu en remembrance dou sanc qui i avoit esté espanduz. Ne de celui ne pooit nus autres aengier, ainz moroient toutes les plantes que len en fesoit ne ne pooient a bien venir. Mescil cru et embeli si merveilleusement que ce fu li plus biax arbres qui fust onques puis veuz, et li plus delitables a resgarder.

Longuement dura cil Arbres en tel color et en tel biauté come vos m'avez oï deviser, ne onques n'envieilli ne ne secha ne de nule riens n'empira, fors tant solement qu'il ne porta ne flor ne fruit puis cele hore que li sans Abel i fu espanduz ; mes li autre qui de lui estoient descendu florissoient et portoient fruit einsi come nature d'arbre le requiert. Et tant demora en tel maniere que li siecles fu mout creuz et montepliez. Si le tindrent en grant reverence tuit li hoir qui d'Eve et d'Adam descendirent, et molt l'enorerent tuit, et contoient li un as autres de lignee en lignee coment lor premiere mere l'avoit planté. Si i prenoient alegement et li viel et li juene, et s'i venoient reconforter quant il estoient en aucune mesestance, por ce que Arbres de Vie estoit apelez et lor fesoit remembrance de joie. Et se cil Arbres cru et embeli, ausi fisent tuit li autre qui de celui estoient descendu, et cil qui estoient blanc de toutes choses et cil qui vert estoient ; ne nus del siecle n'ert tant hardiz qu'il en osast oster une branche né une fueille.

De cel Arbre vit len encore une autre merveille avenir. Car quant Nostre Sires ot envoié en terre le deluge, par quoi li mondes, qui tant estoit mauvés, fu periz, et li fruit de terre et les forez et li gaaignaige l'orent si chierement comparé que puis ne porent avoir si bone savor come il avoient devant, ainz furent adont toutes choses tornees en amertume ; mes de cels arbres qui de celui de Vie estoient descendu ne pot len veoir nul signe qu'il fussent empirié de savor ne de fruit ne changié de la color qu'il avoient devant.

Tant durerent cil arbre en tel maniere que Salemons, li filz le roi David, regna et tint terre aprés son pere. Et cil Salemons fu si sages qu'il fu garniz de totes bones sciences que cuers d'ome mortel porroit savoir, et conut toutes les forces des pierres precieuses et les vertuz des herbes, et sot le cours dou firmament et des estoiles si bien que nus fors Damediex ne le poïst mielz savoir. Et neporec toz ses granz sens ne pot durer contre le grant engin sa fame, que ele ne le deceust assez souvent, quant ele i vouloit metre peine. Et ce ne doit len pas tenir a merveille ; car sanz faille, puis que fame veut metre s'entencion et son cuer en engin, nus sens d'ome mortel ne s'i porroit prendre ; si ne comença pas a nos, mes a nostre premiere mere.

Quant Salemons vit qu'il ne se porroit garder contre l'engin de sa fame, si se merveilla dont ce li venoit, et en fu assez corrouciez ; mes plus n'en osa fere : dont il dist en son livre que len apele Paraboles : « Je ai, fist il, avironné le monde et alé parmi en tel maniere come sens mortiex porroit encerchier, ne en tote cele circuite ne poï trover une bone fame. » Ceste parole dist Salemons por le corrouz qu'il avoit de sa fame a qui il ne pooit durer. Si essaia en mainte maniere se il ja la porroit jeter de cel sens, mes ce ne pooit estre. Quant il vit ce, si comença a fere une demande a soi meismes, por quoi fame fesoit si volentiers corroz a home. A ceste demande li respondi une voiz quant il pensoit et li dist : « Salemon, Salemon, se de fame vint et vient tristece a home, ne t'en chaille, Car une fame sera encore dont il

vendra a home greignor joie cent tanz que ceste tristece
n'est ; et cele fame nestra de ton lignage. »

Quant Salemons oï ceste parole, si se tint a fol de ce qu'il
avoit sa fame blasmee. Lors comença a penser par les choses
qui li aparoient et en veillant et en dormant por savoir s'il
porroit conoistre la verité et la fin de son lignage. Et tant en-
cercha et enquist que li Sainz Esperiz li demostra la venue
de la glorieuse Virge, et li dist une voiz partie de ce qui li
ert a avenir. Et quant il oï ceste novele, si demanda se ce
estoit la fins de son lignage : « Nanil, fist la voiz ; uns hons
virges en sera la fins, et cil sera autant meillors chevaliers de
Josué ton serorge come cele Virge sera meillor de ta fame.
Or t'ai certefié ce dont tu as tant esté en doutance. »

Quant Salemons oï ceste parole, si dist que molt ert liez
quant en si haute bonté et en si haute chevalerie seroit
fichiée la bosne de son lignage. Si pensa coment il poïst
fere savoir a celui home derrein de son lignage que Sale-
mons, qui si lonc tens avoit devant lui esté, seust la verité de
sa venue. A ce pensa il et soutilla mout lonc tens ; car il ne
veoit pas coment il poïst noncier a home qui si lonc tans
estoit a venir aprés lui que il seust de lui nule rien. Et sa
fame s'aperçu bien qu'il baoit a chose dont il ne pooit venir
a chief. Et ele l'amoit asez, non pas tant que maintes fames
n'amassent plus lor seignors, si estoit molt viseuse. Si ne li
volt pas tantost demander, ainz atendi tant qu'ele vit son point
et qu'ele vit un soir qu'il estoit liez et joianz et qu'il estoit
bien de lui. Si li pria qu'il li deïst ce que ele li demanderoit ;
et il dist que si feroit il volentiers, come cil qui ne se gar-
doit que ele beast cele part. Et ele li dist maintenant :
« Sire, vos avez mout pensé ceste semaine et l'autre, et lonc
tens a, en tel maniere que vostre pensers ne remanoit
onques. Et por ce sai je bien que vos avez pensé a chose
dont vos ne poez a chief venir. Et por ce voldroie je volen-

tiers savoir que ce est. Car il n'a ou monde chose de quoi je
ne cuidasse venir a chief, au grant sens qui en vos est et a la
grant subtilité qui est en moi. »

Quant Salemons oï ceste parole, si pensa bien que, se
cuers mortiex pooit metre conseil en ceste chose, que ele l'i
metroit, car il l'avoit trovee de si grant engin qu'il ne
cuidast mie qu'il eust ame de si grant engin ou siecle qui le
poïst penser. Et por ce li vint il en talent que il li diroit son
penser : si l'en dist tout outreement la verité. Et quant il li
ot dite, ele pensa un poi et li respondi maintenant : « Coment,
fet ele, estes vos donques esgarez coment vos façoiz savoir a
cel chevalier que vos avez seue la verité de lui? » — « Oïl
voir, fet il ; je ne puis mie veoir coment ce puisse avenir.
Car il a si lonc tens d'ore jusqu'a celui terme que je en sui
toz esbahiz. » — « Par foi, fait ele, puis que vos ne le savez,
je le vos enseignerai. Mes dites moi avant combien vos
cuidoiz qu'il ait jusqu'a celui terme. » Et il dist qu'il cuidoit
bien qu'il i eust deus mile anz et plus. « Or vos dirai donc,
fet ele, que vos feroiz. Fetes fere une nef dou meillor fust et
del plus durable que len porra trover, et de tel qui ne
puisse porrir ne por eve ne por autre chose. » Et il dist que
si feroit il.

L'endemain manda Salemons toz les charpentiers de sa
terre, et lor comanda que il feissent la plus merveilleuse nef
qui onques fust veue, et de tel fust qui ne poïst porrir. Et il
distrent qu'il la feroient tele come il le devisoit. Et quant il
orent quis le fust et le merrien, et il l'orent comenciee, sa
fame dist a Salemon : « Sire, puis qu'il est einsi que cil
chevaliers que vos dites doit passer de chevalerie toz çax qui
devant lui avront esté et qui aprés lui vendront, il seroit
granz honors que vos aucune armeure li apareillissiez, qui
passast de bonté totes armeures ausi come il passera de
bonté toz autres chevaliers. » Et il dist qu'il ne la savoit ou

prendre tele come ele li disoit. « Et je le vos enseignerai,
fait ele. Ou temple que vos avez fet en l'onor vostre Seignor
est l'espee le roi David vostre pere, la plus trenchant et la
plus merveilleuse qui onques fust bailliee de main de che-
valier. Si la prenez et en ostez le pont et l'enheudeure, si
que nos aions l'alemele tote nue tornee a une part. Et vos,
qui conoissiez les vertus des pierres et la force des herbes et
la maniere de toutes autres choses terrienes, si i fetes un
pont de pierres precieuses si soutilment jointes qu'il n'ait
aprés vos regart terrien qui poïst conoistre l'une de l'autre,
ainz quit chascuns qui le verra que ce soit une meisme
chose. Et aprés i fetes une enheudeure si merveilleuse qu'il
n'i ait el monde si vertueuse ne si merveilleuse. Aprés i
fetes le fuerre si merveilleus en son endroit come l'espee est
ou suen. Et quant vos i avroiz ce fet, je i metrai les renges
teles come moi plaira. »

Et il fist tout ce qu'ele li dist, fors dou pont, ou il ne mist
qu'une sole pierre, mes ele ert de totes les colors que len
poïst deviser ; et i mist une enheudeure si merveilleuse
come il devise en autre leu.

Quant la nef fu fete et mise en mer, la dame i fist metre un
lit grant et merveilleux, et i fist metre coutes pointes plusors,
tant que li liz fu biax et genz. Et au chevez si mist li rois sa
corone et le covri d'un blanc drap de soie. Et il avoit a sa
fame bailliee l'espee por metre les renges, et li dist : « Apor-
tez ça l'espee ; si la metrai as piés dou lit. » Et ele li aporta ;
et il la resgarda : si vit qu'ele i avoit mises renges d'estoupes ;
si s'en dut corroucier, quant ele li dist : « Sire, sachiez que je
n'ai nule si haute chose, qui soit digne de sostenir si haute
espee come ceste est. » — « Et que en porra l'en donques fere ? »
fet il. — « Vos la lerez einsi, fet ele, car il n'afiert mie a nos
que nos les i metons ; ainz les i metra une pucele, mes je ne
sai quant ce sera, ne a quele hore. » A tant lesse li rois

l'espee si come ele estoit ; et aprés firent la nef covrir d'un drap de soie qui n'avoit garde de porrir ne por eve ne por autre chose. Et quant il orent ce fet, la dame resgarda le lit et dist que encore i failloit il.

Lors s'en issi entre li et deus charpentiers et vint a l'Arbre soz qui Abel avoit esté ocis. Et quant ele fu la venue, ele dist as charpentiers : « Coupez moi de cest bois tant que je en aie a fere un fuissel. » — « Ha ! Dame, font il, nos n'oserions. Ne savez vos que ce est l'Arbre que nostre premiere mere planta ? » — « Il covient, fet ele, que vos le façoiz, car autrement vos feroie je destruire. » Et il distrent qu'il le feroient, puis qu'il estoient a ce mené, car mielz se voloient meffere ilec que ele les oceist. Maintenant comencierent a ferir en l'Arbre ; mes il n'i orent gueres feru quant il furent tuit espoanté : car il virent tot apertement que de l'Arbre issoient goutes de sanc ausi vermeilles come roses. Et lors vouloient lessier a ferir ; mes ele lor fist recomencier, ou il vousissent ou non. Et tant en osterent que il em porent avoir un fuissel. Et quant il orent ce fet, ele lor fist prendre d'un des arbres de vert color qui de celui estoient descendu, et aprés lor refist couper d'un des autres qui estoient blans en toutes choses.

Quant il furent garni de ces trois manieres de fust, qui estoient de diverses colors, si s'en revindrent a la nef. Et ele entra enz et les fist aprés soi venir, et lor dist : « Je voil que vos me façoiz de cest merrien trois fuissiax, et en soit li uns en costé de cest lit, et li autres encontre de l'autre part, et li tierz aille par desus, si que il soit chevilliez en ambedeus. » Et cil le firent einsi come ele l'ot comandé, et i mistrent les fuissiax, mes il n'i ot celui qui onques puis muast color tant come la nef dura. Quant il orent ce fet, si regarda Salemons la nef et dist a sa fame : « Tu as, fist il, merveilles fetes. Car se tuit cil dou monde estoient ci, si

ne savroient il deviser la senefiance de ceste nef se Nostre
Sires ne lor enseignoit, ne tu meesmes, qui l'as fete, ne ses
que ele senefie. Ne encor por chose que tu aies fete ne savra
li chevaliers que j'aie noveles oïes de lui, se Nostre Sires
n'i met autre conseil. » — « Or la lessiez einsi, fet ele, car
vos en orroiz par tens autres noveles que vos ne cuidiez. »

Cele nuit jut Salemons en un suen paveillon devant la
nef a petit de compaignie. Et quant il fu endormiz, il li fu
avis que de vers le ciel venoit uns hons o grant compaignie
d'anges, qui descendoient en la nef aval. Et quant il i ert
entrez, si prenoit l'eve que li uns des anges aportoit en un
saiel d'argent, si arousoit tote la nef, et puis venoit a
l'espee et escrivoit letres ou pont et en l'enheudeure ; et
aprés ce venoit au bort de la nef et i fesoit ausi letres. Et
quant il avoit ce fet, si s'aloit couchier ou lit, ne des lors
en avant ne savoit Salemons que il devenoit, ainz s'esva-
noissoit entre lui et sa compaignie.

L'endemain au point dou jor, si tost come Salemons fu
esveilliez, si vint a la nef et trova el bort letres escrites qui
disoient : Oz tu, hons qui dedenz moi velz entrer,
garde que tu n'i entres se tu n'es pleins de foi, car je
ne sui se foi non et creance. Et si tost com tu guenchiras
a creance, je te guenchirai en tel maniere que tu n'avras
de moi nule soustenance ne aide, ainz te lerai chaoir
de quele hore que tu seras atainz en mescreance.

Quant Salemons vit ces letres, si fu si esbahiz qu'il n'osa
entrer dedenz, ainz se trest arrieres ; et la nef fu maintenant
empeinte en mer et s'en ala si tres grant oirre qu'il en ot
perdue la veue en petit de tens. Et il s'asist a la rive ; si
comença a penser a ceste chose. Et lors descendi une voiz
qui li dist : « Salemons, li derreains chevaliers de ton lignage
se resposera en cest lit que tu as fet, et savra noveles de toi. »
De ceste chose fu Salemons mout liez ; si esveilla sa fame

et cels qui o lui estoient, et lor conta l'aventure, et fist a savoir
as privez et as estranges coment sa fame avoit mené a chief
ce ou il ne savoit metre conseil. Et par ceste raison que li
livres vos a devisee vos dit li contes par quel raison la nef
fu fete, et por quoi et coment li fuissel erent de naturel
color blanc et vert et vermeil sanz peinture nule. Si s'en
test li contes a tant et parole d'autre chose.

*
* *

Or dit li contes que grant piece regarderent li troi com-
paignon le lit et les fuissiax, et tant qu'il conurent que li
fuissel estoient de naturel color sanz peinture ; si s'en mer-
veillierent mout, car il ne sorent coment ce pooit avenir.
Et quant il l'orent assez regardé, si leverent le drap et virent
desoz la coronne d'or, et desoz la coronne une aumosniere
molt riche par semblant. Et Percevax la prent et oevre, et
troeve dedenz un brief. Et quant li autre voient ce, si dient
que, se Diex plest, cist briés les fera certains de la nef et dont
ele vint et qui la fist premierement. Lors comence Perceval
a lire ce qui ert ou brief, et tant qu'il lor devise la maniere
des fuissiax et de la nef einsi come li contes l'a devisee. Si
n'ot celui laienz qui assez n'en plorast tandis come il escou-
toient, car de haut afere et de haute ligniee lor fesoit cil
remembrance.

Quant Perceval lor a devisee la maniere de la nef et des
fuissiax, si dist Galaad : « Biax seignor, or nos covient aler
quierre la damoisele qui ces renges changera et metra unes
autres : car sanz ce ne doit nus ceste espee remuer de
ceenz. » Et il dient qu'il ne savent ou il la truissent. « Et
neporquant, font il, toutevoies irons nos volentiers en
queste, puis que fere le covient. » Quant la damoisele qui
suer Perceval estoit les oï si dementer, si lor dist : « Sei-

gnor, ne vos esmaiez mie, car, se Dieu plest, ainz que nos
departons i seront les renges mises, si beles et si riches
come eles i covienent. » Lors ouvri la damoisele un escrin
que ele tenoit et en trest unes renges ouvrees d'or et de
soie et de cheveux mout richement. Si estoient li chevel si
bel et si reluisant que a peines coneust len le fil d'or des
chevex. Et avec ce i avoit il embatues riches pierres pre-
cieuses ; si i ot deus boucles d'or si riches que a peines
poïst len trover lor pareilles. « Bel seignor, fet ele, veez ci
les renges qui i doivent estre. Sachiez, fet ele, que je les fis
de la chose de sus moi que je avoie plus chiere, ce fu de
mes cheveux. Et se je les avoie chiers ce ne fu mie de mer-
veille, car le jor de Pentecoste que vos fustes chevaliers,
sire, dit ele a Galaad, avoie je le plus bel chief que fame
dou monde eust. Mes si tost come je soi que ceste aventure
m'estoit apareilliee et qu'il le me covenoit fere, si me fis
tondre erranment et en fis ces treces teles com vos les
poez veoir. »

— « A non Dieu, damoisele, fet Boorz, por ce soiez vos la
tres bien venue. Car de grant peine nos avez gitez, ou nos
fussons entrez se ceste novele ne fust. » Et ele vient luès
a l'espee et en oste les renges d'estoupes et i met celes, si
bel et si bien com se ele l'eust fet toz les jorz de sa vie.
Quant ele ot ce fet, si dist as compaignons : « Savez vos
coment ceste espee a non ? » — « Damoisele, font il, nanil.
Vos la nos devez nommer, car einsi le devisent les letres. »
— « Or sachiez donc, fet ele, que ceste espee a non l'Espee
as estranges renges, et li fuerres a non Memoire de sanc. Car
nus qui sens ait en soi ne verra ja l'une partie dou fuerre,
qui fu fez de l'Arbre de Vie, qu'il ne li doie sovenir del sanc
Abel. »

Quant il oient ceste parole, si dient a Galaad : « Sire, or
vos prions ou nom Nostre Seignor Jhesucrist et por ce que

toute chevalerie en soit essauciee, ceigniez l'Espee as
estranges renges, qui tant a esté desirree ou roiaume de
Logres, que onques li apostre ne desirrerent tant Nostre
Seignor. » Car par ceste espee cuident il bien que les mer-
veilles dou Saint Graal remaignent et les aventures peril-
leuses qui lor avienent chascun jor. — « Or me lessiez, fet
Galaad, avant fere le droit de l'espee. Car nus ne la doit
avoir qui ne puist le pont empoignier. Dont vos porroiz
bien veoir que ele n'est pas moie, se g'i fail. » Et il dient
que ce est voirs. Et il met maintenant la main au heult; si
li avint si a l'empoignier que a l'encontrer passa assez li
uns des doiz l'autre. Quant li compaignon voient ce, si dient
a Galaad : « Sire, ore savons nos bien que ele est vostre : si
n'i puet mes avoir contredit que vos ne la ceignoiz. » Et il
la tret lors dou fuerre, si la voit si bele et si clere que len
s'i poïst mirer ; si la prise tant come len poïst riens ou
monde plus prisier. Lors la met Galaad ou fuerre. Et la
damoisele li oste cele qu'il avoit ceinte et li ceint cele par
les renges. Et quant ele li ot pendue au costé, si li dist :
« Certes, sire, or ne me chaut il mes quant je muire ; car je
me tiegn orendroit a la plus beneuree pucele dou monde,
qui ai fet le plus preudome dou siecle chevalier. Car bien
sachiez que vos ne l'estiez pas a droit quant vos n'estiez
garniz de l'espee qui por vos fu aportee en ceste terre. » —
« Damoisele, fet Galaad, vos en avez tant fet que je en seré
vostre chevaliers a toz jorz mes. Et moutes merciz de tant
com vos en dites. » — « Or nos poons donc, fet ele, de
ci partir et aler en nostre autre afere. » Et il s'en issent tan-
tost et vont a la roche. Et lors dist Perceval a Galaad :
« Certes, sire, il ne sera ja mes jor que je ne merci Nostre
Seignor de ce qu'il li plot que j'ai esté a si haute aventure
achever come ceste est : car ele a esté la plus merveilleuse
que je onques veisse. »

Quant il furent venu a lor nef, si entrerent enz ; et li venz se fu feruz ou voile, qui tost les ot esloigniez de la roche. Et quant ce fu chose avenue que la nuiz lor sorvint, si comencierent a demander li uns a l'autre s'il estoient pres de terre. Et chascuns endroit soi dist qu'il ne savoit. Cele nuit furent en mer, que onques ne mengierent ne ne burent, come cil qui de nule viande n'erent garni. Si lor avint qu'il ariverent l'endemain a un chastel que len apeloit Carcelois, et estoit en la marche d'Escoce. Et quant il i furent arivé et il orent rendu graces a Nostre Seignor de ce qu'il les avoit si sauvement menez a l'aventure de l'espee et ramenez, si entrerent ou chastel. Et quant il orent passee la porte, la damoisele lor dist : « Seignor, mal nos est avenu del port : car se len set que nos soions de la meson le roi Artus, len nos asaudra maintenant, por ce que len het çaienz le roi Artus plus que nul home. » — « Or ne vos esmaiez, damoisele, fet Boorz. Car Cil qui de la roche nos gita nos delivrera bien de çaienz quant lui plaira. »

En ce qu'il parloient einsi lor vint uns vaslez a l'encontre, qui lor dist : « Seignor chevalier, qui estes vos ? » Et il dient : « De la meson le roi Artus. » — « Voire, fet il, par mon chief vos estes mal arivez. » Lors s'en retorne vers la mestre forteresce ; et ne demora gaires qu'il oient un cor sonner que len pooit bien oïr de par tout le chastel. Et une damoisele vient a aus et lor demande dont il sont. Et il li dient. « Ha ! Seignor, por Dieu, fet ele, se vos poez si vos en retornez ! Car, se Diex me consalt, vos estes venu a vostre mort ; et por ce vos loeroie je en droit conseil que vos retornez ançois que cil de çeienz vos sorpreignent dedenz les murs. » Et il dient qu'il ne retorneront mie. « Donc volez vos, fet ele, morir ? » — « Or ne vos esmaiez, font il. Car Cil en qui servise nos sommes entré nos conduira. » A ces paroles voient venir par mi la mestre rue jusqu'a dis cheva-

liers armez qui lor dient que il se rendent ou il les occirront.
Et il dient que del rendre est il noient. — « Et vos estes
donc alé », font cil. Si lor lessent corre les chevax. Et cil qui
gueres nes redoutent, encore soient il plus que il et soient a
pié et cil a cheval, et treent les espees ; et Perceval en fiert
un si qu'il le porte a terre dou cheval, puis prent le cheval
et monte sus, et ausi avoit ja fet Galaad. Si tost come il
furent a cheval, si les comencent a abatre et a ocirre ; si
donnent a Boort un cheval. Et quant li autre se voient si
mal mené, si tornent en fuie. Et cil les enchaucent et il se
fierent en la mestre forteresce.

Quant il vindrent amont en la sale, si troverent chevaliers
et serjanz qui s'armoient por le cri qu'il avoient oï par le
chastel. Et quant li troi compaignon, qui s'estoient feru
aprés les autres tout a cheval, virent que cil s'armoient, si
lor corurent sus les espees tretes. Si les vont ociant et aba-
tant ausi come bestes mues. Et cil deffendent lor vies au
mielz qu'il pueent, mes au darrean lor covint il torner les
dos. Car Galaad fet tiex merveilles et tant en ocit qu'il ne
cuident mie que ce soit hons mortiex, mes anemis qui laienz
se soit embatuz por aus destruire. Et au derrean, quant il
voient qu'il n'i porront garir, si s'en tornent par mi les huis
cil qui pueent, et li autre par les fenestres et se brisent cox
et jambes et braz.

Quant li troi compaignon voient le palés delivré, si res-
gardent les cors qu'il ont ocis et se tienent a pecheors de
ceste ovraingne, et dient qu'il ont mal esploitié quant il ont
ocis tant de gent. « Certes, fet Boorz, je ne cuit mie que
Nostre Sires les amast de riens, qu'il fussent si martirié
come il sont. Mes il ont esté par aventure une gent mes-
creant et renoiee, si ont tant meffet a Nostre Seignor qu'il
ne voloit mie que il fussent plus en vie ; et por ce nos envoia
il ça por aux destruire. » — « Vos ne dites mie assez, fet

Galaad. Se il meffirent a Nostre Seignor, la venjance n'en ert pas nostre a prendre, mes a Celui qui atent tant que li pechierres se conoisse. Et por ce vos di je que je ne seré ja mes aeise devant que je en sache veraies noveles de ceste oevre que nos avons fete, s'il plest a Nostre Seignor. »

En ce qu'il parloient einsi issi uns preudons d'une des chambres de laienz, qui estoit prestres et fu vestuz de robe blanche, et portoit *corpus Domini* en un calice. Et quant il vit cels qui estoient morz en la sale, si en fu toz esbahiz. Si se trest arrieres, come cil qui ne savoit que fere, quant il vit tel plenté d'omes morz. Et Galaad, qui bien ot veu que il portoit, oste son hiaume contre sa venue et set bien que li prestres a eu poor. Si fet arester ses compaignons et vient au preudome et li dist : « Sire, por quoi estes vos arestez ? Vos n'avez garde de nos. » — « Qui estes vos ? » fet li preudons. Et il dit qu'il sont de la meson le roi Artus. Quant li preudons ot ceste novele, si est toz aseurez de la poor qu'il a eue. Si se rasiet et dit a Galaad qu'il li conte coment cil chevalier ont esté ocis. Et il li conte coment il troi, compaignon de la Queste, s'estoient laienz embatuz, et coment il furent laienz assailliz, mes sor cels de laienz en est tornee la desconfiture, si com l'en puet veoir. Et quant cil l'ot, si dist : « Sire, sachiez que vos avez fet la meillor oevre que chevaliers feissent onques mes. Et se vos viviez autant com li mondes durra, ne cuit je mie que vos peussiez fere ausi bone aumosne come ceste est. Si sai bien que Nostre Sires vos i envoia por ceste oevre. Car il n'avoit gent ou monde qui tant haïssent Nostre Seignor come li troi frere qui cest chastel tenoient. Et por lor grant desloiauté avoient il cels de cest chastel si atornez qu'il estoient poior que Sarrazin, ne ne fesoient riens qui contre Dieu ne fust et contre Sainte Eglise. » — « Sire, fet Galaad, je me repentoie mout de ce

que je avoie esté a aux ocirre, por ce que crestien estoient. »
— « Onques ne vos en repentez, fet li preudons, mes bel
vos en soit. Car je vos di veraiement que d'aux ocirre vos
set Nostre Sires bon gré, car il n'estoient pas crestien, mes
la plus desloial gent que je onques veisse ; et si vos diré
coment je le sai.

« De cest chastel ou nos sommes orendroit estoit sires li
quens Hernolx or a un an. Si avoit trois filz, assez bons che-
valiers as armes, et une fille la plus bele que len seust en
cest païs. Et cil troi frere amoient lor seror de si tres fole
amor que il en eschauferent outre mesure, tant qu'il jurent a
li et la despucelerent ; et por ce que elé fu si hardie que ele
s'en osa clamer a son perè, l'ocistrent. Et quant li quens vit
cele desloiauté, si les volt chacier d'entor soi, mes il ne le
soffrirent mie, ainz pristrent lor pere et le mistrent en prison
et le navrerent durement, et ocis l'eussent il se ne fust un
suen frere qui le resqueust. Et quant il orent ce fet, si
comencierent a fere toutes les desloiautez del monde, car il
ocioient clers et prestres et moines et abez, et firent abatre
deus chapeles qui laienz estoient. Si ont tant fet de des-
loiauté des lors en ça que ce est merveilles qu'il ne sont
fondu pieça. Mes hui matin avint que lor peres, qui ceanz
gisoit malades ou mal de la mort, si com je cuit, me manda
que je le venisse veoir einsi armez com vos me veez. Et je
vign volentiers, com por celui qui jadis m'avoit mout amé.
Mes si tost come je vign ceanz, il me firent tant de honte
que Sarrazin ne m'en feissent mie tant, se il me tenissent. Et
je le soffri volentiers, por l'amor de celui Sire en qui despit
il le fesoient. Et quant je fui venuz en la prison ou li quens
estoit, et je li oi contee la honte qu'il m'avoient fete, il me
respondi : « Ne vos chaille ; ma honte et la vostre sera ven-
giee par trois serjanz Jhesucrist : car einsi le m'a mandé li
Haulz Mestres. » Et par ceste parole poez vos bien savoir

que Nostre Sires ne se corrocera pas de ce que vos avez fet,
ainz sachiez veraiement que il proprement vos i envoia por
ax ocirre et desconfire. Et vos en verrez encor hui signe plus
apert que vos n'avez veu. »

Lors apele Galaad ses autres compeignons et lor dist les
noveles que li preudom li avoit dites, que les genz de leienz,
qu'il avoient occis, estoient la plus desloial gent dou siecle ; et
lor dist les noveles de lor pere, que il tenoient en prison,
et por quoi. Quant Boorz ot ceste parole, si respont :
« Misire Galaad, fet il, ne le vos disoie ge bien, que Nostre
Sires nos avoit envoié por prendre d'eus la veniance de lor
outrage ? Certes, se a Nostre Seignor ne plesoit, ja tant
d'omes n'eussons ocis entre nos trois en si pou d'eure. » Lors
font oster le conte Hernol de la prison ; et quant il l'ont
aporté amont el palois et il l'orent mis en la grant sale, si
troverent qu'il estoit el point de la mort. Neporqant, si tost
come il vit Galaad, si le conut, ne mie por ce qu'il l'eust
onques veu, mes par la vertu de Nostre Seignor li avint. Et
lors comença li quens a plorer molt tendrement et dist :
« Sire, mout avons atendue vostre venue, et tant que nos
vos avons, la Dieu merci. Mes por Dieu tenez moi en vostre
devant, si que l'ame de moi se resjoïsse de ce que li cors sera
deviez sor si preudome come vos estes. » Et il fet ce qu'il
li requiert mout volentiers. Et quant il l'ot mis sor son piz,
si s'aclina li quens com cil qui a la mort traveilloit et dist :
« Biax Peres des cielx, en ta main comant m'ame et mon
esperit ! » Lors s'aclina del tout et demora en tel maniere
tant qu'il cuidierent qu'il fust morz. Et neporec il parla a
chief de piece et dist : « Galaad, ce te mande li Hauz
Mestres que tu l'as hui si bien vengié de ses anemis que la
compaignie des cielx s'en esjoïst. Or si covient que tu t'en
ailles chiés le Roi Mehaignié au plus tost que tu porras, por
ce qu'il recoive la santé qu'il a longuement atendue : car il

la doit en ta venue recevoir. Et departez vos si tost come aventure vos avendra. »

A tant se tot qu'il ne dist mot plus, et maintenant li parti l'ame dou cors. Et quant cil dou chastel qui remés estoient vif virent le conte mort, si en firent duel merveilleux, car molt l'avoient amé. Et quant li cors fu enseveliz si hautement com len devoit si haut home, lors firent savoir la novele de lui; si i vindrent tuit li rendu qui ilec entor estoient et enfoïrent le cors a un hermitage.

A l'endemain se partirent de laienz li trois compaignon et se remistrent en lor chemin, et adés aloit o aux la suer Perceval. Si chevauchierent tant que en la Forest Gaste vindrent. Et quant il i furent entré, si regarderent devant els et virent venir le Blanc Cerf que li quatre lyon conduisoient, celui que Perceval avoit veu autrefoiz. « Galaad, fet Perceval, ore poez vos veoir merveilles : car par mon chief onques mes ne vi ge aventure plus merveilleuse. Si cuit veraiement que cil lyon gardent le Cerf ; et ce est une chose dont je ne serai ja mes granment aeise devant que je en sache la verité. » — « A non Dieu, fet Galaad, ausi le desirroie je mout a savoir. Or si alons aprés lui et le sivons tant que nos sachons son repere. Car je cuit que ceste aventure est de par Dieu. » Et il l'otroient volentiers.

Lors s'en vont aprés le Cerf tant qu'il vienent en une valee. Lors regardent devant ax et virent en une petite brouce un hermitage ou uns preudons vielx et anciens manoit. Et li Cers entre dedenz et li lyon ausi, et li chevalier qui les sivoient descendent quant il vindrent pres de l'ermitage. Si tornerent vers la chapele, et voient le preudome vestu des armes Nostre Seignor, qui voloit comencier la messe dou Saint Esperit. Et quant li compaignon voient ce, si dient qu'il sont bien venu a point : si vont oïr la messe que li preudons chanta. Quant il vint ou secré de la messe, li troi compaignon se merveillerent assez plus qu'il ne firent devant. Car il virent, ce lor fu avis, que li Cers devint hons propres, et seoit desus l'autel en un siege trop bel et trop riche, et virent que li lyon furent mué li uns en forme d'ome, et li autres en forme d'aigle, et li tierz en forme de lyon, et li quarz en forme de buef. Ainsi furent mué li quatre lyon, et il avoient eles, si qu'il poïssent bien voler, s'il pleust a Nostre Seignor. Si pristrent le siege ou li Cerf se seoit, li dui as piez et li dui au chief, et ce estoit une chaiere ; si en issirent par une verriere qui laienz estoit, en tel maniere que onques la verriere n'en fu maumise ne empoiriee. Et quant il s'en furent alé et cil de laienz n'en virent mes riens, une voiz descendi entr'ax, qui lor dist : « En tel maniere entra li filz Dieu en la beneoite Virge Marie, que onques sa virginité n'en fu maumise ne empoiriee. »

Quant il oïrent cele parole, si chaïrent a la terre toz estenduz. Car la voiz lor ot donee si grant clarté et si grant escrois que il lor fu bien avis que la chapele fu cheue. Et quant il furent revenu en lor force et en lor pooir, si virent le preudome qui se desvestoit come cil qui avoit la messe chantee. Lors vindrent a lui et li prierent qu'il lor deïst la senefiance de ce qu'il avoient veu. « Quel chose, fist il, avez vos donc veue ? » — « Nos avons, font il, veu un cerf muer en forme d'ome et devenir home, et ausi muerent li lyon en aucunes choses. » Quant li preudons ot ceste parole, si lor dist : « Ha ! seignor, vos soiez li bien venuz. Or sai je bien, a ce que vos me dites, que vos estes des preudomes, des verais chevaliers qui la Queste dou Saint Graal menront a fin, et qui soffreroiz les granz peines et les granz travauz. Car vos estes cil a qui Nostre Sires a mostrez ses secrez et ses repostailles. Si vos en a mostré partie ; car en ce qu'il mua le cerf en home celestiel, qui n'est pas mortlex, vos mostra il la muance qu'il fist en la Croiz : la ou il fu coverz de coverture terriane, ce est de char mortel, veinqui il en morant la mort et ramena la vie pardurable. Et bien doit estre senefiez par le cerf. Car tot ausi come li cers se rajuvenist en lessant son cuir et son poil en partie, tout ausi revint Nostre Sires de mort a vie, quant il lessa le cuir terrien, ce fu la char mortel qu'il avoit prise ou ventre de la beneoite Virge. Et por ce que en la beneoite Virge n'ot onques point de pechié terrien, aparoit il en guise de cerf blanc sanz tache. Et par cels qui estoient o lui devez vos entendre les quatre evangelistes, boneurees persones qui en escrit mistrent partie des oevres Jhesucrist, qu'il fist tant com il fu entre nos come hons terriens. Si sachiez que onques mes chevaliers n'en pot savoir la verité ne que ce puet estre. Si en a li bonseurez, li Hauz Sires, en cest païs et en maintes terres, mostré as preudomes et as chevaliers en tel semblance come de cerf et en tel compaignie come de quatre lyons, por ce que cil qui le veissent i preissent essample. Mes bien sachiez que des or en avant ne sera nus qui en tel semblance le voie nule foiz. »

Quant il oient ceste parole, si plorent de la joie qu'il ont et rendent graces a Nostre Seignor de ce qu'il lor a ceste chose mostree apertement. Si demorent tot le jor o le preudome. Et quant il orent l'endemain oïe messe et il s'en durent partir, Perceval prent l'espee que Galaad avoit lessiee et dist qu'il la porteroit des ore en avant ; si let la soe chiés le preudome.

Quant il se furent partiz de laienz et il orent chevauchié jusqu'aprés midi, si aprochierent d'un chastel fort et bien seant. Mes il n'entrerent pas dedenz, por ce que lor chemin tornoit d'autre part. Et quant il furent un poi esloignié de la mestre porte, si virent aprés aux venir un chevalier qui

lor dist : « Seignor, ceste damoisele que vos menez o vos
est ele pucele ? » — « Par foi, fet Boorz, pucele est ele,
voirement le sachiez. » Et quant cil ot la parole, si giete
la main et aert la damoisele au frain et dist : « Par sainte
Crois, vos ne m'eschaperoiz devant que vos aiez rendue la
costume de cest chastel. » Quant Perceval voit le che-
valier qui sa seror tient en tel maniere, si l'en poise molt
et li dist : « Sire chevaliers, vos n'estes pas sages de ce
dire. Car pucele, en quel leu que ele viegne, est franche
de toutes costumes, meesmement si gentil fame come
ceste, qui fu fille de roi et de reine. » Endementres qu'il
parloient einsi, si issirent del chastel jusqu'a dis chevaliers
armez, et avec aux venoit une damoisele qui tenoit une
escuele d'argent en sa main. Et cil dient as trois compai-
gnons : « Biaux seignors, il covient a fine force que cele
damoisele que vos menez rende la costume de cest chas-
tel. » Et Galaad demande quele costume ce est. « Sire,
fet uns chevaliers, chascune pucele qui par ci passe doit
rendre pleine ceste escuele del sanc de son braz destre,
ne nule n'i passe qui ne s'en aquit. » — « Dehez ait, fet
Galaad, fauz chevaliers qui ceste costume establi, car
certes ele est mauvese et vilaine. Et se Diex me consaut,
a ceste damoisele avez vos failli ; car tant come je aie santé
et ele me croie, ne vos rendra ele ce que vos demandez. »
— « Si m'ait Diex, fet Perceval, je voldroie mielz estre
ocis ! » — « Et je ausi, » fet Boorz. — « Par foi, fet li
chevaliers, et vos i morroiz donques tuit ; car vos n'i por-
riez durer se vos estiez li meillor chevalier de tout le
monde. »

Lors lessent corre li un as autres. Si avint que li troi
compaignon abatirent les dis chevaliers ainz qu'il eussent
lor glaives despeciez. Puis metent les mains as espees et
les vont ociant et abatant ausi come se fussent bestes. Si

les eussent ocis assez legierement, quant cil dou chastel
issirent fors a tout seisante chevaliers armez qui les secorent.
Et devant ax vient uns vielx hons qui dist as compai-
gnons : « Biau seignor, aiez merci de vos meismes, et
ne vos fetes mie ocirre ; que certes ce seroit domages,
car trop estes preudome et bon chevalier. Et por ce vos
voldrions nos proier que vos nos rendissiez ce que nos
vos demandons. » — « Certes, fet Galaad, por noient en
parleriez. Car ja ne vos sera rendu tant come ele me croie. »
— « Coment, fet cil, volez vos donc morir ? » — « Nos
ne sommes encor mie la, fet Galaad. Certes nos voldrions
mielz morir que soffrir tel desloiauté com vos demandez. »
Lors comence la meslee grant et merveilleuse d'une part
et d'autre ; si ont les compaignons assailliz de toutes parz.
Mes Galaad, qui tint l'Espee as estranges renges, fiert
destre et senestre et ocit quanqu'il ateint, et fet tiex merveilles
qu'il n'est hons qui le veist qui cuidast qu'il fust hons
terriens, mes aucuns monstres. Si vet toz dis avant en tel
maniere que onques ne retorne, ainz conquiert terre sor
ses anemis. Et ce li vaut molt que si compaignon li aident
destre et senestre, si que nus ne puet avenir a lui fors par
devant.

En tel maniere dura la bataille jusqu'après none, que li
troi compaignon n'en orent onques le peor ne onques n'en
perdirent place. Et tant se tindrent que la nuiz fu venue
noire et oscure, qui a force les fist departir ; si que cil
dedenz distrent qu'il lor covenoit la bataille lessier. Lors
revint li preudons as trois compaignons, qui autre fois i
avoit parlé, et lor dist : « Seignor, nos vos prions par
amor et par cortoisie que vos hui mes veigniez herbergier
o nos. Et nos vos creantons loiaument que nos vos reme-
trons demain en tel point et en tel estat come vos estes
ore. Et savez vos por coi je le di ? Je sai veraiement que

si tost com vos savroiz la verité de ceste chose, que vos
vos acorderez a ce que la damoisele face ce que nos li
requerons. » — « Seignor, fet la damoisele, alez i, puis
qu'il vos en prie. » Et il s'i acordent maintenant. Lors
donent trives li un as autres, si entrent tuit ensemble ou
chastel. Si ne fu onques si grant joie fete come cil de
laienz firent as trois compaignons. Si les firent descendre
et desarmer. Et quant il orent mengié, si demanderent
de la costume dou chastel et coment ele estoit establie
et por quoi. Et li uns de laienz dist tantost : « Ce vos dirons
nos bien.

« Voirs est, fet il, qu'il a ceienz une damoisele a qui
nos somes et tuit cil de cest païs, et cist chastiax est suens
et maint autre. Si avint or a deus anz que ele chaï en une
maladie par la volenté Nostre Seignor. Et quant ele ot
grant piece langui, nos resgardames quel maladie ele avoit.
Si veismes que ele ert pleine del mal que len apele
meselerie. Lors mandames toz les mires loign et pres,
mes il n'i ot nus qui de sa maladie nos seust enseignier.
Au derreain nos dist uns hons sages que se nos poions
avoir pleine escuele dou sanc a une pucele qui fust virge
en volenté et en oevre, por quoi ele fust fille de roi et
de reine et suer Perceval le vierge, si en oinsist 'len
la dame, et ele garroit erranment. Quant nos oïsmes
ceste chose, si establismes que ja mes ne passeroit damoi-
sele par ci devant, por qu'ele fust pucele, que nos n'eussons
pleine escuele de son sanc. Si meismes gardes as
portes de cest chastel por arester toutes celes qui i pas-
seroient. Or avez oï, fet cil, coment la costume de cest
chastel fu establie tel come vos l'avez trovee. Si en ferez ce
que vos plera. »

Lor apele la damoisele les trois compaignons et lor dist :
« Seignor, vos veez que ceste damoisele est malade, et je la

puis garir se je voil, et se je voil ele n'en puet eschaper. Or
me dites que j'en feré. » — « A non Dieu, fet Galaad,
se vos le fetes, a ce que vos estes juene et tendre, vos n'en
poez eschaper sanz mort. » — « Par foi, fet ele, se je
moroie por ceste garison, ce seroit honors a moi et a tot
mon parenté. Et je le doi bien fere, partie por vos et
partie por ax. Car se vos assemblez demain ausi come
vos avez hui fet, il ne puet estre qu'il n'i ait greignor
perte que de ma mort. Et por ce vos di je que je ferai
a lor volenté ; si remaindra cest estrif. Si vos pri por Dieu
que vos le m'otroiez. » Et il si font molt dolent.

Lors apela la damoisele cels de laienz, si lor dist :
« Soiez, fet ele, liez et joianz. Car vostre bataille de de-
main est remese : si vos creant que je demain m'aquiterai
en tel maniere come damoiseles s'aquitent. ». Quant cil
de laienz oient ce, si l'en mercient molt durement. Si
comence par laienz la joie et la feste assez graindre qu'il
n'avoient fet devant. Si servent les compaignons de tout
lor pooir et les couchent au plus richement qu'il pueent.
Cele nuit furent bien servi li troi compaignon, et mielz
le fussent encore s'il vousissent recevoir tot ce que len lor
offroit.

A l'endemain, quant il orent oïe messe, vint la damoi-
sele ou palés et comanda que len li amenast la dame qui
ert malade, qui par son sanc devoit avoir garison. Et il
distrent que si feroient il volentiers. Lors l'alerent quierre
en une chambre ou ele estoit. Et quant li compaignon la
virent, si se mervellierent molt : car ele avoit le viaire
si deffet et broçoné et si mesaeisié de la meselerie, que
ce estoit merveille coment ele pooit vivre a tel dolor.
Et quant il la virent venir, si se leverent contre li et la
firent seoir o ax. Et ele dist maintenant a la pucele que
ele li rendist ce que ele li avoit promis. Et cele dist que

si feroit ele volentiers. Lors comanda la pucele que len
li aportast l'escuele. Et len li aporte, et ele tret son braz
et se fet ferir en une veine d'une petite alemele ague et
trenchant come rasors. Et li sans en saut maintenant, et
ele se seigne et se comande a Nostre Seignor et dist a
la dame : « Dame, je sui a la mort venue por vostre
garison. Por Dieu, priez por m'ame, car je sui a ma
fin. »

En ce qu'ele disoit ceste parole s'esvanoï ses cuers por
le sanc que ele avoit perdu, si que l'escuele en ert ja
toute pleine. Et li compaignon la corent tenir et l'estan-
chent de sainnier. Et quant ele ot grant piece esté en
pasmoisons et ele pot parler, si dist a Perceval : « Ha !
biau frere Perceval, je me muir por la garison a ceste da-
moisele. Si vos pri que vos mon cors ne façoiz mie en-
foïr en cest païs, mes si tost come je seré deviee, metez
moi en une nacele au plus prochain port que vos tro-
veroiz pres de ci : si me lessiez aler einsi come aventure
me voldra mener. Et je vos di que ja si tost ne vendroiz
a la cité de Sarras, ou il vos convendra aler aprés le Saint
Graal, que vos me troveroiz arivee desoz la tor. Si
fetes tant por moi et por honor que vos mon cors façoiz
enterrer ou palés esperitel. Et savez vos por quoi je le
vos requier ? Por ce que Galaad i girra et vos o lui. »

Quant Perceval ot ceste parole, si li otroie tot en plo-
rant et dit que ce feroit il volentiers. Et ele lor redist :
« Departez vos, fet ele, demain, et aille chascuns sa voie
jusqu'a tant que aventure vos rassemblera chiés le Roi
Mehaignié. Car einsi le velt li Hauz Mestres, et por ce
le vos mande il par moi, que vos le façoiz einsi. » Et il
dient que si feront il. Et ele lor requiert qu'il li facent
venir son Sauveor. Et il mandent un hermite preudom
qui ileques manoit assez pres dou chastel en un buscheel

Et il ne demora mie grantment que il vint, puis qu'il vit
que li besoinz i estoit si granz. Si vint devant la damoi-
sele ; et quant ele le vit venir, si tendi ses mains contre
son Sauveor et le reçut a grant devocion. Et maintenant
trespassa dou siecle, dont li compaignon furent tant dolent
qu'il ne cuidoient mie qu'il s'en poïssent legierement recon-
forter.

Celui jor meismes fu la dame garie. Car si tost come ele
fu lavee dou sanc a la sainte pucele, fu ele netoiee et garie
de la meselerie, et revint en grant biauté sa char, qui devant
estoit noire et orible a veoir. De ceste chose furent molt lié
li troi compaignon et tuit cil de laienz. Si firent au cors a
la damoisele ce que ele avoit requis, et li osterent la bueille
et tout ce que len devoit oster, puis l'embasmerent ausi
richement com se ce fust li cors a l'empereor. Puis firent
fere une nef et la firent covrir d'un molt riche drap de soie
et i firent un lit molt bel. Quant il orent apareilliee la nef au
plus richement qu'il porent, si i couchierent le cors a la
damoisele, puis empeinstrent la nef en mer. Et Boorz dist a
Perceval qu'il li poise de ce qu'il n'a un brief o le cors par
quoi len peust savoir qui la damoisele est et coment ele a
esté morte. « Je vos di, fet Perceval, que je ai mis a son
chevez un brief qui devise tout son parenté, et coment ele a
esté morte, et toutes les aventures qu'ele a aidiees a achever.
Que s'il avient que ele soit trovee en estrange païs, len savra
bien qui ele est. » Et Galaad dist qu'il a tres bien fet. « Car
tiex porra or le cors trover, fet il, qui greignor honor li por-
tera que devant, puis que len savra la verité de son estre et
de sa vie. »

Tant come cil dou chastel porent veoir la nef, si demo-
rerent a la rive et plorerent molt tendrement tot le plus d'ax,
car grant franchise avoit fete la damoisele, qui a la mort
s'estoit mise por la garison a une dame d'estrange païs : si

distrent que onques pucele n'avoit ce fet. Et quant il ne
porent mes veoir la nef, si entrerent en lor chastel ; et li
compaignon distrent qu'il n'i entreroient ja mes por l'amor
de la damoisele qu'il i avoient einsi perdue. Si remestrent
defors et distrent a çax dedenz qu'il lor aprestassent lor
armes ; et cil si firent maintenant.

Quant li troi compaignon furent monté et il se voldrent
metre a la voie, si virent le tens molt oscurir et les nues
chargier de pluie durement : si se traient vers une chapele
qui estoit lez le chemin. Si entrerent dedenz et mistrent lor
chevax defors en un apentiz et regarderent que li tens se fu
enforciez durement. Si comença a tonner et a espartir et
foudre a chaoir par le chastel autresi menuement come pluie.
Tout le jor dura cele tempeste, si grant et si merveilleuse
par le chastel qu'il i ot bien la moitié des murs abatuz et
versez par terre, dont il furent molt esbahiz. Car il ne cui-
dassent mie qu'en un an poïst estre einsi li chastiax destruiz
par tel tempeste, come cil lor sembloit par ce qu'il en
veoient par defors.

Quant vint aprés vespres que li tens fu raseriez, si voient
li compaignon par devant ax un chevalier navré el cors
molt durement afoïr devant ax, et disoit soventes foiz : « Hé !
Diex, secorez moi ! Car or en est li besoign. » Aprés lui
venoit uns autres chevaliers o un nain qui li crioient de
loign : « Morz estes, ne la poez garir. » Et cil tendoit ses
mains vers le ciel et disoit : « Biau sire Diex, secorez moi et
ne me lessiez morir en tel point, que ma vie ne trespast en
si grant tribulacion come ceste me semble ! »

Quant li compaignon voient le chevalier qui einsi se
dementoit a Nostre Seignor, si lor en prent molt grant pitié.
Et Galaad dit que il le secorra. « Sire, fet Boorz, mes ge :
car il n'est mie mestier que vos por un sol chevalier vos
remuez. » Et il dit qu'il li ottroie puis qu'il le velt. Et Boorz

vient a son cheval et monte et lor dit : « Biau seignor, se je ne reviegn, si ne lessiez mie por ce vostre queste, mes metez vos le matin a la voie chascun par soi, et si errez tant que Nostre Sires nos doint rassembler toz trois en la meson au Roi Mehaignié. » Et il dient qu'il aille en la garde Nostre Seignor, car il dui se partiront le matin li uns de l'autre. Et il s'en part maintenant et vet aprés le chevalier por secorre celui qui einsi se vet dementant a Nostre Seignor. Mes a tant se test ore li contes de lui et retorne as deus compaignons qui en la chapele sont remés.

*
* *

Or dit li contes que toute la nuit furent en la chapele entre Galaad et Perceval et prierent molt Nostre Seignor que il gardast Boort et conduisist en quel leu que il venist. Au matin, quant li jorz fu biax et clers, et la tempeste fu remese et li tens fu acoisiez, si montent en lor chevax et s'adrecent vers le chastel por veoir coment il estoit avenu a çax dedenz. Et quant il vindrent a la porte, si troverent tot ars et les murs toz abatuz. Il entrent enz ; et quant il i furent entré, si se merveillent assez plus que devant, car il ne troverent laienz home ne fame qui ne fust mort. Si cerchent amont et aval et dient que molt a ci grant domage et grant perte de gent. Et quant il vindrent au mestre palés, si troverent les murs versez et les parois cheues et troverent les chevaliers morz li uns ça li autres la, einsi come Nostre Sires les avoit foudroiez et tempestez por la mauvese vie qu'il avoient menee entr'ax. Quant li compaignon voient ceste chose, si dient que ce est esperitel venjance. « Et si ne fust ja, font il, avenu, se ne fust por apaier le corroz au Creator dou monde. » En ce qu'il parloient einsi, si oïrent une voix qui lor dist : « Ce est la venjance dou sanc as

bones puceles, qui çaienz a esté espanduz por la terrienne
garison d'une desloial pecheresse. » Et quant il oent ceste
parole, si dient que molt est la venjance Nostre Seignor
merveilleuse, et que molt est fox qui contre sa volenté vet ne
por mort ne por vie.

Quant li dui compaignon orent grant piece alé par le
chastel por resgarder la grant mortalité qui i estoit fete, si
troverent au chief d'une chapele un cimetiere tot plein
d'arbrisiax fueilluz et d'erbe vert, et estoit toz pleins de
beles tombes; si en i pooit bien avoir seisante. Si estoit si biax
et si delitables qu'il ne sembloit mie que tempeste i eust esté.
Et non avoit il, car laienz gisoient les cors des puceles qui
por amor a la dame avoient esté mortes. Quant il sont entré
ou cimetiere tot einsi a cheval come il estoient, si vindrent
as tombes; si troverent desor chascune le non de cele qui
ilec gisoit. Si vont lisant les letres, tant qu'il troverent que
laienz gisoient doze damoiseles toutes filles de roi et estretes
de haut lignage. Et quant il voient ce, si dient que trop
mauvese costume et trop vilaine avoient ou chastel main-
tenue, et trop longuement l'avoient soffert cil dou païs, car
maint riche lignage en avoient esté abessié et anoienté par
les puceles qui mortes i estoient.

Quant li dui compaignon orent ilec demoré jusqu'a prime
et il orent assez veu, si s'em partirent et errerent jusqu'a
une forest. Et quant il vindrent a l'entree, si dist Perceval a
Galaad : « Sire, hui est li jorz que nos devons departir et
aler chascuns sa voie. Si vos comant a Nostre Seignor, qui
nos otroit que nos nos puissons entretrover prochainnement.
Car je ne trovai onques home de qui la compaignie me
semblast si douce ne si bone come de vos ; et por ce me
grieve cist departemenz molt plus que vos ne cuidiez. Mes
il le covient a estre, puis qu'il plaist a Nostre Seignor. »
Lors oste son hiaume et ausi fet Galaad : si s'entrebesent an

departir, car molt s'entr'amoient de grant amor ; et bien parut a lor mort, car molt vesqui petit li uns aprés l'autre. Einsi se departirent li compaignon a l'entree d'une forest que cil dou païs apeloient Aube, et entra chascuns en sa voie. Si lesse ore li contes a parler d'ax et retorne a Lancelot, car grant piece s'en est teuz.

*
* *

Or dit li contes que quant Lancelot fu venuz a l'eve de Marcoise, et il se vit enclos de trois choses qui ne le reconfortoient mie molt. Car d'une part ert la forest qui granz estoit et desvoiable ; et d'autre part avoit deus roches qui estoient hautes et anciennes, et d'autre part l'eve qui ert parfonde et noire. Ces troi choses le menoient a ce que il dist qu'il ne se remueroit d'ilec, ainz atendroit la merci Nostre Seignor : si i demora en tel maniere jusque a la nuit. Quant ce fu chose avenue que la nuiz fu au jor meslee, Lancelot oste ses armes et se couche dejoste et se comande a Nostre Seignor et fet sa proiere tele come il la savoit, que Nostre Sires ne l'oubliast pas, ainz li envoiast secors tel come il savoit que mestier li estoit a l'ame et au cors. Et quant il ot ce dit, si s'endort en tel point que ses cuers pensoit plus a Nostre Seignor que as terriennes choses. Et quant il fu endormiz, si li vint une voiz qui li dist : « Lancelot, lieve sus et pren tes armes et entre en la premiere nef que tu troveras. » Et quant il ot ceste parole, si tressaut toz et oevre les eulz et voit entor lui si grant clarté que il cuide bien qu'il soit granz jorz ; mes ne demore gueres que ele s'esvenoïst, en tel maniere qu'il ne set que ele devint. Et il lieve sa main et se seigne et prent ses armes et se comande a Nostre Seignor, puis s'apareille. Et quant il est toz armez et il a s'espee ceinte, si resgarde a la rive et voit une nef sanz voile et sanz

aviron ; et il vet cele part et entre enz. Et si tost come il i
est, si li est avis qu'il sente toutes les bones odors dou monde
et que il soit raempliz de toutes les bones viandes que onques
goustast hom terriens. Et lors est cent tanz plus aeise que
devant, car or a il, ce li est avis, tout ce qu'il desirra onques
en sa vie : dont il rent graces a Nostre Seignor. Si s'age-
noille en la nef meismes, et dit : « Biau peres Jhesu-
crist, je ne sai dont ce puet venir se de toi ne vient. Car je
voi orendroit mon cuer en si grant joie et en si grant soa-
tume que je ne sai se je sui en terre ou en paradis terrestre. »
Lors s'acoste au bort de la nef et s'endort en cele grant
joie.

Toute la nuit dormi Lancelot si aeise qu'il ne li fu pas
avis qu'il fust tiex com il souloit, mes changiez. Au matin,
quant il s'esveilla, si resgarda tot entor soi et vit ou mileu
de la nef un lit molt bel et molt riche. Et ou mileu dou lit
gisoit une pucele morte, dont il ne paroit fors le visage
descovert. Et quant il la voit, si s'i adrece et se seigne et
mercie Nostre Seignor de ce que tele compaignie li a aprestee.
Si se trest pres, come cil qui volentiers savroit dont ele est et
de quel lignage. Si la vet tant regardant amont et aval qu'il
vit desoz sa teste un brief. Il i gite la main, si le prent et le
desploie et i troeve letres qui disoient : « Ceste damoisele fu
suer Perceval le Galois, et fu toz jorz virge en volenté et en
oevre. Ce est cele qui chanja les renges de l'Espee as
estranges renges que Galaad, filz Lancelot del Lac, porte
orendroit. » Aprés troeve ou brief toute sa vie et la maniere
de sa mort, et coment li troi compaignon, Galaad et Boort et
Perceval, l'ensevelirent einsi come ele est et la mistrent en
la nef par le comandement de la voiz devine. Et quant il set
la verité de la chose, si est assez plus liez qu'il ne selt ; car
molt a grant joie se Boorz et Galaad sont ensemble. Si remet
le brief arriere et revient au bort de la nef, et prie a Nostre

Seignor que il ançois que ceste Queste faille li doint trover
Galaad son filz, si que il le voie et parolt a lui et le conjoïsse.

En ce que Lancelot ert en proieres de ceste chose, si resgarde et voit la nef arivee a une roche vielle et anciane, et avoit assez pres de la roche ou la nef ariva une chapele petite, et devant l'uis se seoit uns hons vielz et chanuz. Et quant il l'aproche, si le salue de si loign come il le pot oïr. Et li preudons li rent son salu assez plus viguereusement que Lancelot ne cuidast qu'il le poïst fere, et se lieve de la ou il seoit, et vient au bort de la nef et s'asiet sus une mote de terre, et demande a Lancelot quele aventure l'a cele part amené. Et il li conte la verité de son estre et coment fortune l'a amené cele part ou il ne fu onques, si come il cuide. Lors li demande li preudons qui il est. Et il se nome. Et quant cil ot que ce est Lancelot del Lac, si se merveille molt coment il se mist en la nef. Si li demande qui est o lui. « Sire, fet Lancelot, venez veoir s'il vos plaist. » Et il entre maintenant en la nef et troeve la damoisele et le brief. Et quant il l'a leu de chief en chief et il ot parler de l'Espee as estranges renges, si dist : « Ha ! Lancelot, je ne cuidoie ja tant vivre que je le non de ceste espee seusse. Or puez tu bien dire que tu es mesaventureuz, quant tu a achever ceste haute aventure n'as esté ou cil troi preudome ont esté, que l'en cuida aucune foiz a meins vaillanz de toi. Mes ore est coneue chose et aperte qu'il sont preudome et verai chevalier vers Damedieu plus que tu n'as esté. Mes que que tu aies fet ça arrieres, je crois bien que se tu des ore mes te voloies garder de pechié mortel et d'aler contre ton Creator, encor porroies tu trover pitié et misericorde vers Celui en qui toute pitié abite, qui ja t'a rapelé a voie de verité. Mes ore me conte coment tu entras en ceste nef. » Et il li conte. Et li preudons li respont tout em plorant : « Lancelot, saches que molt t'a Nostre Sires mostree grant deboneretè, quant il

en la compaignie de si haute pucele et de si sainte t'a amené.
Or gardes que tu soies chastes en pensee et en oevre des or
en avant, si que la chasteé de toi s'acort a la virginité de
lui. Et ainsi porra durer la compaignie de vos deus. »
Et cil li promet veraiement de bon cuer que ja ne fera chose
dont il se cuide meffere vers son Criator. — « Or si t'en va
car tu n'as mes que demorer. Car, se Dieu plest, par tens
vendras en la meson ou tu ,desirres tant a venir. » — « Et
vos, sire, fet Lancelot, demorrez vos ci ? » — « Oïl, fet il,
car einsi le covient a fere. »

En ce qu'il parloient einsi se feri li venz en la nef et la fist
partir de la roche. Et quant il voient que li uns esloigne
l'autre, si s'entrecomandent a Dieu, et li preudons s'en
retorne a sa chapele. Mes ançois qu'il se partist de la roche
comença il a huchier : « Ha! Lancelot, serjanz Jhesucrist,
por Dieu ne m'oublie pas, mes prie Galaad, le verai cheva-
lier, que tu avras par tens o toi, qu'il prit a Nostre Seignor
qu'Il par sa douce pitié ait de moi merci ! » Einsi crioit li
preudons aprés Lancelot, qui molt ert liez de la novele que
cil li ot dite, que Galaad devoit estre prochainnement ses
compainz. Si vint au bort de la nef et se mist a coudes et a
genouz, et fist ses proieres et ses oroisons que Nostre Sires
le conduie en tel leu ou il puist fere chose qui Li plaise.

Einsi fu Lancelot un mois et plus en la nef, que onques
n'en issi. Et se aucuns demandoit de quoi il vesqui en celui
terme, por ce que point de viande n'avoit trovee en la nef, a
ce respont li contes que li Hauz Sires qui de la manne repeut
ou desert le pueple Israhel, et qui fist de la roche issir eve por
lor boivre, sostint cestui en tel maniere que chascun matin,
si tost come il avoit s'oroison fenie et il avoit requis le Haut
Mestre et dit qu'il ne l'oubliast pas, mes son pain li envoiast
come li peres doit fere a son fil, toutes les hores que Lance-
lot avoit fete ceste proiere, si se trovoit si plein et si resazié

et si garni de la grace dou saint Esperit, qu'il li ert bien avis qu'il eust gosté de toutes les bones viandes dou monde.

Quant il ot einsi lonc tens alé sanz nule foiz issir fors de la nef, si li avint une foiz tout par nuit qu'il ariva delez une forest a l'oriere dou bois. Lors escouta et oï un chevalier venir a cheval, qui fesoit molt grant frainte parmi le bois. Et quant il vint a l'oissue et il vit la nef, si descendi de son cheval et li osta la sele et le frain et le lessa aler quel part qu'il vot. Puis vint a la nef et se seigna et entra enz armez de toutes armes.

Quant Lancelot vit le chevalier venir, si ne corut mie prendre ses armes, come cil qui bien pensoit que ce estoit la promesse que li preudons li avoit fete de Galaad, qui seroit o lui et li feroit compaignie une piece de tens. Si se drece en son estant et li dist : « Sire chevaliers, bien soiez vos venuz. » Et cil s'esmerveille quant il l'ot parler, come cil qui ne cuidoit qu'il eust ame laienz ; si li respont toz esbahiz : « Sire, bone aventure aiez vos, et por Dieu, s'il puet estre, dites moi qui vos estes, car molt le desirre a savoir. » Et il se nome et dit qu'il a non Lancelot del Lac. « Voire, sire, fet il, que vos soiez li bien venuz. A non Dieu, vos desirroie je a veoir et a avoir a compaignon sor toz cels del monde. Et je le doi bien fere, car vos estes comencement de moi. » Lors oste li chevaliers son hiaume de sa teste et le met en mi la nef. Et Lancelot li demande : « Ha ! Galaad, estes vos ce ? » — « Sire, fet il, oïl, ce sui je voirement. » Et quant il l'entent, si li cort les braz tenduz et comence li uns a besier l'autre et a fere si grant feste que greignor ne vos porroie conter.

Lors demande li uns a l'autre de son estre. Si conte chascuns de ses aventures teles come eles li erent avenues puis qu'il partirent de la cort. Si demorent tant en ces paroles que

li jorz aparut et li solax fu levez a l'endemain. Quant li jorz fu
biaus et clers, et il s'entrevirent et conurent ; si comenca
entr'ax la joie grant et merveilleuse. Et quant Galaad vit la
damoisele qui en la nef gisoit, si la reconut tost come cele
qu'il avoit autre foiz veue. Si demanda a Lancelot s'il savoit
qui cele damoisele fu. — « Oïl, fet il, je le sai bien. Car li
brief qui a son chevez est en devise la verité apertement.
Mes por Dieu dites moi se vos avez a chief menee l'aventure
de l'Espee as estranges renges. » — « Sire, fet il, oïl. Et se
vos onques ne veïstes l'Espee, veez la ci. » Et quant Lancelot
la resgarde, si pense bien que ce soit ele ; si la prent par le
heut et comence a besier le pont et le fuerre et le branc.
Lors requiert a Galaad qu'il li die coment il la trova et en
quel leu. Et il li conte la maniere de la nef que la fame
Salemon fist jadis fere, et li conte la maniere des trois fuis-
siax, et coment Eve, la premiere mere, avoit planté le premier
arbre, dont li fuissel estoient naturelment coloré de blanc et
de vert et de vermeil. Et quant il li a contee la maniere de la
nef et des letres qu'il troverent dedenz, si dist Lancelot que
onques si haute aventure n'avint a chevalier com il li est
avenu.

En cele nef demora Lancelot et Galaad bien demi an et plus,
en tel maniere qu'il n'i avoit celui qui n'entendist a son Crea-
tor servir de son cuer. Et maintes fois ariverent en isles
estranges loign de gent, la ou il ne reperoit se bestes non
sauvages, ou il troverent aventures merveilleuses qu'il
menerent a chief, que par lor proesce que par la grace dou
Saint Esperit, qui en toz leux lor aidoit. Si n'en fet mie li
contes del saint Graal mencion, por ce que trop i covenist a
demorer qui tout voldroit aconter qan qu'il lor avint.

Aprés Pasques, au tens novel que totes choses treent a
verdor, et cil oiesel chantent par le bois lor dolz chanz divers
por le comencement de la douce seson, et tote riens se

tret plus a joie que en autre tens, a celui terme lor avint un jor a hore de midi qu'il ariverent en l'oriere d'une forest devant une croiz. Et lors virent issir de la forest un chevalier armé d'unes armes blanches, et fu montez molt richement et menoit en destre un cheval blanc. Et quant il vit la nef arivee, si vint cele part au plus tost qu'il pot et salua les deus chevaliers de par le Haut Mestre, et dist a Galaad : « Sire chevaliers, assez avez esté o vostre pere. Issiez de celle nef et montez en cest cheval, qui assez est biax et blans, et alez la ou aventure vos menra, querant les aventures del roiaume de Logres et menant a chief. »

Quant il ot ceste parole, si cort a son pere et le bese molt doucement et li dist tout em plorant : « Biax doux sires, je ne sai se je vos verrai ja mes. Au verai cors Jhesucrist vos comant, qui vos maintiegne en son servise. » Et lors comence li uns et li autres a plorer. En ce que Galaad fu issuz de la nef et montez el cheval, vint une voiz entr'ax qui lor dist : « Or penst chascuns de bien fere, car li uns ne verra ja mes l'autre devant le grant jor espoantable que Nostre Sires rendra a chascun ce qu'il avra deservi : et ce sera au jor del Juise. » Quant Lancelot entent ceste parole, si dist a Galaad tot en plorant : « Filz, puis qu'il est einsi que je me depart de toi a toz jorz mes, prie le Haut Mestre por moi, qu'il ne me lest partir de son servise, mes en tel maniere me gart que je soie ses serjanz terriens et esperitiex. » Et Galaad li respont : « Sire, nule proiere n'i vaut autant come la vostre. Et por ce vos soviegne de vos. » Maintenant se part li uns de l'autre. Si entre Galaad en la forest ; et li venz se fu feruz en la nef grant et merveillex, qui ot molt tost esloignié Lancelot de la rive.

Einsi fu Lancelot touz seus en la nef, fors del cors a la damoisele. Si erra bien un mois entier par mi la mer en tel maniere qu'il dormoit pou, ainz veilla molt et pria Nostre

Seignor em plorant molt tendrement que Il en tel leu le
menast ou il aucune chose del saint Graal poïst veoir.

Un soir entor mie nuit li avint qu'il ariva devant un chastel
qui molt ert riches et biax et bien seanz ; et au derriere dou
chastel avoit une porte qui ovroit par devers l'eve, et estoit
toz dis overte, de nuiz et de jorz. Ne de cele part n'avoient
cil de laienz garde, car il i avoit adés deus lions qui gardoient
l'entree li uns devant l'autre, en tel maniere que len ne poïst
laienz entrer se par mi ax non, por que len i volsist entrer par
cele porte. A cele hore que la nef ariva cele part luisoit la
lune si cler que assez en poïst len veoir loign et pres. Et
maintenant oï une voiz qui li dist : « Lancelot, is de cele nef
et entre en cest chastel, ou tu troveras grant partie de ce que
tu quierz et que tu tant as desirré a veoir. » Et quant il ot ce,
si cort maintenant a ses armes et les prent, et n'i lesse nule
chose qu'il i eust aportee. Et quant il est fors issuz, si vient a
la porte et troeve les deus lions ; si cuide bien qu'il n'en
puist partir sans meslee. Lors met la main a l'espee et s'apa-
reille de deffendre. Einsi come Lancelot ot trete l'espee, si
resgarde contremont et voit venir une main toute enflammee
qui le feri si durement par mi le braz que l'espee li vola de la
main. Lors oï une voiz qui li dist : « Ha ! hons de povre foi
et de mauvese creance, por quoi te fies tu plus en ta main
que en ton Criator ? Molt es chetis, qui ne cuides mie que cil
en qui servise tu t'es mis ne puisse plus valoir que tes
armes ! »

Lancelot est si esbahiz de ceste parole et de la main qui
l'ot feru qu'il chiet a la terre toz estordiz, et tiex atornez
qu'il ne set s'il est jorz ou nuiz. Mes au chief de piece se
redrece et dist : « Ha ! biaux peres Jhesucrist, vos merci je et
aor de ce que vos me deigniez reprendre de mes meffez. Or
voi je bien que vos me tenez a vostre serjant, quant vos me
mostrez signe de ma mescreance. »

Lors reprént Lancelot s'espee et la met ou fuerre et dit que par lui ne sera ele hui mes ostee, ainz se metra en la merci de Nostre Seignor. « Et s'il li plest que je i muire, ce sera sauvement a m'ame. Et s'il est einsi que je en eschape, il me sera torné a grant honor. » Lors fet le signe de la croiz emmi son front et se comande a Nostre Seignor, et vient as lyons. Et il s'asieent maintenant que il le voient venir, ne ne font nul semblant qu'il li voillent maufere. Et il s'en passe par mi ax si qu'il ne touchent a lui. Et il s'en vient en la mestre rue et vet contremont le chastel, tant qu'il vient a la mestre forteresce de laienz. Ja estoient tuit couchié parmi le chastel, car il pooit bien estre mie nuit. Et il vient as degrez et monte contremont, tant qu'il vient en la grant sale si armez come il ert. Et quant il fu amont, si resgarde loign et pres, mes il n'i voit home ne fame, dont il se merveille molt, car si bel palés et si beles sales come il voit ne cuidast il ja mes sanz gent. Si passe outre et pense qu'il ira tant qu'il avra trovees aucunes genz qui li diront ou il est arivez, car il ne set en quel païs il est.

Tant a alé Lancelot qu'il vint vers une chambre dont li huis ert clos et bien serré. Et il i met la main et le cuide deffermer, mes il ne puet ; si s'en efforce il molt, mes rien ne li puet valoir a ce qu'il i puisse entrer. Lors escoute et ot une voiz qui chantoit si doucement qu'il ne semble mie que ce soit voiz de mortiex choses, mes d'esperitiex. Et li estoit avis que ele disoit : « Gloire et loenge et honor soit a toi, Pere des cielx ! » Quant Lancelot ot ce que la voiz disoit, si li atendroie li cuers ; si s'agenoille devant la chambre, car bien pense que li Sainz Graax i soit. Si dist tout em plorant : « Biax douz peres Jhesucrist, se je onques fis chose qui te plese, biax Sire, par ta pitié, ne m'aies en despit, que tu ne me faces aucun demostrement de ce que je vois querant. »

Maintenant que Lancelot ot ce dit, si resgarde devant lui et voit l'uis de la chambre overt, et a l'ovrir que ele fist en issi une si grant clarté come se li soleux feist laienz son estage. Et de cele grant clarté qui de laienz issoit fu toute la meson si clere come se tuit li cierge del monde i fussent espris. Et quant il voit ce, si a si grant joie et si grant desir de veoir dont cele grant clarté venoit, qu'il en oublie totes choses. Si vint a l'uis de la chambre et volt entrer dedenz, quant une voiz li dist : « Fui, Lancelot, n'i entre mie, car tu nel doiz mie fere. Et se tu sus icestui deffens i entres, tu t'en repentiras. » Quant Lancelot ot ce, si se tret arrieres molt dolenz, come cil qui volentiers i entrast, mes toutevoies s'en refraint il por le deffens qu'il a oï.

Si resgarde dedenz la chambre et voit sor une table d'argent le Saint Vessel covert d'un vermeil samit. Si voit tout entor angres qui amenistroient le Saint Vessel, en tel maniere que li un tenoient encensiers d'argent et cierges ardanz, et li autre tenoient croiz et aornemenz d'autel, et n'en i avoit nus qui ne servist d'aucun mestier. Et devant le Saint Vessel seoit un vielx hons vestuz come prestres, et sembloit que il fust ou sacrement de la messe. Et quant il dut lever *corpus domini*, il fu avis a Lancelot que desus les mains au preudome en haut avoit trois homes, dont li dui metoient le plus juene entre les mains au provoire ; et il le levoit en haut, si fesoit semblant qu'il le mostrast au pueple.

Et Lancelot, qui resgarde ceste chose, ne s'en merveille pas petit : car il voit que li prestres est si chargiez de la figure qu'il tient, qu'il li est bien avis que il doie chaoir a terre. Et quant il voit ce, si li velt aler aidier, car il li est bien avis que nus de çaux qui o lui sont ne le voille secorre. Lors a si grant faim d'aler i qu'il ne li sovient del deffens qui li avoit esté fet de ce qu'il n'i meist le pié. Lors vient a l'uis bon pas et dit : « Ha ! biax peres Jhesucriz, ne me soit atorné a peine ne a dampnation se je vois aidier a cel preudome qui mestier en a. » Et lors entre dedenz et s'adrece vers la table d'argent. Et en ce qu'il vient pres, si sent un souffle de vent ausi chauz, ce li est avis, come s'il fust entremeslez de feu, qui le feri ou vis si durement qu'il li fu bien avis qu'il li eust le viaire ars. Lors n'a pooir d'aler avant, come cil qui est tiex atornez qu'il a perdu le pooir dou cors, et del oïr et del veoir, ne n'a sor lui membre dont il aidier se puisse. Lors sent il plusors mains qui le prennent et l'emportent. Et quant il l'orent pris amont et aval, si le ruent fors de la chambre et le lessent ilec.

A l'endemain, quant li jorz aparut biax et clers et cil de laienz furent levé, et il troverent Lancelot gisant devant l'uis de la chambre, si s'en merveillierent molt que ce pooit estre. Si le semonnent de lever, mes il ne fet nul semblant qu'il les oie, ne ne se remue. Et quant il voient ce, si dient que il est morz : si le desarment tost et isnelement et le regardent amont et aval por savoir s'il est vis. Si trovent qu'il n'est mie morz, mes toz pleins de vie ; mes il n'a pooir qu'il parolt ne qu'il die mot, ainz est ausi come une mote de terre. Et cil le prenent de toutes parz et l'emportent entre braz en une des chambres de laienz, et le couchierent en un molt riche lit, loign de gent, por la noise que mal ne li feist. Si s'em prenent garde si com il pueent, et sont toute jor delez lui, et l'arresnent maintes foiz por savoir s'il poïst parler. Mes il ne respont onques mot ne ne fet semblant qu'il eust onques parlé. Et il le resgardent au pox et as veines et dient que merveilles est de cel chevalier qui est toz vis, et si ne puet parler a aux ; et li autre dient qu'il ne sevent dont ce puist avenir, se ce n'est aucune venjance ou aucun demostrement de Nostre Seignor.

Tot celui jor furent devant Lancelot cil de laienz, et le tierz jor et le quart. Si disoient li un qu'il estoit morz, et li

autre qu'il estoit vis. « En non Dieu, fet uns vielz hons qui
laienz estoit et qui assez savoit de fisique, je vos di veraie-
ment qu'il n'est mie morz, ainz est ausi pleins de vie com li
plus forz de nos toz ; et por ce lo je qu'il soit gardez bien et
richement tant que Nostre Sires le rait mis en la santé ou
il a aucune foiz esté ; et lors savrons verité de lui, et qui il
est et de quel païs. Et certes, se je onques conui riens, je
croi qu'il ait esté uns des bons chevaliers dou monde, et sera
encore s'il plest a Nostre Seignor : car de mort n'a il encore
garde, si com il me semble ; ce ne di je mie qu'il ne puisse
assez languir ou point ou il est orendroit. » Einsi dist li preu-
dons de Lancelot, come cil qui molt ert sages durement. Si
n'en dist onques chose qui voire ne fust tot einsi come il l'avoit
devisee. Car il le garderent en tel maniere vint et quatre jors et
vint et quatre nuiz que onques n'i but ne ne menja, ne n'issi
parole de sa bouche, ne ne remua ne pié ne main ne membre
qu'il eust, ne ne fist semblant par chose qui dedenz apareust
qu'il fust en vie. Et neporquant toutes les foiz que len metoit
en lui peine aucun, conoissoient il bien qu'il ert en vie. Si le
plaignoient tuit et toutes molt durement, et disoient : « Diex !
quel domage de cest chevalier, qui tant sembloit vaillant et
preudom, et tant estoit biax, et or l'a mis Diex en tel point
et en tel chartre ! » Einsi disoient maintes foiz cil de laienz de
Lancelot et ploroient ; ne tant ne savoient encerchier qu'il le
poïssent conoistre por Lancelot. Et neporec maint chevalier
avoit laienz qui tantes foiz l'avoient veu qu'il le deussent
bien conoistre.

En tel maniere jut Lancelot vint et quatre jorz, que cil de
laienz n'i atendoient fors la mort. Et au vintequatrisme jor
avint enfor midi qu'il ovri les eulz. Et quant il vit les genz,
si comença a fere trop grant duel et dist : « Ha ! Diex,
por quoi m'avez vos si tost esveillié ? Tant je estoie ore plus
aeise que je ne seré hui mes ! Ha, biax peres Jhesucriz, qui

porroit estre tant bons eurez ne tant preudons que il veist
apertement les granz merveilles de vos secrez, et la ou mes
regarz pechierres et ma veue conchiee de la tres grant
ordure dou monde fu essorbee ? » Quant cil qui entor Lance-
lot estoient oïrent ceste parole, si orent trop grant joie et li
demanderent que il a veu. « Je ai, fet il, veu si granz mer-
veilles et si granz beneurtez que ma langue nel vos porroit
mie descovrir, ne mes cuers meismes nel porroit mie penser,
com grant chose ce est. Car ce n'a mie esté chose terriane, mes
esperitel. Et se mes granz pechiez et ma grant maleurtez ne
fust, j'eusse encor plus veu, se ne fust que je perdi la veue de
mes euz et le pooir dou cors, por la grant desloiauté que Diex
avoit veue en moi. »

Lors dist Lancelot a çax qui ilec estoient : « Biax seignor,
je me merveil molt coment je me sui einsi ici trovez. Car il
ne me sovient pas coment je i fui mis, ne en quel maniere. »
Et cil li dient tout ce qu'il avoient veu de lui et coment il avoit
demoré o ax vint et quatre jorz, en tel maniere qu'il ne savoient
s'il ert morz ou vis. Et quant il ot ceste parole, si comence a
porpenser par quel senefiance il avoit tant demoré en cel
estat. Et tant qu'il s'apensa qu'il ot ou terme de vint et quatre
anz servi a l'anemi, por quoi Nostre Sires le mist en tel peni-
tance qu'il ot perdu par vint et quatre jorz le pooir dou cors
et des membres. Lors resgarda Lancelot devant soi et vit la
here qu'il avoit portee pres de demi an, dont il se voit ore
dessesi. Si l'em poise molt, car il li est avis qu'il ait en ceste
chose son veu enfret. Et cil li demandent coment il li est.
Et il respont qu'il est sainz et haitiez, Dieu merci. « Mes por
Dieu, fet il, dites moi en quel leu je sui. » Et cil li dient qu'il
est ou chastel de Corbenyc.

Lors vint une damoisele devant Lancelot, qui li aporta robe
de lin fresche et novele ; mes il ne la volt mie vestir, ainz
prist la here. Quant cil qui entor lui estoient virent ce, si li

mauvés chevalier et recreant ; et il en a si grant duel que il
volsist bien estre morz. Si s'en vet fuiant tant qu'il vint fors
dou chastel, et maintenant se feri en la forest la ou il la vit
plus espesse. Et li rois Pellés revint a Lancelot et li dist les
noveles de son frere ; dont il est tant dolenz qu'il ne set que il
doie fere. Si ne se puet tant celer que cil de laienz ne s'en
aperçoivent, a ce qu'il li voient les lermes coler tot contre-
val la face. Et por ceste chose se repent molt li rois de ce
qu'il li avoit dit ; ne il nel deist en nule maniere, s'il cuidast
que Lancelot en deust prendre sor lui si grant corroz.

Quant il orent mengié, si dist Lancelot au roi qu'il li
feist aporter ses armes, car il voldra aler ou roiaume de
Logres, ou il ne fu bien a passé un an. « Sire, fet li rois,
je vos pri por Dieu que vos me pardoignez ce que je vos
aportai noveles de vostre frere. » Et il dit qu'il li pardone
volentiers. Lors comande li rois que len li aport ses armes,
et len li aporte et il les prent. Et quant il est apareilliez si
qu'il n'i a fors dou monter, li rois li fet amener en mi la cort
un cheval fort et isnel ; si li dit qu'il mont sus et il si fet. Et
quant il est montez et il a pris congié a toz cels de laienz,
si s'en part et chevauche a granz jornees par mi les estranges
païs.

Un soir avint que Lancelot se herberja en une blanche
abeie, ou li frere li firent molt grant honor por ce que cheva-
liers erranz estoit. Au matin, quant il ot oïe messe et il
voloit oissir dou mostier, si resgarda vers destre et vit une
tombe trop riche et trop bele, qui estoit fete novelement, ce
li sembloit. Et il torne cele part por veoir que ce est. Et
quant il vint pres, si la vit de si bele façon qu'il set bien que
desoz gist princes riches. Il resgarde vers le chief et voit
letres qui disoient : CI GIST LI ROIS BADEMAGUS DE GORRE,
QUE GAUVAINS LI NIÉS LE ROI ARTUS OCIST. » Et quant il ot
ce, si n'est pas petit dolenz, car il amoit de grant amor le

roi Bademagu. Et se ce fust uns autres qui l'eust ocis que messires Gauvains, il n'en poïst eschaper sanz mort. Et il en plore tendrement et fet duel merveillex et dist que trop est cist domages dolereus a çaux de la meson le roi Artu et a maint autre preudome.

Celui jor remest Lancelot laienz molt dolenz et corrociez por amor dou preudome qui mainte honor li avoit fete. A l'endemain, quant il fu armez, monta en son cheval et comanda les freres a Dieu et se remist en son chemin. Et erra tant par ses jornees einsi come aventure le menoit que il vint as tombes la ou les espees estoient dreciees. Et si tost come il vit cele aventure, si se mist enz tot a cheval, et resgarda les tombes. Puis se parti d'ilec et erra tant qu'il vint a la cort le roi Artus, ou li un et li autre li firent molt grant joie, si tost come il le virent, car molt desirroient sa venue et çax des autres compaignons, dont il i avoit encore molt poi de revenuz. Et cil qui revenu estoient n'avoient riens fet en la Queste, dont il ont grant honte. Si lesse or li contes a parler d'ax toz et retorne a Galaad, le filz Lancelot del Lac.

*
\* \*

Or dit li contes que quant Galaad se fu partiz de Lancelot, que il chevaucha mainte jornee si come aventure le portoit une hore avant et autre arriere, tant qu'il vint a une abeie ou li rois Mordrains estoit ; et quant il oï la novele dou roi qui atendoit le Bon Chevalier, si pensa qu'il l'iroit veoir. L'endemain, si tost come il ot oïe messe, si vint la ou li rois estoit. Et quant il fu laienz, li rois, qui longuement avoit perdue la veue et le pooir dou cors par la volenté Nostre Seignor, vit cler si tost come il aprocha de lui. Si se dreça en son seant tot errannment et dist a Galaad : « Galaad, serjant Dieu, verais chevaliers de qui je ai si lon-

guement atendue la venue, embrace moi et lesse moi reposer
sor ton piz, si que je puisse devier entre tes braz, car tu es
ausi nez et virges sus toz chevaliers come est la flor de
lys, en qui virginitez est senefiee, qui est plus blanche que
totes les autres. Tu es lys en virginité, tu es droite rose,
droite flors de bone vertu et en color de feu, car li feus dou
Saint Esperit est en toi si espris et alumez que ma char, qui
tote estoit morte et envieillie, est in tote rajuenie et en
bone vertu. »

Quant Galaad ot ceste parole, si s'asiet au chevez le roi,
si l'embrace et le met en son devant por ce que li preudons
i avoit talent de reposer. Et il s'acline vers lui et l'embrace
parmi les flans et le comence a estraindre et dit : « Biax peres
Jhesucrist, or ai je ma volenté ! Or te requier ge que tu en
cest point ou je sui me viegnes quierre, car en si aesié leu
ne en si avenant, se en cestui meismes n'estoit, ne porroie
je mie trespasser. Car en ceste grant joie que j'ai si longue-
ment desirree n'a fors roses et lys. » Si tost come il ot fete
ceste requeste a Nostre Seignor, si fu bien provee chose que
Nostre Sires avoit oïe sa proiere, car il en rendi tantost
l'ame a Celui qu'il avoit si longuement servi, et trespassa
entre les braz Galaad. Et quant cil de laienz sorent ceste
chose, si vindrent au cors et troverent que les plaies qu'il
avoit eues si lonc tens estoient sanees : si le tindrent a grant
merveille. Lors firent au cors sa droiture come a roi, et
l'enfoïrent laienz.

Si i demora Galaad deus jorz. Au tierz s'em parti, et chevau-
cha tant par ses jornees qu'il vint en la Forest Perilleuse ou
il trova la fontaine qui boloit a granz ondes, si com li contes
a devisé ça en arrieres. Et si tost come il i ot mise la main,
si s'em parti l'ardor et la chalor, por ce que en lui n'avoit
onques eu eschaufement de luxure. Si tindrent cil dou païs
ceste chose a grant merveille, si tost come il oïrent que

l'eve estoit refroidie. Lors perdi le nom que ele avoit devant et fu des lors en avant apelee la Fontainne Galaad.

Quant il ot ceste aventure menee a chief, si vint a l'entree de Gorre, einsi come aventure le portoit, tant qu'il vint en l'abeie ou Lancelot avoit devant esté, la ou il avoit trovee la tombe Galaad le roi de Hoselice, le filz Joseph d'Arymacie, et la tombe Symeon ou il ot failli. Et quant il vint laienz, si resgarda en la cave qui estoit desoz le mostier. Et quant vit la tombe qui ardoit si merveilleusement, si demanda as freres que ce estoit. « Sire, font il, ce est une aventure merveilleuse qui ne puet estre menee a chief, fors par celui qui passera de bonté et de chevalerie toz les compaignons de la Table Reonde. » — « Je voldroie, fet il, s'il vos plesoit, que vos me menissiez a l'uis par ou l'en i entre. » Et il dient que si feront il volentiers. Si l'en moinent a l'uis de la cave, et il descent aval par les degrez. Et si tost come il vint pres de la tombe, si fu li feuz failliz et la flamme remese, qui maint jor i avoit esté grant et merveilleuse, par la venue de celui ou il n'avoit point de mauvese chalor. Quant il vint a la tombe, si la leva contremont et vit dedenz le cors de Symeon qui avoit esté deviez ; et si tost com la chalor fu remese, oï une voiz qui li dist : « Galaad, Galaad, molt devez rendre granz merciz a Nostre Seignor de ce que si bone grace vos a donee : car par la bone vie de vos poez vos retrere les ames de la peine terrienne, et metre en la joie de paradis. Ge sui Symeu vostre parent, qui en ceste grant chalor que vos veistes ore ai demoré trois cenz anz et cinquante et quatre por espeneir un pechié que je fis jadis envers Joseph d'Arymacie. Et o la peine que j'ai sofferte fusse je perduz et dampnez. Mes la grace dou Saint Esperit, qui plus oevre en vos que la terrienne chevalerie, m'a regardé en pitié par la grant humilité qui est en vos. Si m'a osté, soe merci, de la dolor terrienne et m'a mis en la joie des cielx por solement la grace de vostre

venue. » Cil de laienz, qui aval estoient venu si tost com la
flame fu esteinte, oïrent ceste parole; si le tindrent a grant
merveille et a miracle. Et Galaad prist le cors et l'osta de la
tombe ou il avoit esté si lonc tens et le porta en mi le mos-
tier. Et quant il ot ce fet, cil de laienz le pristrent et ensevé-
lirent si com len devoit fere chevalier, car chevalier ot il
esté, et firent tel servise come len devoit fere et l'enfoïrent
devant le mestre autel. Et quant il orent ce fet, si vindrent
a Galaad et li firent si grant honor com il onques porent
greignor, et li demanderent dont il est et de quel gent. Et il
lor en dit la verité.

A l'endemain, quant Galaad ot oïe messe, si se parti de
laienz et comanda les freres a Dieu, et se mist en sa voie et
chevaucha en telle maniere cinc anz entiers ançois qu'il
venist a la meson au Roi Mehaignié. En en toz les cinc anz li
tint Perceval compaignie en quel leu qu'il alast. Et dedenz
celui terme orent il si acheveés les aventures dou roiaume de
Logres, que poi en i veoit len mes avenir, se ce n'ert demos-
trance de Nostre Seignor merveilleuse. Ne onques en leu ou
il venissent, tant i eust grant plenté de gent, ne porent estre
desconfit ne mené a esmai ne a poor.

Un jor lor avint qu'il issirent d'une forest grant et mer-
veilleuse. Et lors encontrerent ou travers dou chemin
Boort qui chevauchoit toz sels. Et quant il le conurent, ne
demandèz mie s'il en furent lié et joiant, car longuement
avoient esté sanz lui et molt le desirroient a veoir. Si le
conjoïssent et li orent bone honor et bone aventure, et il a
ax. Puis li demandent de son estre; et il lor en dit la verité
et coment il a puis esploitié : si dit qu'il a bien cinc anz que
il ne jut quatre foiz en lit ne en hostel ou genz mainsissent,
mes en forrez estranges et en montaignes lointaignes ou il
fust morz plus de cent foiz, se ne fust la grace dou Saint
Esperit qui le reconfortoit et pessoit en toutes ses meseses.

« Et trovastes vos puis ce que nos alons querant ? » fet Perceval. — « Certes, fet il, nanil, mes je croi que nos ne departirons mes devant que nos aions afiné ce por quoi ceste Queste fu comenciee. » — « Diex le nos otroit ! fet Galaad. Car se Diex me consaut, je ne sai chose qui tant me poïst fere lié come vostre venue, car trop la desir et trop l'aim. »

Einsi rassembla aventure les trois compaignons que aventure avoit departiz. Si chevauchierent lonc tens, tant qu'il lor avint un jor qu'il vindrent au chastel de Corbenyc. Et quant il furent laienz et li rois les conut, si fu la joie grant et merveilleuse, car il savoient bien que a ceste venue faudroient les aventures dou chastel, qui tant longuement i avoient esté. Et la novele en vet amont et aval, tant que tuit cil de laienz les viennent veoir. Et li rois Pellés plore sus Galaad son neveu, et ausi font li autre qui ja l'avoient veu petit enfant.

Quant il se furent desarmé, Elyezer, li filz le roi Pellés, lor aporta devant aus l'Espee Brisiee dont li contes a ja devisé autre foiz, cele dont Joseph ot esté feruz parmi la quisse. Et quant il l'ot ostee dou fuerre et il lor ot contee la maniere coment elle fu brisiee, Boorz i mist la main por savoir s'il la porroit rejoindre ; mes ce ne pot estre. Quant il vit qu'il i avoit failli, si la bailla a Perceval et dist : « Sire, essaiez se ceste aventure sera par vos menee a fin. » — « Volentiers, » fet il. Si prent l'espee einsi come ele estoit et ajoste les deus pieces ensemble ; mes rejoindre nes pot en nule maniere. Et quant il voit ce, si dit a Galaad : « Sire, a ceste aventure avons nos failli. Or vos i covient essaier, et se vos i failliez, je ne cuit mie qu'elle soit ja mes achevee par home mortel. » Lors prent Galaad les deus pieces de l'espee et ajoste l'une a l'autre. Et maintenant reprennent les pieces si merveilleusement qu'il n'a pas home ou monde qui la briseure qui devant i estoit poïst reconoistre, ne que ele eust onques esté brisiee.

Quant li compaignon voient ce, si dient que bel comencement lor a Diex mostré, et qu'il croient bien qu'il acheveront legierement les autres aventures, puis que ceste est menee a fin. Et quant cil de laienz voient l'aventure de l'espee achevee, si en font trop merveilleuse joie. Si la donerent a Boort et distrent que ele ne porroit mie estre mielz emploieé, car a merveilles ert bons chevaliers et preudons.

Quant vint a hore de vespres, si comença li tens a oscurcir et a changier, et uns venz leva granz et merveilleus, qui se feri par mi le palés : si fu pleins de si grant chalor que li plusor d'ax cuidierent bien estre ars, et li aucun chaïrent pasmé de la grant poor qu'il orent. Et maintenant oïrent une voiz qui dist : « Cil qui ne doivent seoir a la table Jhesucrist si s'en aillent, car ja seront repeu li verai chevalier de la viande del ciel. »

Quant il oïrent ceste parole, si s'en alerent tuit fors de laienz sanz plus atendre, ne mes li rois Pellés, qui molt ert preudons et de sainte vie, Elyezer son filz et une pucele, niece le roi, qui ert la plus sainte chose et la plus religieuse que l'en seust alors en nule terre. Et o ces trois remestrent li troi compaignon, por veoir quel demostrance Nostre Sires lor voldroit fere. Quant il orent un poi esté, si virent venir par mi l'uis nuef chevaliers armez, qui ostent lor hiaumes et lor armeures et viennent a Galaad ; si l'enclinent et li dient : « Sire, mout nos sommes hastez por estre avec vos a la table ou li hauz mengiers sera departiz. » Et il dit qu'il sont bien venu a tens, car ausi n'a il gueres qu'il vindrent laienz. Si s'asient tuit en mi le palés ; et Galaad lor demande dont il sont. Et li troi dient qu'il sont de Gaule, et li autre troi dient qu'il sont d'Irlande, et li autre troi dient qu'il sont de Danemarche.

En ce qu'il parloient ensi, si voient oissir de l'une des chambres de laienz un lit de fust que quatre damoiseles portoient. Et en ce lit gisoit uns preudons deshaitiez par semblant, et avoit une coronne d'or sus sa teste. Et quant eles sont en mi le palés, si le metent jus et s'en revont. Et cil drece la teste et dit a Galaad : « Sire, bien soiez vos venuz ! Molt vos ai desirré a veoir et molt ai atendue vostre venue, en tel poine et en tel angoïsse que uns autres nel poïst mie soffrir longuement. Mes, se Dieu plest, or est venuz li termes que ma dolor iert alegiee, que je trespasserai dou siecle si come il m'est promis lonc tens a. »

Endementres qu'il disoient ces paroles, si oïrent une voix qui dist : « Cil qui n'a esté compainz de la Queste del Saint Graal si se departe de ci : car il n'est pas droiz qu'il i remaigne plus. » Si tost com ceste parole fu dite s'en ala fors li rois Pellés et Elyezer son filz et la pucele. Et quant li palés fu vuidiez fors de çax qui se sentoient a compaignon de la Queste, maintenant fu avis a çax qui remés i estoient que de vers le ciel venoit uns hons revestuz en semblance d'evesque, et ot croce en sa main et mitre en son chief ; si le portoient quatre ange en une trop riche chaiere et l'assistrent lez la table sor quoi li Sainz Graaux estoit. Cil qui en semblance d'evesque fu aportez avoit letres en son front qui disoient : « Veez ci Josephes, li premiers evesques des crestiens, celui meismes que Nostre Sires sacra en la cité de Sarraz ou palés esperitel. » Et li chevalier qui ce voient conoissent bien les letres, mes il se merveillent molt que ce puet estre, car cil Josephes dont les letres parloient estoit trespassez de cest siecle plus avoit de trois cenz anz. Et il parole maintenant a ax et lor dit : « Ha ! chevalier Damedieu, serjant Jhesucrist, ne vos merveilliez pas se vos me veez devant vos einsi com je sui a cest saint vessel ; car ausi come je i servi terriens, ausi i serf je esperitelx. »

Quant il ot ce dit, si se trest vers la table d'argent et se mist a coutes et a genouz devant l'autel ; et quant il ot ilec grant piece esté, si escoute et ot l'uis de la chambre ouvrir et flatir molt durement. Et il resgarde cele part et ausi font tuit li autre : et en voient issir les anges qui Josephes avoient aporté ; dont li dui portoient deus cierges, et li tierz une touaille de vermeil samit, et li quarz une lance qui saignoit si durement que les goutes en chaoient contreval en une boiste qu'il tenoit en s'autre main. Et li dui mistrent les cierges sus la table et li tierz la toaille lez le saint Vessel; et li quarz tint la lance tote droite sus le saint Vessel, si que li sans qui contreval la hanste couloit chaoit dedenz. Et si tost come il ont ce fet, Josephes se leva et trest un poi la lance en sus dou saint Vessel et le covri de la toaille.

Lors fist Josephes semblant que il entrast ou sacrement de la messe. Et quant il i ot demoré un poi, si prist dedenz le saint Vessel une oublee qui ert fete en semblance de pain. Et au lever que il fist descendi de vers le ciel une figure en semblance d'enfant, et avoit le viaire ausi rouge et ausi embrasé come feu ; et se feri ou pain, si que cil qui ou palés estoient virent apertement que li pains avoit forme d'ome charnel. Et quant Josephes l'ot grant piece tenu, si le remist ou saint Vessel.

Quant Josephes ot ce fet qui a provoire apartenoit come del servise de la messe, si vint a Galaad et le besa et li dist qu'il besast autresi toz ses freres. Et il si fist. Et quant il ot ce fet, si lor dist : « Serjant Jhesucrist, qui vos estes traveillié et pené por veoir partie des merveilles dou Saint Graal, asseez vos devant ceste table, si seroiz repeu de la plus haute viande et de la meillor dont onques chevalier gostassent, et de la main meesme de vostre Sauveor. Si poez bien dire que buer vos estes traveillié, car vos en recevroiz hui le plus haut loier que onques chevalier receussent. » Quant Josephes ot ce dit, si s'esvanoïst d'entre ax, si qu'il ne sorent onques qu'il estoit devenuz. Et il s'asieent maintenant a la table a molt grant poor et plorent si tendrement que lor faces en sont moilliees.

Lors regardent li compaignon et voient issir del saint Vessel un home ausi come tout nu, et avoit les mains saignanz et les piez et le cors ; et lor dist : « Mi chevalier et mi serjant et mi loial fil, qui en mortel vie estes devenu esperitel, qui m'avez tant quis que je ne me puis plus vers vos celer, il covient que vos veoiz partie de mes repostailles et de mes secrez, car vos avez tant fet que vos estes assis a ma table, ou onques mes chevaliers ne menja puis le tens Joseph d'Arymacie. Mes del remanant ont il eu ausi come serjant ont : ce est a dire que li chevalier de çaienz et maint autre ont esté repeu de la grace del saint Vessel ; mais il n'ont mie esté a meesmes ausi come vos estes orendroit. Or tenez et recevez la haute viande que vos avez si lonc tens desirree, et por quoi vos estes tant travailliez. »

Lors prist il meismes le saint Vessel et vint a Galaad. Et cil s'agenoille et il li done son Sauveor. Et cil le reçoit joieux et a jointes mains. Et ausi fist chascuns des autres, ne n'i ot nus a qui il ne fust avis que len li meist la piece en semblance de pain en sa bouche. Quant il orent tuit receu la haute viande, qui tant lor sembloit et douce et merveilleuse qu'il lor ert avis que toutes les soatumes que len porroit penser de cuer fussent dedenz lor cors, Cil qui einsi les ot repeuz dist a Galaad : « Filz si nez et si espurgiez come hom terriens puet estre, sez tu que je tieng entre mes mains ? » — « Nanil, fet il, se vos nel me dites. » — « Ce est, fet il, l'escuele ou Jhesucriz menja l'aignel le jor de Pasques o ses deciples. Ce est l'escuele qui a servi a gré toz çax que j'ai trovez en mon servise ; ce est l'escuele que onques hons mescreanz ne vit a qui ele ne grevast molt. Et por ce que ele a si servi a gré toutes genz doit ele estre apelee le Saint Graal. Or as veu ce que tu as tant desirré a veoir, et ce que

tu as covoitié. Mes encor ne l'as tu pas veu si aperternent
com tu le verras. Et sez tu ou ce sera ? En la cité de Sarraz,
ou palés esperitel, et por ce t'en covient il de ci aler et fere
compaignie a cest saint Vessel, qui anuit se partira dou
roiaume de Logres en tel maniere que ja mes n'i sera veuz,
ne des or mes n'en avendra aventure. Et sez tu por quoi il s'en
part ? Por ce qu'il n'i est mie serviz ne honorez a son droit
par çax de ceste terre. Car il se sont torné a peor vie et a
seculer, ja soit ore ce qu'il aient adés esté repeu de la grace
de cest saint Vessel. E' por ce qu'il li ont si malement guer-
redoné les desvestige de l'anor que je lor avoie fete. Et por
ce voil ge que tu t'en ailles le matin jusqu'a la mer, et ilec
troveras la nef ou tu preis l'Espee as estranges renges. Et por
ce que tu n'ailles sels, voil ge que tu meines o toi Perceval et
Boorz. Et neporec, por ce que ge ne voil pas que tu t'en
ailles de cest païs sanz la garison au Roi Mehaignié, voil je
que tu pregnes del sanc de ceste lance et li en ongles jambes :
car ce est la chose par quoi il sera gariz, ne autre chose nel
puet garir. » — « Ha ! Sire, fet Galaad, por quoi ne soffrez
vos qu'il viegnent tuit o moi ? » — « Por ce, fet il, que je
ne voil, ainz le fais en semblance de mes apostres. Car tout
autresi come il menjerent o moi le jor de la Cene, tout
autresi mengiez vos ore o moi a la table dou Saint Graal. Et
si estes doze ausi come il furent doze apostre. Et je sui li
treziemes par desus vos, qui doi estre vostre mestres et vos-
tre pastres. Et tot ausi come je les desparti et fis aler par
universe monde por preeschier la veraie loi, tout ausi vos
depart ge li uns ça et li autres la. Et morroiz tuit en cestui
servise, ne mes l'un de vos. » A tant lor donc sa beneïçon, et
s'esvanoï en tel maniere qu'il ne sorent onques qu'il devint,
ne mes que vers le ciel l'en virent aler.

Et Galaad vient a la lance qui ert couchiee sus la table et
toucha au sanc, puis vient au Roi Mehaignié et li en oinst

les jambes par la ou il avoit esté feruz. Et il se vesti maintenant et sailli dou lit sainz et haitiez. Si rent graces a Nostre Seignor de ce que si sodement l'a regardé. Si vesqui puis lonc tens, mes ce ne fu pas au siecle ; car maintenant se rendi en une religion de blans moines. Si fist puis Nostre Sires maint bel miracle por amor de lui, dont li contes ne parole pas ici por ce qu'il n'en est mie grant mestiers.

Entor mie nuit, quant il orent grant piece prié Nostre Seignor que il par sa pitié les conduisist a sauveté de lor ames en quel leu qu'il alassent, si descendi une voiz entre els qui lor dist : « Mi fil et ne mie mi fillastre, mi ami et ne mie mi guerrier, issiez de ceenz et alez la ou vos cuidiez mielz fere, et tout einsi come aventure vos conduira. » Quant il oent ce, si responnent tuit a une voiz : « Peres des cielx, beneoiz soies tu qui nos deignas tenir a tes filz et a tes amis ! Or veons nos bien que nos n'avons pas perdues noz peines. »

A tant s'en issent dou palés et viennent en la cort aval et troevent armes et chevax ; si s'atornerent et monterent meintenant. Et quant il sont monté, si s'en issent dou chastel et s'entredemandent dont il sont por conoistre li un les autres. Et tant que il troevent es trois qui de Gaule estoient que Claudins, li filz le roi Claudas, en ert li uns, et li autre, de quel terre qu'il fussent, estoient assez gentil home et de haut lignage. Quant vint au departir, si s'entrebesierent come frere et plorerent molt tendrement et distrent tuit a Galaad : « Sire, sachiez por voir que nos n'eusmes onques si grant joie come a l'ore que nos seumes que nos vos tendrions compaignie, ne onques ne fu si grant duel come nos avons de ce que nos departons de vos si tost. Mes nos veons bien que cest departement plest a Nostre Seignor ; et por ce nos en covient il a departir sanz duel fere. » — « Bel seignor, fet Galaad, se vos amissiez ma compaignie, autant amasse je la vostre. Mes vos veez bien qu'il ne puet

estre que li uns tiengne compaignie a l'autre. Et por ce vos
comant je a Dieu, et vos pri, se vos venez a la cort le roi
Artu, que vos me saluoiz monseignor Lancelot mon pere
et ceus de la Table Reonde. » Et cil dient, s'il vont cele
part, que il ne l'oblieront pas.

A tant s'en partent li uns de l'autre. Si s'achemine Galaad
entre lui et ses compaignons et chevalchent tant tuit troi que
a la mer vindrent en mains de quatre jors. Et plus tost i
fussent venu, mes il n'aloient mie la droite voie, come cil
qui ne savoient mie tres bien les chemins.

Quant il vindrent a la mer, si troverent la nef a la rive,
celle ou l'Espee aus estranges renges avoit esté trovee, et
virent les letres au bort de la nef, qui disoient que nus n'i
entrast s'il n'ert fermement creant en Jhesucrist. Et quant il
sont venu au bort et il regardent dedenz, et voient que en
mi le lit qui en la nef ert fez estoit la table d'argent qu'il
avoient lessiee chiés le Roi Mehaignié. Et li Sainz Graax
estoit par desus, covert d'un samit vermeil, et estoit fez en
semblance de touaille. Quant li compaignon voient ceste
aventure, si l'alerent mostrant li uns a l'autre, et dient que
bien lor est avenu que ce qu'il plus amoient et desirroient a
veoir lor fera compaignie jusque la ou il doivent remanoir.
Lors se seignent et se comandent a Nostre Seignor et entrent
dedenz la nef. Et si tost come il i furent entré, li venz, qui
devant ce estoit quoiz et seriz, se feri el voille si angoisseu-
sement qu'il fist la nef partir de rive et l'empeint en haute
mer. Et lors comença a aler grant oirre, si come li venz
l'aloit angoissant plus et plus.

En telle maniere errerent parmi la mer lonc tens que il
ne savoient ou Dex les menoit. Totes les hores que Galaad
se couchoit et levoit, fesoit sa proiere a Nostre Seignor que
de quelle hore qu'il Li requeist le trespassement de cest siecle,
qu'Il li envoiast. Si fist tant cele proiere main et soir que la

voiz devine li dist : « Ne t'esmaier, Galaad, car Nostre Sires
fera ta volenté de ce que tu requiers : de quelle hore que tu
demanderas la mort del cors, tu l'avras et recevras la vie de
l'ame et la joie pardurable. » Ceste requeste, que Galaad
avoit fete tantes foiz, oï Perceval ; si se merveilla molt por
quoi il la fesoit ; si li pria sus la compaignie et sus la foi
qui entr'ax devoit estre, qu'il li deist por quoi il requeroit
telle chose. « Ce vos dirai ge bien, fet Galaad. Avantier,
quant nos veismes partie des merveilles del Saint Graal que
Nostre Sires nos monstra par sa sainte pitié, en ce que je
voioie les repostes choses qui ne sont pas descovertes a
chascun, fors solement aus ministres Jhesucrist, en cel
point que je vi ces aferes que cuers de terrien home ne
porroit penser ne langue descrire, fu mes cuers en si grant
soatume et en si grant joie que se je fusse maintenant tres-
passez de cest siecle, je sai bien que onques hom en si
grant beneurté ne morut come je feisse lors. Car il avoit
devant moi si grant compaignie d'angleres et si grant plenté
de choses esperitex que je fusse lors translatez de la ter-
rienne vie en la celestiel, en la joie des glorieus martirs et
des amis Nostre Seignor. Et por ce que je quit que g'en serai
encor en autresi bon point ou en meillor que je ne fui alors
de veoir celle grant joie, faz ge cesté requéste que vos avez
oïe. Et einsi quid je trespasser de cest siecle, par la vo-
lenté de Nostre Seignor, en voiant les merveilles del Saint
Graal. »

Einsi denonça Galaad a Perceval la venue de la mort, si
come li devins respons li avoit enseignié. Et en la maniere
que je vos ai devisee perdirent cil del roiaume de Logres
par lor pèchié le Saint Graal, qui tantes foiz les avoit repeuz
et rasasiez. Et tot autresi come Nostre Sires l'avoit envoié a
Galaad et a Joseph et aus autres oirs qui d'ax estoient des-
cenduz, par lor bonté, tot autresi en desvesti il les malvés

oirs par la malvestié et par la noienté qu'il trova en ax. Et
par ce puet len veoir tot apertement que li malvés oirs per-
dirent par lor malvestié ce que li preudome avoient main-
tenu par lor proesce.

Grant piece demorerent li compaignon en mer, tant qu'il
distrent un jor a Galaad. « Sire, en cest lit qui por vos fu
apareilliez, si come cez letres dient, ne vos colchastes vos
onques. Et vos l'en devez fere, car li briés dit que vos repo-
seroiz dedenz. » Et il dit qu'il s'i reposera. Si s'i colche et
dort grant piece. Et quant il se fu esveilliez, si regarda
devant lui et vit la cité de Sarraz. Lors vint a ax une voix
qui lor dist : « Issiez fors de la nef, chevalier Jhesucrist, et
prenez entre vos trois celle table d'argent et la portez en
celle cité tot einsi come elle est, ne ja ne la metez jus devant
que vos soiez el palés esperitel, la ou Nostre Sires sacra
premierement Josephe a evesque. »

En ce qu'il voloient oster la table de laienz, si regarderent
contremont l'eve et en virent venir la nef ou il avoient mise,
lonc tens avoit passé, la suer Perceval. Et quant il voient ce,
si dit li uns a l'autre : « En non Dieu, bien nos a tenu ceste
damoiselle convenant, qui jusque ça nos a siviz. » Lors pren-
nent la table d'argent et la metent fors de la nef. Si la prist
Boorz et Perceval par devant, et Galaad par deriere, et lors
s'esmurent por aler en la cité. Mes quant il vindrent a la
porte, si fu Galaad toz lassez del fés de la table, qui assez
pesoit. Et si regarde un home a potences qui estoit desoz la
porte, qui atendoit l'aumosne aus trespassans, qui sevent li
fesoient bien por amor de Jhesucrist. Quant Galaad vint
pres de lui, si l'apela et li dist : « Prodom, vien ça et si
m'aide tant que nos aions ceste table portee la sus en cel
palés. » — « Ha ! Sire, por Deu, fet cil, que ce est que vos
dites ? Il a bien passé dis anz que je ne poi aler sanz aide
d'autrui. » — « Ne te chaut, fet il, mes lieve sus et n'aies

pas doute, car tu es gariz. » En ce que Galaad ot dite ceste
parole, cil essaie s'il se porroit lever ; et en ce qu'il s'essaioit
si se trove ausi sain et hetié come s'il n'eust onques eu mal
en sa vie. Lors cort a la table et la prent d'une part contre
Galaad. Et quant il entre en la cité, si va disant a toz çax
qu'il encontre le miracle que Dex li avoit fet.

Quant il vindrent el palés en haut, si virent la chaiere
que Nostre Sires avoit jadis apareilliee por ce que Josephes
s'i aseist. Et maintenant i acorent cil de la cité a grant mer-
veille, por veoir l'home mehaignié qui ert redreciez
novellement. Quant li compaignon orent fet ce que comandé
lor estoit, si retornerent a l'eve et entrerent en la nef ou
la suer Perceval estoit. Si la prennent a tot le lit et l'empor-
tent el palés ; et l'enfoïrent si richement come l'en devoit
fere fille de roi.

Quant li rois de la cité, que l'en apelloit Escorant, vit les
trois compaignons, si lor demanda dont il estoient et quel
chose ce estoit qu'il avoient aportee sor celle table d'argent.
Et il li distrent la verité de quant qu'il lor demanda, et la
merveille del Graal, et le pooir que Dex i ot mis. Et cil fu
desloiaux et cruex, come cil qui touz ert estrez de la maleoite
lignie des païens. Si ne crut riens qu'il deissent, ainz dist
qu'il estoient aucun desloial tricheour. Si atendi tant qu'il
les vit desarmez, et lors les fist prendre a ses genz et metre
en prison ; et les tint un an en sa prison en telle maniere
que onques n'en oissirent. Mes d'itant lor avint il bien, que
si tost come il furent emprisoné, Nostre Sires, qui nes avoit
pas obliez, lor envoia devant aux le Saint Graal por fere lor
compaignie, de qui grace il furent toz dis repeu tant come
il demorerent en la prison.

A chief de l'an avint un jor que Galaad se compleint a
Nostre Seignor et dist : « Sire, il me semble que j'ai assez
demoré en cest siecle : s'il vos plest, ostez m'en prochaine-

ment. » Celui jor avint que li rois Escorant gisoit malades el mal de la mort. Si les manda devant lui et lor cria merci de ce qu'il les a si malmenez a tort. Et il li pardonent volentiers, et il morut maintenant.

Et quant il fu enterrez, cil de la cité furent molt esmaiez, car il ne savoient de qui il poïssent fere roi. Si se conseillerent grant piece, et en ce qu'il estoient a consel oïrent une voiz qui lor dist : « Prenez le plus jone des trois compaignons, et cil vos gardera bien et vos conseillera tant come il sera avec vos. » Et il firent le comandement a la voiz ; si pristrent Galaad et le firent seignor d'aus ou il volsist ou non, et li mistrent la corone el chief. Dont il li pesa molt ; mes por ce qu'il vit que fere le covint, l'otroia, car autrement l'eussent il ocis.

Quant Galaad fu venuz a terre tenir, si fist par desuz la table d'argent une arche d'or et de pieres precieuses qui covroit le saint Vessel. Et toz les matins, si tost come il ert levez, venoit devant le saint Vessel entre lui et ses compaignons, et fesoient lor proieres et lor oroisons.

Quant vint au chief de l'an, a celui jor meismes que Galaad avoit porté corone, si se leva bien matin entre lui et ses compaignons. Et quant il vindrent el palés que len apeloit esperitel, si regarderent devant le saint Vessel : et voient un bel home vestu en semblance de evesque, et estoit a genolz devant la table et batoit sa coupe ; et avoit entor lui si grant plenté d'angleres come se ce fust Jhesucrist meisme. Et quant il ot esté grant piece a genolz, si se leva et commença la messe de la glorieuse Mere Dieu. Et quant vint el segré de la messe, que il ot ostee la plateïnne de desus le saint Vessel, si apella Galaad et li dist : « Vien avant, serjant Jhesucrist, si verras ce que tu as tant desirré a veoir. » Et il se tret avant et regarde dedenz le saint Vessel. Et si tost come il i ot regardé, si comence a trembler molt durement, si tost come la mortel char commença a regarder les esperitex choses. Lors tent Galaad ses meins vers le ciel et dit : « Sire, toi ador ge et merci de ce que tu m'as acompli mon desirrier, car ore voi ge tot apertement ce que langue ne porroit descrire ne cuer penser. Ici voi ge l'a començaille des granz hardemenz et l'achoison des proeces ; ici voi ge les merveilles de totes autres merveilles ! Et puis qu'il est einsi, biax dolz Sires, que vos m'avez acomplies mes volentez de lessier moi veoir ce que j'ai touz jors desirré, or vos pri ge que vos en cest point ou je sui et en ceste grant joie soffrez que je trespasse de ceste terriene vie en la celestiel. »

Si tost come Galaad ot fete ceste requeste a Nostre Seignor, li prodons qui devant l'autel estoit revestuz en semblance de evesques prist *Corpus Domini* sus la table et l'offri a Galaad. Et il le reçut molt humilieusement et o grant devotion. Et quant il l'ot usé, li prodom li dit : « Sez tu, fet il, qui je sui ? » — « Sire, nenil, se vos nel me dites. » — « Or saches, fet il, que je sui Josephes, li filz Joseph d'Arimatie, que Nostre Sires t'a envoié por toi fere compaignie. Et sez tu por quoi il m'en a plus tost envoié que un autre ? Por ce que tu m'as resemblé en deus choses : en ce que tu as veues les merveilles del Saint Graal ausi come je fis, et en ce que tu as esté virges ausi come je sui ; si est bien droiz que li uns virges face compaignie a l'autre. »

Quant il ot dite ceste parole, Galaad vient a Perceval et le bese et puis a Boorz, si li dist : « Boorz, saluez moi monseignor Lancelot mon pere si tost come vos le verroiz. » Lors revint Galaad devant la table et se mist a coudes et a genolz ; si n'i ot gueres demoré quant il chaï a denz sus le pavement del palés, qar l'ame li eirt ja fors del cors. Si l'en porterent li anglere fessant grant joie et beneissant **Nostre Seignor**.

Si tost come Galaad fu deviez avint illuec une grant merveille. Qar li dui compaignon virent apertement que une mein vint devers le ciel ; mes il ne virent pas le cors dont la mein estoit. Et elle vint droit au seint Vessel et le prist, et la Lance ausi, et l'enporta tot amont vers le ciel, a telle eure qu'il ne fu puis hons si hardiz qu'il osast dire qu'il eust veu le Seint Graal.

Quant Perceval et Boorz virent que Galaad estoit morz, si en furent tant dolent que nus plus ; et s'il ne fussent si prodom et de si bone vie, tost en poïssent estre cheuz en desesperance por la grant amor qu'il en avoient. Et li pueples del païs en firent molt grant duel, et molt en furent corocié. La ou il avoit esté morz fu fete sa fosse ; et si tost come il fu enfoïz, Perceval se rendi en un hermitage defors la cité, si prist dras de religion. Et Boorz fu o lui ; mes onques ne changa les dras del siecle, por ce qu'il baoit encor a revenir a la cort le roi Artus. Un an et trois jorz vesqui Perceval en l'ermitage, et lors trespassa del siecle ; si le fist Boorz enfoïr o sa suer et o Galaad el palés esperitel.

Quant Boorz vit qu'il ert remés tot seuls en si loingteinnes terres come es parties de Babiloine, si se parti de Sarraz tot armez et vint a la mer et entra en une nef. Si li avint si bien que en assez poi de tens ariva el roialme de Logres. Et quant il fu venuz el païs, si chevalcha tant par ses jornees qu'il vint a Camaalot, ou li rois Artus estoit. Si ne fu onques si grant joie fete come il firent de lui, qar bien le cuidoient avoir perdu a touz jors mes, por ce que si longuement avoit esté fors del païs.

Quant il orent mengié, li rois fist avant venir les clers qui metoient en escrit les aventures aus chevaliers de laienz. Et quant Boorz ot contees les aventures del Seint Graal telles come il les avoit veues, si furent mises en escrit et gardees en l'almiere de Salebieres, dont MESTRE GAUTIER MAP les trest a fere son livre del Seint Graal por l'amor del roi Henri son seignor, qui fist l'estoire translater de latin en françois. Si se test a tant li contes, que plus n'en dist des AVENTURES DEL SEINT GRAAL.

# VARIANTES ET NOTES

*Page* **1**, *ligne* 7 : *ZD* tressuez ; *KR* suanz.

**2**, 2 : *mss*. d'un escuier ; *KR* dui e. — 8 : *des mots* cele part *aux mots* Et il lor conte (18), *lacune de R*.

**4**, 3 à 22 : *lac. de K (lacération)*.

**5**, 13 à 28 : *lac. de R*.

**9**, 16 : *K* et cil, qui auques le conoist, ne l'ose refuser, si respont. — 23 : *leçon ZA* ; *R* ce est cil que messire ; *K ne change, de la leçon adoptée, que l'ordre des mots* : cil qui a esté hui fet chlr novel.

**10**, 15 : *A* les aventures del Saint Graal. — 28 : *K* en fust apertement soie.

**13**, 8 : *ZAD* fors del cuidier ; *KR* fors del cuer.

**14**, 5 : *KZAD* Yvains ; *R* Perceval.

**15**, 11 : *A* a cent doubles.

**17**, 31 : *K* a une table rasemble.

**20**, 15 : *Z* qui ne s'en poisse bien apercevoir et vos coneust a la semblance de lui, se il s'en prenoit garde.

**27**, 21 : *K* merveilles, se l'aventure est tiex come vos me contez et dites.

**31**, 4 : *K* Et por ce le m'a il enchargié que je le vos baillasse. — 25 : *KR* forest et le chevalier as armes. *La leçon adoptée est celle de ZSA*.

**32**, 6 : *KR* .xii. ans. — 9 : *Z* grant partie des chevaliers de son parenté.

**33**, 17 : *AD* et ot puis l'escu en grant amor.

**34**, 18 : *A* veoir, il rendi l'escu a Evlach et il li dist.

**34** et **35**, *Voir dans le* Grand Saint Graal (*Hucher, III, 280 sqq.*) *le même récit*.

**36.** 16 : *VDA* doloreus ; *KRZ* merveilleus.

**38,** 5-6 : *leçon VA* ; *KRZS* son fil en terre qui les trouva tant durs en pechié et por cele durté (*dittographie probable due à la confusion du mot* terre *de la l.* 5 *avec* celui *de la l.* 7).

**39,** 12 : *SA* semblançe ; *KRZ* assemblee.

**44,** 29-30 : *leçon SVD* ; *KRZ* voirement avint ce dou S. G.

**49,** 28 : *DO* a fere. Lors prent le cor en ses mains, si le baille.

**50,** 2 : *VD* x anz ; *KRZ* vii ; *S* ii.

**54,** 9 : *S* xiiii. ans ; *V* xii ; *O* xiii.

**56,** 7 : *SV* si durement que ; *KRZ* si que.

**57,** 25 : *VA* letres escrites ; *KRZS* letres.

**59,** 25-26 : *leçon de VA* ; *KRZ* trova puis en maint leu en la Queste, *etc.*

**60,** 17 : *leçon de VA* ; *KRZ om.* ne a bone espee.

**61,** 17 : *K* plus amers que fiel ; *A* plus vius et plus despoilliez que fueille de figuier. *Le mot* despoilliez *figure d'ailleurs, au commentaire de cette phrase* (**70,** 16), *dans les mss. mêmes qui portent ici* despris.

**63,** 24 : *KRZ om.* et dit ; *leçon VAD. Sur cette traduction de l'Évangile, v. mes* Etudes sur la Queste, *p. 184.* — 25 : *VAD* uns riches ; *mss.* α li riches.

**64,** 8 : *VD* ne embraser ; *KRZ* qui embrase, *leçon qui altère le sens du passage.* — 23 : *K* ne fet le dampnement.

**68,** 3 : *KRZVS* Et par ce ne puet il ; *passage altéré dans AD* ; *le mot* eve *est rétabli d'après la ligne suivante.* — 5 : *SVA* receue ; *KRZ* recitee. — 7 : *KRZS om.* les mots et espurgiez *donnés par VA.* — 9 : *VA* Nostre Sires ; *KRZ* qu'il troeve. — 33 : *du mot* mauvés *lac. de Z, due à la perte d'un feuillet.*

**70,** 1 : *A* Quant Nostre Sires entra en Jherusalem, quant il fu sor l'asnesse, le jor que li enfant jonchèrent la voie des rains des arbres encontre sa venue, et chantoient le douz chant de Seinte Yglise, dont ele en fet chascun an memoire icel jor que l'en apele Pasques flories. — 9 : *VA* qui herbergier le vousist ; *KR* qui le herberjast en son ostel.

**71,** 2 : *leçon VA* ; *KR* ne me porroie je mie encore soffrir ne tenir ; *S om.* soffrir ne.

**73,** 3 : *SA* vos i perdroiz ; *KR* je i perdrai (*non-sens*).

**74,** 4 : dormant : *fin de la lac. de Z.*

**75,** 9 : *leçon de VA* ; *KRZ* si grant pueple de gent avoit entr'ax. — *Voir une rédaction allongée de ce récit dans le* Grand S<sup>t</sup> Graal (*Hucher, III, 140*).

**76,** 5-6 : *leçon de ZAV* ; *KR* om. *tout ce qui est entre les deux mots apostres*. — 20 : *l'histoire de Moïse et de son châtiment est relatée, avec des détails un peu différents, dans le poème de Robert de Borron,* v. *2750 sqq, dans le* Petit S<sup>t</sup> Graal (*Hucher, I, 319 sqq*) *et dans le* Grand S<sup>t</sup> Graal (*ibid., III, 201*).

**78,** 19 : *VA* visiter et, *mots omis par KRZ*. — 24 : *leçon de VSA* ; *KRZ* om. de la maison... estoient, *et remplacent* (l. 26) li Chevaliers *par* li Graax (*non-sens*).

**79,** 33 : *KRZ* om. dou chevalier et *donnés par VA*.

**80,** 27 : *A* cort, avoit monseignor le roi Pelles guerre. — 28 : *KR* Libran ; *Z* Liban ; *S* Laban ; *V* Vallam ; *A* Herlen.

**81,** 12 : *leçon de VA* ; *KRZ* molt le desir a veoir. — 13 : *VA* qu'il vos eust ; *KRZ* que vos l'eussiez. — 14 : *VA* ; *KRZ* se il ert avec vos.

**82,** 5 : *VA* derriere le prestre ; *KRZ* resgarde dedenz et voit.

**83,** 24 : *KRZ* om. plantast et *donnés par SVA*.

**84,** 8 : *KRZS* om. ne que boivre ne *donnés par VA*.

**85,** 26 : *R* li nosmes. — 27 : *SA* veoir apertement ; *KRZ* mener a chief. — 31 : *SA* morras ; *KRZ* verras goute.

**86,** 28-29 : *leçon de VA* ; *KRZS* om. *ce qui est entre les deux mots* Jhesucrist.

**87,** 7 : *KRZ* om. car il le doivent bien fere, *donné par VA*. — 12 : *SVA* midi ; *KRZ* jusqu'aprés tierce. — 15-16 : *VA* Et quant, etc. ; *KRZ* Et il demandent a Perceval. — 27 : *VA* vole jus et ; *KRZ* ainz flatist.

**89,** 7 : *KRZ* par moi ne l'avroiz ; *texte de VA*.

**91,** 14 : *KRZ* dit que ore a il failli a tot son desirrier ; *texte de SVA*.

**93,** 11 : *KRZ* au monde et qu'il ot auques ; *texte de SVA*.

**95,** 15-20 : *V. sur ce passage* F. Lot, Etudes sur le Lancelot, *p. 128, n. 3.* — 28 : *KRZ* en temptacion d'anemi par mal engin ne par male pensee ; *texte de VA.*

**96**, 9 : *KRZ* mes ce n'est pas li ; *texte de VA.*

**97**, 11 : *SVA* perdre, *om. par KRZ.*

**98**, 1 : *VA* de l'air, *om. par KRZ, leçon attestée par la phrase suivante (l. 5).*

**99**, 30 : *KRZ* fussiez mielz aillors ; *texte de VA.*

**101**, 24 : par lui *est une correction à* KRZ, *d'après la leçon de A* Jhesucrist qui ele prist pié. Passage inintelligible dans *S.* — 27 : *KRZS* qui i metent lor cuers et lor entencions ; *texte de VA.*

**103**, 5 : *KRZ* la Synagogue, la viez Loi. Et li serpenz ; *texte de VA.* — 33 : *KRZ* que tu eusses receu l'omage de ton seignor ; *texte VA.*

**107**, 5 : *K* si serez devorez des bestes ; *R* dampnez ; *Z* damagiez ; *texte VA.*

**110**, 29 : *KRZ* dolenz qu'il cuide bien morir ; *texte SA.*

**111**, 22 : *KRZ* fist la croiz ; *texte SVA.*

**112**, 20 : *A* croiz dont il me sovint, qui me ramena.

**113**, 21 : *KRZ om.* son baron *donné par VA.*

**115**, 2 : prochainement *SVA* ; *KRZ* novelement. — 8 : croi *SVA* ; *KRZ* voi. — 16 : gariz *SVA* ; *KRZ* garniz.

**116**, 15 : hons *SA* ; *KRZ* lyons. — 21 : *KRZ om.* veritez (*SA*). — 27 : *KRZ* que qui veut venir ; *texte SA.*

**117**, 3 : *KR om. de* honte *à* Einsi ; *texte ZSA.*

**119**, 30 : *SA* et met entor son col, *om. par KRZ.*

**120**, 3-5 : *entre les deux mots* sauvez *lac. de KRZ, texte SA.*

**123**, 29 : *mss.* a volenté (*leçon inacceptable pour le sens*) ; *A* viuté.

**124**, 3-10 : *Voir sur ce passage mes* Etudes sur la Queste, *p. 181.*

**125**, 14 : *VA* degré ; *KRZ* servise.

**126**, 29 : *KRZ* sauvees en toi. Tu n'eusses ; *texte SA.*

**127**, 24 : *SVD* tornez ; *KRZ* cornez ; *A* corez.

**128**, 1 : *texte SVD* ; *KRZ* vos qui avez aporté. *Voir sur ce passage mes* Etudes sur la Queste, *p. 182.* — 14 : *KRZ* des anges ; *SA* autres. — 17 : *texte SA* ; *KRZ* devant lui tout le monde mort.

**130**, 19 : *KRZ om.* et l'oste de sa teste (*SA*).

**131**, 2 : *SA* genoillons ; *KRZ* oroisons. — 12-16 : *texte SA* ;

*KRZ* changent l'ordre des propositions : Tu ne m'as pas esté amis, mes guerriers, fui de ci. Je ai perdu quan que j'avoie mis en toi. Je te di.

**132**, 7 : *KRZ* om. des ore mes (*SA*). — 15 : *KRZ* si le savroit volentiers ; *texte SA*.

**133**, 11-13 : *KRZ* om. *ce qui est entre les deux mots* ostel ; *texte SS'A*.

**134**, 8 : de quel gent *SS'A* ; *KRZ* et dont tu es.

**135**, 9 : *KRZ* a .c. doubles clers que ; *texte SA*. — 26 : *KRZ* fu ausi come science en engin ; *texte SS'D*. — 28 : *les mots entre crochets sont la leçon SS'* ; *KRZ* lac et en lui ; *AD* lac car il fu fonteine de science et en lui. *Voir dans le* Grand St Graal (*Hucher*, II, *323*) *ce songe d'Evalac et la généalogie qui suit* (ibid., III, *302*).

**136**, 6 : *KRZ* Elyan ; *VS* Alain ; *AD* Helain. — 7 : *KRZ* Elays ; *SS'* Helyas ; *D et G. S. G.* Ysaies. — 13-15 : *entre les deux mots* Gaule om. *de KR, leçon de ZSVA ; graphie de Z*. — 17 : *KRZ* om. que li dui lyon gardoient (*SA*). — 22 : lessast *SA* ; *KRZ* donast.

**137**, 12-15 : *entre les deux mots* anges *lac. de KR, leçon et graphie de Z, conforme à SS'A*.

**141**, 1 : *KRZS* sor els (*non-sens*) ; *AD* sor lui. — 5 : *KRZ* furent maintenant sailli qu'il lor sailli ; *texte de SVA*.

**142**, 15 : *KRZ* om. une chapele ou il avoit (*S'A*), *mots nécessaires à la suite*. — 23 : l'uis *S'D* ; *KRZ* devant lui (*non-sens*). — 30 : voiete *S* ; *KRZ* boete ; *AD* fenestre.

**144**, 22 : *om. par KRZ* : l'ame que tu estoies ; *texte de SA*.

**145**, 31 : *KRZ* qui la forest enclooit ; *texte de SS'A*.

**146**, 15 : *KRZ* son glaive et dist que ; *texte de SA*.

**147**, 22 : *KZS* dis ; *R* .xx. ; *A* .xxx. — 23 : nule *SA* ; *KRZ* ne trovai qui me pleust.

**149**, 27 : *KRZ* remenoit li uns et… revenoient, *contradiction avec le contexte ; leçon de SA adoptée*. — 29 : *KR* li un et li autre ; *Z* li un de l'autre ; *texte de SA*.

**150**, 5 : frangons, *graphie de SA* ; *KR* freions ; *Z* fregons.

**152**, 25 : *SVA* se voit ; *KRZ* le voit.

**153**, 13 : *VA* navré ; *KRZ* armé.

**155**, 27 : que la vois *VA* ; *KRZ* parole qu'ele. — 28 : *KRZ* si lor prie qu'il ; *texte SVA*.

**157**, 27-29 : *Ces lignes, relatives aux évènements qui doivent suivre la* Queste, *c'est-à-dire au sujet de la* Mort Artur, *prouvent que ce dernier roman n'existait pas encore, et que l'auteur n'avait là-dessus aucun projet arrêté.*

**158**, 5 : ce est a dire *AD* ; *KRZS* ce que vos la lessastes (*non-sens*).

**160**, 10 : *KRZ* car ausi come li hons ; *texte SA*.

**161**, 14 : *KRZ* om. riens (*VA*).

**162**, 31 : *leçon A* ; *les mss. α semblent tous altérés ici* : *KRZS* gaster nel puet que ; *S'* gouster (*non-sens*).

**163**, 32 : *KRZ* om. et li autre en homicide (*VA*).

**164**, 21 : *KRZ* om. Si vos pri (*SS'*) ; *phrase passée dans A*.

**169**, 7 : *KRZ* om. a hore de prime (*SA*). — 18 : moie sereur *leçon de A, om. dans KRZSV, mais dont l'exactitude est attestée par la suite du récit.*

**171**, 23 : *leçon AD, préférable à celles des mss. α* : *KRZ* de chascune issoit flor portant fruit ; *SS'* de chascune issoient flors et fruit.

**173**, 27 : *ZA* corpiax ; *KR* chantiax.

**174**, 27 : *KRZ* om. l'autre (*SA*). — 32-33 : *texte VA* ; *KRZS* desirroit a venir en leu.

**176**, 11 : *A* le glaive par mi l'espaule, mes il ne l'a mie navré si fort qu'il ne puisse legierement garir. il l'empeint bien come cil qui estoit de grant force. si l'abat deu cheval a terre que au retrere qu'il fist de son glaive a lui se pasme cil de l'engoisse ; *même leçon dans une correction de l'éd. Sommer, dont l'origine n'est pas indiquée ; V donne de cet épisode une rédaction allongée et indépendante.*

**177**, 23 : *A* religion, et fu la robe blanche.

**179**, 10-11 : *texte VA* ; *KRZ* cisne t'amera.

**180**, 20 : *texte SADO* ; *KRZ* avoir ami ne chevalier se.

**185**, 1.1 : *KRZ* om. entendons nos, *leçon A* (*tournures équivalentes dans SV*). — 28 : *VA* sainte Eglise ; *KRZS* Jhesucrist. *Noter, outre les raisons tirées du classement des mss., que le verset cité ici du Cantique des Cantiques s'applique, dans la mystique traditionnelle, à l'Eglise et non au Christ.*

**188**, 4 : *KV* Tubele ; *RZ* Cubele ; *A* Eve bele.

**192**, 5 : *Phrase altérée dans les mss.* ; *KRZ* que tiex veez vos ore ; *V supprime la phrase ; SS' corrigent* que je ne suis ; *A* que vos ne me veez encore (*correction probable*); *Roy. 20 C. VI* (*éd. Sommer*), *même famille que KRZ*, que tiex que vos veez ore. — 10-12 : *entre les deux mots* ocis *lac. de KR, texte de ZSVA, graphie de Z*.

**194**, 8 : *Ce passage, depuis* Lors se part (**193**, 32), *est altéré dans les mss.* α ; *V en donne une rédaction indépendante* ; *KRZSS'T* entendant. Quant il ot ceste parole... sele et le frain. Et quant il est apareilliez, si s'em part et chevauche jusqu'a une abeie. La nuit quant il se fu couchiez oï une voiz qui li dist : Boort, lieve sus et si te vest (*RZ* et si se vest ; *S* et il se lieve) et t'apareille. Et quant il est apareilliez, por ce que... ; *le texte que nous reproduisons est celui de AD*.

**195**, 9-16 : *texte de VA (D, O, Ac, Ad identiques), graphie de A* ; *lac. de KRZS* : ami ensemble. Mes a tant.

**196**, 24 : *KRZ* de lui atendre et por ce que ; *texte de SS'AD*.

**198**, 7 : *KRZ om.* come cil (*SA*).

**199**, 2-3 : *manquent dans tous les mss.* α : parfonz. Et quant cil *Il manque l'entrée des personnages au château. Le texte reproduit est celui de A ; réd. analogue dans une correction de Sommer, tirée d'un ms. non indiqué (p. 142)*.

**200**, 19 : *SVA* rire ; *KRZ* tere.

**201**, 2-4 : *De* metent fors *à* Et quant il, *lac. de KRZS, texte AD* ; *réd. analogue dans V* : Aprés atachent la nef ; lors vont tuit ensamble par desus la roche jusqu'a la nef. Et quant. — 17 : guenchirai *AD* (*et G. S. G. où se retrouvent cette inscription et tout le passage* (Hucher, II, 444). *Cf. la répétition de l'inscription infra, p. 225* ; *KRZS* je te guerpirai. — 24 : Pellehen *KRZ* ; *SS'* Pellehem ; *V* Pelleam.

**202**, 24 : *KRZS* l'enheudeure estoit de .II. diverses bestes ; car la la premiere. *Texte de A, G. S. G.* (Hucher, II, 446) *et d'un ms. non indiqué utilisé par Sommer (p. 145)*. — 33 : ortenax *KRZ* ; *V* Ortiaux ; *S* Orteniaus ; *A* Ordeners.

**204**, 7 et 8 : *les deux noms* Lambar *et* Varlan *varient parfois dans le même ms.* ; *K*, *notamment, donne* Lambar *et* Labran, Varlan *et*

Urlan. *Cf. le même récit dans G. S. G.* (Hucher, III, 293). — 26 : *KRZ om.* se petit non (*SS'A et G. S. G.*)

**205**, 14 : d'azur *VAD* (et *G. S. G.*) ; *KRZ* d'argent.

**206**, 20-27 : *De* Tex *à* quant *passage omis dans KRZS, nécessaire au sens ; texte de AD.*

**207**, 3 : *Voir cet épisode dans G. S. G.* (Hucher, II, 428 sqq.).

**209**, 9 : *KRZ* Parlan ; *S et S'* Pelles ; *V* Pelehan ; *AD* Pellinor ; *G. S. G.* (Hucher, III, 295) Pellehans.

**210**, 1 : *KRZ après le mot* fist *introduisent cette phrase, qui rompt la suite des idées :* Et il est vostre aiex. — 11-13 : *lac. des mss.* α, *diversement corrigée dans quelques-uns ; texte de BDO* (*G. S. G. conforme, sauf quelques détails,* Hucher, II, 452).

**211**, 10-12 : *entre les deux mots* rainsel, *lac. des mss.* α ; *texte* β *et G. S. G. Cf. d'ailleurs tout cet épisode dans le G. S. G.* (Hucher, II, 453 sqq.). *On peut démontrer que ce texte ne provient pas du même original que nos mss. de la* Queste *; il nous servira plusieurs fois à discriminer les variantes, jusqu'à la p.* 220. — 22 : *SABD* matiere ; *KRZ* nature. — 33 : *texte* β *et G. S. G.* ; *KRZ* pensers set et conoist.

**212**, 16 : *V et G. S. G.* li arbres dont li rains ; *KRTZ* li rains qui i avoit esté ; *S* li fruis qui ; *ms.* β li arbres dont li fruis avoit esté. *L'expression* par cel arbre *de la phrase suivante requiert le mot* arbre *dans celle-ci*. — 17 : *mss.* β *et G. S. G.* descritement ; *mss.* α destruiement.

**213**, 12 : *mss.* β *et G. S. G.* recovrez ; *KRZ* restorez. — 18 : *texte* β *et G. S. G.* ; *KRZ* senefiance que virginitez estoit une vertuz (*non-sens*) ; *tous les mss.* α *sont altérés ici.* — 21 : *les mots entre crochets, qui donnent un sens très satisfaisant, ne se trouvent que dans le G S. G. ; compris entre deux expressions identiques* (a cele hore) *leur disparition peut s'expliquer aisément*. — 23 : *KRZ om. de* toute vilenie de luxure (*mss.* β *et G. S. G.*).

**214**, 6 : orent *G. S. G.* ; *KRZ* en avant charnel (*un mot évidemment sauté*) ; *lac. des mss.* β. — 12 : *texte A et G. S. G.* ; *KRZ* remembree de lor pesance. — 18 : *texte* β *et G. S. G.* ; *KRZS* plus nule chose car plus i a.

**215**, 2 : *BOAc* et *G. S. G.* osaissent ; *KRZ* il poïssent.

**216**, 7 : *KRZ* senefiance que en lui ert semee (*non-sens*); *texte* β *et G. S. G.* — 10 : *KRZV* et que la creature ; *texte* β *et G. S. G.* — 18 : β premices ; *KRV* promesses, *Z* pramesses.

**217**, 7-12 : *texte* β *et G. S. G.* ; *les mss.* α *ont tous plus ou moins brouillé ce passage. K, le moins fautif, om. seulement* Si lui prist talent de dormir, si se coucha desoz l'Arbre. — 22-25 : *texte du G. S. G.* (*Hucher, II, 463*) ; *lac. de tous les mss. de la* Queste.

**218**, 4 : *les mots entre crochets, indispensables au sens, manquent dans tous les mss. de la* Queste ; *leçon de G. S. G.* — 24 : *KRZ om.* que il avoit fete (*ABC et G. S. G.*). — 26 : *KRZ* trovez. Sire, dist il ; *texte ABCD et G. S. G.* — 29 : *KRZ* a moi et por ce ; *texte ABCD et G. S. G.*

**219**, 9 : *KRZ* fesoit. Mes cil ; *texte* β *et G. S. G.*

**220**, 1 : *KRZ* fruit des arbres ; *texte* β *et G. S. G.*

**221**, 7 : *KRZ* aprist ; *V et* β enquist. — 16 : *KRZV*, seroit finee la bonté de ; *texte* β (*et G. S. G. très analogue*). — 17 : *entre les deux mots* lignage, *lac. de KRZV* ; *texte* β.

**223**, 23 : *mss.* β genz ; *KRZSV* granz. *Rédation très différente dans G. S. G.*)

**228**, 16 : *KRZ om.* si la prise tant (*VA*).

**229**, 29 : *KRZ om.* dedenz les murs (*VAD*).

**232**, 8 : *K* Hernolx ; *V* Hernous ; *Z* Hernox ; *S* Ernous ; *A* Hernol.

**233**, 5 à 19 : *entre les deux mots* lors, *lac. des mss.* α (*corrigée arbitrairement par S*) ; *texte AD, graphie de A*.

**234**, 25 : *KRZ* virent unes broces et troevent ; *texte VAD*.

**236**, 1 : muance *est la leçon de A* ; *D* vertissance ; *KRZS* venjance (*non-sens*).

**239**, 20 : *VAD* au derreain ; *R* au demain ; *KZS* a l'endemain.

**242**, 1 : *KRZ* vint car li besoinz ; *texte VA.* — 20-21 : *texte AD* ; *KRZ répètent ici la réplique suivante de Perceval* (l. 23-26) *de* qui devise à qui ele est. *S et S' corrigent arbitrairement cette répétition en supprimant la réponse de Perceval :* qui ele est. Et Perchevaus dist qu'il l'avoit ensi fait.

**245**, 19-20 : *KRZ* avoient ou chastel maintenue cil dou païs ; *AD* avoient cil deu chastel maintenue, et trop avoient fet grant

malvestié cil deu païs qui si longement l'avoient soufert, car ;
*V* avoit el chastel que trop longuement l'avoient soffert cil dou païs ;
*S* abrège ; *le texte proposé est une conjecture qui accorde les trois versions, celle de KRZ ne donnant pas un sens satisfaisant.*

**249,** 5 : *KRZS* Et si li promet... que tu ne feras ja mes chose dont tu te cuides (*accord difficile avec le contexte*) ; *texte de AD.*

**250,** 17 : *KRZ om.* cil s'esmerveille (*VAD*).

**251,** 1 : *texte VA* ; *R* fu levez et il s'entrevirent ; *KZ* que li jorz fu granz et biax a l'endemain. Quant li jorz aparut et li soleulz fu levez et il ; *l'ordre de la phrase est ici manifestement retourné.*

**254,** 12 : *Après mie nuit, KRZSV intercalent ici une phrase qui mentionne le cheval de Lancelot ; addition à rejeter, car à* « l'eau Marcoise », *Lancelot a eu son cheval tué sous lui ; de plus, à la fin du présent épisode, il est expressément indiqué que le roi Pellès fait don à L. d'un cheval. Voici la leçon KRZ :* Si avint si a Lanc. qu'il ne trova qui li tenist l'estrier, car tuit dormoient ; et il atache son cheval a un arbre et... — 21 : *V intercale ici une longue description d'un crucifix peint dans cette chambre.*

**257,** 29 : *Z* au quinzieme (*en lettres*), (*mais le même ms. donne à la ligne précédente* XXIV.) ; *A* XXV.iesme ; *S et S' donnent seuls,* XIV *partout. Sur l'importance de ce nombre, v. F. Lot,* Et. sur le Lancelot, *p.* 64.

**258,** 27 : *Avec cette ligne finit R, qui a perdu les derniers feuillets de la* Queste *antérieurement au XV*e *s.*

**259,** 24 : *Ce passage est très longuement développé dans V, qui présente de tout l'épisode de Corbenic une rédaction indépendante.*

**262,** 1 : *KZ om.* qui l'eust ocis (*SA*). — 5 : *nouvelle interpolation de V, développant le deuil de L. ; rédaction indépendante jusqu'à la fin du chapitre.*

**264,** 1 : *SS'* (*seuls*) le nom de Lancelot.

**265,** 15 : *Aucun des mss. collationnés ne raconte ici la rencontre de Galaad et de Perceval. Voir l'hypothèse de M. F. Lot à ce sujet (op. cit.).*

**267,** 11 : *KZ* ars et brullé ; *texte de SA.* — 17 : sanz plus atendre (*VA*) *manque dans KZS.*

**269,** 2 : et flatir molt durement (*VAD*) *manque dans KZS.*

**270,** 2 : *KZ* moilliees des lermes qui des elz lor chaoient ;

*texte de SA. Ici longue interpolation de V.* — 3 : issir (*SVA*) *om. par Z* ; *K* voient le saint vessel ou il avoit .1. home (*correction probable*). — 25 : *KZ om.* fussent dedenz lor cors (*A et ms. non indiqué, dans l'éd. Sommer*) ; *lac. de S.* — 31 : ne grevast, *leçon de A, seule satisfaisante* ; *KZ* ne servist a gré ; *D* n'agreast ; *phrase omise dans S et S'.*

**272**, 18 : *KZ* chevax : si montent erranment si tost come il furent armé. Et quant il sont fors dou chastel, si ; *texte de VA.* — 23 : *après* li autre *de fin de K*.

**273**, 30 : *ZS* ne sorent onques quel part il alerent ; *texte de VA.*

**274**, 14 : *Z* ne cuers descrire ; *lac. de S.* ; *dans l'éd. Sommer, correction d'origine non indiquée* ne langue ne porroit descouvrir ; *texte de VA.* — 23 : *Z* ceste requeste, que ja si tost ne m'i metra mes Nostre Sires que ge li ferai ceste requeste. Et einsi quid je... siecle. Einsi ; *texte de VA.*

**275**, 27 : *VA* l'aumosne ; *ZS* la venue.

**276**, 21 : *Z om.* qui (*SVD*) ; *lac. de A depuis* cruex.

**277**, 32 : *ZS* regarde devant ; *VA* dedenz.

**279**, 12 : *VA* pueples ; *Z* plus ; *SS'* plusor. — 17 : *ZS* Un an et .II. mois ; *texte VA.* — 19 : *texte VAO* ; *passage brouillé dans Z.* — 28 : *de* a touz jors mes *à la fin, rédaction allongée et indépendante dans A.*

# INDEX DES NOMS PROPRES [1]

Abel le Juste 215, *20 sqq.*, *fils d'Adam et préfigure du Christ.*
Absalon 125, *22, fils de David.*
Adam 211, *8.*
Agaran 120, *13, 14, 21, chevalier de Bretagne.*
Agloval 56, *13, chevalier d'Artus.*
Amanz (li rois) 169, *16,* 184, *32, figure du Christ.*
Argustes 143, *20, fils du roi Herlen.*
Artuz (li rois) 3 *et passim, souverain de la Bretagne.*
Aube (forest) 246, *4.*

Babiloine 279, *22, Babylone.*
Ban (li rois) 10, *20,* 63, *9,* 136, *18, roi de Benoyc, père de Lancelot du Lac.*
Baudemagus (li rois) 22, *33,* Bademagus de Gorre 261, *31.*
Boort de Gaunes *pass., l'un des trois héros de la* Queste.
Boort (le roi) 164, *28, père de Boort de Gaunes.*
Bretaigne (la Grant) 10, *15.*

Calidoine 202, *26, la Calédonie.*
Calogrenant 190, *28, etc., chevalier de la Table Ronde.*

Carcelois (chastel) 229, *8.*
Cayns 216, *19, fils d'Adam et figure de Judas.*
Celibe (forest) 198, *29.*
Celydoines 135, *20, fils de Nascien et ancêtre de Galaad.*
Chastel as Puceles 47, *12.*
Claudas (le roi) 272, *22.*
Claudins 272, *22, fils du roi Claudas.*
Corbenyc 79, *17,* 197, *33,* 258, *30, demeure du roi Pellés et du roi Mehaignié.*
Crudel 83, *28, roi païen de Grande Bretagne.*

Danemarche 40, *7,* 267, *31, Danemark.*
Danyel 93, *26, le prophète Daniel.*
David (li rois, li prophetes) 7, *26, 74, 25,* 86, *28.*
Dyabiaus 81, *5, fils de la reine de la Terre Gaste, tante de Perceval.*

Elyan le Blanc 166, *25, fils de Bohort.*
Elyan li Gros 136, *6, 3ᵉ successeur de Célydoine, ancêtre de Galaad.*
Elyezer 143, *20,* 266, 267 *pass. fils du roi Pellés.*

---

[1]. Les chiffres droits indiquent les pages, les italiques indiquent les lignes

Engleterre 60, 28.
Enoc 102, 16, Enoch, personnage de l'Ancien Testament.
Escoce 135, 28, royaume d'Ecosse; marche d' — 229, 9.
Escorant 276, 16, 277, 1, roi païen de Sarras.
Eufrate 202, 32, l'Euphrate, fleuve.
Eve, la pecheresse 210, 30, 251, 16.
Eveine 165, 2, épouse du roi Boort.
Ewalach 32, 12, 84, 29, 134, 18, roi païen qui, à sa conversion, prit le nom de Mordrain.

Flors (jor des) 70, 1, 4, var. Pasque Florie, le jour des Rameaux.
Forest Aube, 246, 4.
Forest Gaste 56, 20, 106, 5, 234, 12.
Forest Perilleuse 263, 28.

Gaheriet 51, 24, frère de Gauvain.
Galaad pass., appelé aussi le Chevalier Desirré 7, 25, li Bons Chevaliers 34, 26, etc., li Verais Chevaliers 77, 35, 126, 32, etc...
Galaad (le roi de Hoselice) 264, 6, fils de Joseph d'Arimathie.
Gaule 136, 13, 267, 29, 272, 21.
Gautier Map (mestre) 280, 1, auteur prétendu du Livre del Saint Graal.
Gauvains 4, 147, pass., chevalier de la Table Ronde, neveu d'Artus.
Girflet li Filz Do 56, 13, chevalier de la Table Ronde.
Gorre (l'entree de) 264, 4. voir Baudemagus.

Got (chastel) 79, 13.
Graal pass., appelé Saint Vessel pass., défini comme relique du Christ 270, 27 etc.
Guenievre (la reine) 125, 26, épouse d'Artus.
Gyeus 39, 13, les Juifs.

Helains li Blans 23, 23, chevalier de la Table Ronde; rien n'indique que l'auteur le confonde avec Elyan le Blanc (voir ce nom).
Helyes 102, 16, le prophète Elie.
Henri (le roi) 280, 2, seigneur de Gautier Map, donc Henri II d'Angleterre.
Herlen (le roi) 143, 20.
Hernolx (li quens) 232, 8
Hestor des Mares 147, 11, 260, 17, frère de Lancelot du Lac et chevalier de la Table Ronde.

Isle Tornoiant 207, 3.
Israel (li pueples) 69, 10, 249, 28.

Jherusalem 70, 2.
Jonaans 136, 10, 5ᵉ descendant de Célydoine.
Jonas 93, 25, le prophète Jonas.
Joseph d'Arimacie 7, 27, d'Abarimacie 134, 14, Joseph d'Arimathie, personnage des Evangiles.
Josephes 32, 17, etc., personnage imaginaire (peut-être l'historien Josèphe) et prétendu fils de Joseph d'Arimathie.
Josué 221, 12, beau-frère imaginaire de Salomon et vaillant guerrier (peut-être, par ana-

chronisme, *Josué, successeur de Moïse et grand conquérant*).
JUDAS 217, *28*, etc., *le disciple qui livra Jésus.*

Kamaalot 1, *2*, 279, *24*, *résidence d'Artus.*
KEX (li seneschaux) 5, *1*, 6, *Keu, sénéchal d'Artus.*

LAMBAR (li rois) 204, *7*, *père du Roi Méhaignié.*
LANCELOT DU LAC, *pass.*, *père de Galaad.*
LANCELOT (li rois) 136, *14*, 6ᵉ *descendant de Célydoine et aïeul de Lancelot du Lac.*
LIBRAN 80, *28*, *roi.*
Logres (roiaume de) 60, *28*, 195, *26*, 252, *11*, *lieu où apparaissent toutes les aventures du Graal*, synonyme d'Engleterre.
LYNOR (li dus) 50, *20*.
LYONEL 2, *14*, etc., *frère de Boort de Gaunes.*

Marcoise (l'eve) 106, *6*, 145, *31*.
MARONEX 136, *13*, *roi de Gaule.*
MELYANT 40, *7*, etc., *fils du roi de Danemark.*
MERLIN 76, *24*, 116, *18*, *Merlin l'enchanteur.*
MESTRES (li Hauz) 19, *22*, 83, *23*, 241, *29*, 249, *30*, *Dieu ou Jésus-Christ.*
MORDRAIN 33, *25*, 84, *13*, 262, *23*, *nom chrétien du roi Ewalach.*
MOYSES 69, *12*, *Moïse, chef des Hébreux.*

NARPUS 136, *2*, *fils de Célydoine et ancêtre de Galaad.*
NASCIENS LI HERMITES 13, *9*, 19, *14*, (154, *29 peut-être un autre personnage*).
NASCIEN (1) 33, *8*, 134, *25*, 206, *33*, *beau-frère du roi Mordrain.*
NASCIEN (2) 136, *5*, 2ᵉ *successeur de Célydoine, fils de Narpus et ancêtre de Galaad.*

PELLEHEN 201, *24*, *roi, père de Perceval.*
PELLÉS 1, *11*, 8, *20*, *oncle de Galaad et distinct du Roi Pêcheur* ; 20, *4*, 138, *12*, *confondu avec le Roi Pêcheur et grand-père de Galaad* ; 81, *7*, 259, *14*, 266, *14*, *seigneur de Corbenic.*
PERCEVAL LE GALOIS 6, *23*, etc.
PLAINS (le conte des) 188, *9*.
Port perillex 207, *30*.
PRIADAN LE NOIR, 169, *8*.

ROI MEHAIGNIÉ 16, *16*, 241, *28*, *appelé li rois Parlan* 209, *9*.
ROI PESCHEOR 3, *29*, 8, *20*, 9, *26*, 10, *25*, 137, *21*, *grand-père de Galaad* ; *toujours appelé, sauf dans le dernier ex.*, le Riche Roi Pescheor.
Rouge mer 69, *10*, *la mer Rouge.*

Salebieres 280, *1*, *Salisbury.*
SALEMONS 125, *20*, 220, *7*, etc., *le roi Salomon, fils de David.*
SANSONS FORTINS 125, *21*, *Samson, personnage de l'Ancien Testament.*
Sarraz 32, *11*, etc., *cité du roi Mor-*

drain, située « vers les parties de Jherusalem » 84, *14*, et « es parties de Babiloine » 279, *22*.
Saverne 47, *18*, rivière, la Severn.
SERAPHE 84, *19*, 134, *24*, nom de Nascien (*1*) avant sa conversion.
Sieges Perilleux 4, *6*, 78, *2*, à la Table Ronde.
Sieges Redoutez 76, *22*, à la table de Joseph d'Arimathie.
SYMEON LI VIELZ 86, *23*, *le vieillard Siméon, personnage de l'Evangile de Luc.*
SYMEON (*nom* Symeu) 264, *7*, *25*, *compagnon et parent de Joseph d'Arimathie.*

Table Ronde 1, *2*, *et pass.*
Terre Gaste 73, *26*, 204, *27*.

THOLOMERS 32, *15*, 84, *17*, *roi d'Orient* (*corruption de Ptolémée*).

ULFIN 198, *13*, *ermite.*
URIEN 153, *25*, *roi breton, père d'Yvain.*

VAGAN 25, *17*.
VAL (li quens del) 120, *13*.
VARLAN 204, *8*, etc., *roi.*
VASPASIENS 39, *8*, *l'empereur Vespasien.*

YRLANDE 136, *16*, 267, *30*, *l'Irlande.*
YSAIES 136, *7*, 4ᵉ *descendant de Célydoine et ancêtre de Galaad.*
YVAINS 14, *5*, Y. LI AVOLTRES 27, *3*, 153, *25*, *fils du roi Urien et chevalier de la Table Ronde.*

# GLOSSAIRE [1]

absorbi **76**, 20, *engloutit.*
\*abstinence **166**, 11.
achaison **34**, 29, *occasion* ; **80**, 24 ; **95**, 17, *cause.*
achaisonnez **212**, 2, *accusé, rendu responsable.*
acoisiez **15**, 8 ; **69**, 16 ; **174**, 29, *apaisé.*
aconsivre **56**, 24 ; **57**, 1, *atteindre en poursuivant. Au fig.* aconseuz **204**, 19, *convaincu de.*
acreantee, **18**, 19, *promise.*
adeser **208**, 32, *toucher.*
adrecier **56**, 6, *viser, pointer vers.*
aengier **219**, 8, *pousser, s'accroître.*
aerdi, aert **33**, 15 ; **174**, 8 ; **237**, 4 : *de* aerdre. *saisir* ; s'—, *s'attacher.*
agastie **204**, 28, *dévastée.*
alemele **203**. 24 ; **241**, 3, *lame.*
alevez **17**, 8 ; *tiré de basse condition.*
amentevoir **26**, 25 ; **147**, 3 *rappeler* ; **144**, 30, *avertir.*
amoloier **38**, 6, *amollir.*
amui **15**, 17, *rendu muet.*
anemis *pass.*, *le diable.*
ante, antain (*rég.*) **73**, 24, 32 ; tante **80**, 20, *tante.*

anuit **3**, 4 ; **7**, 18 ; **130**, 10, *ce soir.*
apaier **244**, 28, *apaiser.*
aparagier **213**, 26, *égaler.*
apert *pass.*, *évident.*
aplanier **104**, 26, *caresser, flatter de la main.*
apoignant **196**, 15, *accourant en éperonnant son cheval.*
arresner **256**, 24, *adresser la parole.*
art **64**, 10, *est enflammé.*
assouagemenz **59**, 11 ; **115**, 8 ; **192**, 25, *soulagement.*
atapir **156**, 16, *dissimuler.*
atresis **126**, 5, *de* atraire, *attirer.*
avantier **120**, 12 ; **274**, 8, *un jour passé.*
aventureus **46**, 28 ; **53**, 4, *qui cherche les aventures.*
avoutire, **163**, 32, *adultère.*

baance **181**, 7, *désir.*
boban **66**, 13, *luxe, magnificence* ; **158**, 8, *orgueil fastueux.*
boscheel **241**, 33, *bocage.*
bosnes **47**, 17, *bornes.*
broçoné **240**, 29, *couvert de bourgeons, de boutons.*

---

[1]. Les mots précédés d'une asterisque sont ceux dont la présence à l'époque de notre texte est intéressante ; ils sont signalés même quand ils ont leur sens actuel.

bueille **242**, 13, *entrailles.*
buer **41**, 26, *heureusement.*

cendal **8**, 5 ; **32**, 23. *étoffe de soie.*
chancel **149**, 5, *clôture du chœur, chœur.*
chevaleresse (biere) **87**, 15, *litière ou brancard que portent deux chevaux.*
* circonstance **76**, 27, *ce qui entoure, situation d'ensemble.*
* circuite, **220**, 25, *course, voyage circulaire.*
coetant **95**, 2, *remuant la queue.*
comparé, comperent **103**, 17 ; **220**, 1, *de comparer, payer, expier.*
* complexion **212**, 3.
* conjonction **165**, 4, *union.*
consalt **229**, 27, *subj. de* conseillier.
converser **202**, 25, *vivre.*
corpiax **173**, 27, *éclats, fragments.* (*Var.* : chantiax, *même sens*).
corrouz **17**, 17, *etc., chagrin.*
* corruption **80**, 6 ; **166**, 25 (*sens moral*).
corsaige **174**, 1, *grosseur du corps.*
coulpe, **10**, 28, *faute.*
coutes **145**, 23, *coudes.*
covent **88**, 27, par — que, *à condition que.*
creanter **18**, 21, *etc., promettre, garantir.*
cure **21**, 14, *souci* ; **75**, 33, *charge, office.*

* dampnation **256**, 1.
dans **41**, 30 ; **42**, 10 ; **43**, 4, *sire.*
decevemens **113**, 30 ; **143**, 15, *tromperies.*
deffermer **153**, 12, *ouvrir.*

deguerpir **174**, 22, *quitter.*
* deité **167**, 10, *personne divine.*
dementer, se —, **226**, 30, *etc., se désoler.*
desconseilliez **32**, 18, *privé des lumières de la foi.*
despris **61**, 17, *dépouillé, dénué.*
desreez **95**, 17, *sorti du bon sens ou de l'honneur.*
desrenier, deresnier **100**, 7 ; **169**, 31 ; **170**, 12, *défendre, soutenir.*
* destruction **182**, 11.
desvé **121**, 11, *devenu fou.*
desvoiable **146**, 24, *impraticable, où l'on s'égare.*
devier **233**, 23, *mourir.*
* devotion **167**, 15 ; **242**, 4.
diverse **101**, 6 ; **202**, 20, 25, *étrange, redoutable.*
diversité **202**, 22, *singularité.*
* divinité **135**, 30, *art du devin.*
douteuse **201**, 10, *redoutable.*
droiture **153**, 3, fere la —, *donner les sacrements, enterrer religieusement.*

* elemenz **76**, 27.
embatuz **21**, 22 ; **231**, 21, *de s'embatre, se précipiter, fondre* ; **227**, 7 *posé, serti.*
empaint **29**, 10, *etc., de* empaindre, *porter un coup de pointe* ; **273**, 26, *pousser un navire à flot.*
empulentez **61**, 19, *infecté.*
encerchemenz **19**, 20, *recherche.*
encliner **183**, 7, *act. et neut., saluer.*
enheudeure **202**, 23, *poignée.*
enorter **211**, 2, *exhorter, exciter.*
entencion **166**, 18, *pensée* ; **220**, 17, *effort de l'esprit.*

entendre **251**, 23, *viser à, s'efforcer de.*
enterine **167**, 10, *entière, pure.*
entiça **46**, 1, *excita.*
enticement **165**, 17, *instigation.*
entransés **58**, 29, *entre la vie et la mort.*
entretant **73**, 16, *pendant ce temps.*
enviz (a) **25**, 21, *à contre-cœur.*
envoisiez **13**, 25, *animé.*
errant **121**, 3, etc., *adv. comme* erranment **239**, 24, *immédiatement.*
errer **2**, 5, etc., *voyager.*
ersoir **142**, 19, *hier soir.*
escharni **163**, 33, *injurié.*
esche **121**, 12, *matière à allumer le feu.*
escheoir **4**, 19, *v. neut., échoir, revenir.*
eschiver **123**, 33, *fuir.*
escondire **40**, 20 ; **179**, 14, *refuser, rebuter* ; escondit *subst.* **179**, 22, *refus.*
escopissoies **123**, 30, *de escopir, cracher.*
escout (s') **92**, 23, *se secoue.*
escreuz **17**, 8, *élevé, enrichi.*
escroiz **15**, 9 ; **235**, 18, *éclat de tonnerre.*
esmuete **21**, 28, *initiative.*
espartir **243**, 12, *faire des éclairs.*
espeneir **264**, 27, *expier.*
esperiz **58**, 15, *réveillé.*
esploitier **265**, 29, etc., *agir.*
esponde **210**, 12, *côté long (d'un lit).*
esponse **103**, 8, *de espondre, interpréter.*
espris **110**, 22, *allumé.*
essaucier **209**, 10 ; **228**, 1, *exalter, glorifier.*

essoignes **177**, 9, *besoin urgent.*
essorbé **157**, 16, *aveuglé.*
estage **255**, 4, *séjour.*
estoier **122**, 15, *enfermer, envelopper.*
estor **53**, 13, *assaut.*
estorbeillons **104**, 30, *tourbillon.*
estouper **111**, 27, *panser.*
estrange **127**, 16 ; **197**, 20 ; **242**, 25, *étranger* ; **148**, 27, *inhospitalier.*
estre bien de **221**, 26, *être en bon accord avec quelqu'un.*
estre (*subst.*) **8**, 31 ; **9**, 15, *situation, condition.*
estrif **50**, 6 ; **149**, 28 ; **240**, 10, *querelle, combat.*

fautre **152**, 15, *pièce fixée au plastron et où s'appuie la lance pour la charge.*
fermer **101**, 31, *établir.*
fessel **92**, 22, *fardeau.*
\* firmament **76**, 27, 28 ; **135**, 24.
flatist **87**, 28, *tomba.*
foloier **96**, 15 ; **127**, 16, *agir follement.*
forligner **14**, 30, *dégénérer.*
\* fornicacion **163**, 32.
franchise **242**, 32, *preuve de générosité.*
frangons **150**, 5 ; **158**, 20, *houx.*
\* fraternité **77**, 7 ; **154**, 5.
frete **194**, 12, *brèche.*
friente, frainte **89**, 32 ; **250**, 7, *vacarme.*
\* fructifié **216**, 4.
fuerre **12**, 17, etc., *fourreau.*
fuissel **210**, 9, etc., *petite pièce de bois.*
fuitis **32**, 26, *vagabond (terme de mépris assez imprécis).*

ENTENDRE — OREILLE

gaaignage **220**, 1, *terre de labour.*
gabé **163**, 33, *tourné en dérision.*
garir, **93**, 26 ; **106**, 12 ; **240**, 1 ;
 **271**, 18 ; *v. act., sauver* ; **230**, 22,
 *v. neut., échapper à.*
gaste **148**, 40, etc., *dévastée, ruinée.*
gehir **66**, 5, *confesser, avouer.*
glaive *pass., lance.*
guenchir **125**, 32 ; **174**, 7 ; *v. neut.,
 aller au hasard, obliquer* ; **201**, 16,
 17, *s'écarter de, abandonner.*
guerpir **48**, 11 ; **68**, 32 ; **134**, 25,
 *quitter (prop. et fig.).*
guerredon **85**, 25, *prix, récompense.*
guerredoner **177**, 3 ; **271**, 10, *récompenser.*

haitiez, **52**, 18, etc., *bien portant.*
hanste **269**, 10, *bois de la lance.*
haterel **190**, 23, *nuque.*
heut **6**, 14, *poignée d'épée.*
\* homicide **163**, 32 (*l'acte*) ; **179**,
 22 (*l'auteur de l'acte*).
huiant **260**, 33, *de huier huer.*

\* iniquitez **138**, 30.
isniax **137**, 25, *agile.*

joise **102**, 18 ; **114**, 12 ; **252**, 20,
 *le Jugement dernier.*
justisier **97**, 5, *dominer, gouverner.*

laidengiant **118**, 16, *injuriant.*
lange **121**, 19, *étoffe de laine.*
lués **81**, 25 ; **227**, 21, *aussitôt.*

maillier **87**, 28 ; **140**, 31, *frapper
 comme avec un maillet.*
\* manifester **33**, 7 ; **38**, 16, *faire
 connaitre.*

marchissoit **32**, 14, *confinait, avoisinait.*
marine **204**, 12, *rivage de la mer.*
maz, mat, **56**, 13, *abattu, sans force.*
meesmement **237**, 10, *surtout.*
mehaigniez **10**, 10 ; **77**, 30, *estropié, mutilé.*
merrien **222**, 27, *bois de charpente.*
meschaanz **51**, 26 ; **60**, 7 ; **142**, 17,
 *malchanceux* ; meschaance, **154**,
 22, *malechance.*
meschief **88**, 26, *dommage.*
meselerie **239**, 18, *lèpre.*
mesestance **219**, 25, *situation douloureuse.*
muance **236**, 1 ; muemenz, **13**, 4,
 *changement.*
mu, mue, **15**, 19, *muet.*
musarz **29**, 14, *étourdi, sot.*
muser **82**, 11, *passer son temps.*

\* nacion **34**, 3, *patrie*
navie **84**, 23, *flotte.*
nice **20**, 15 ; **112**, 26, *niais.*
noienté **275**, 1, *néant, bassesse.*
nuble **7**, 14, *brume.*
nublece **110**, 9, *amas de nuages ou
 de brumes.*
nuemes **138**, 3, *neuvième.*

oes **125**, 12 ; **151**, 13, *profit, avantage.*
oirre **1**, 6, etc., *allure, vitesse.*
olant **216**, 28, *répandant une odeur.*
\* onction **165**, 9, *baptême.*
ordoié **143**, 30 ; **160**, 23, *sali.*
orz, ort, orde, **55**, 4, etc., *sale (sens
 moral).*
ore **110**, 27, *du v. orer, souhaiter.*
oreille **177**, 19, *du v.* oreillier, *tendre
 l'oreille.*

oriere **250**, 6, *lisière*.
ortenax **202**, 33, (*mot forgé*) *poisson* (?).
oublee **269**, 15, *hostie*.
outrage **73**, 1, *excès, témérité*.
ovrer **264**, 30, *agir*.

papalustes **202**, 27, (*mot forgé*) *serpent* (?).
partir **103**, 16, *participer*.
\* perdicion **132**, 5 ; **138**, 26 ; **182**, 12.
\* perfection **116**, 28.
\* persecucion **204**, 23, *calamité, misère*.
\* pestilence **204**, 23, *calamité*.
\* philosophe **135**, 25.
piece, mes en piece *ou* mes a piece, **13**, 32 ; **57**, 6, *jamais*.
piteus **165**, 2, *pieux*.
plaié **82**, 19, *blessé*.
\* planete **76**, 27 ; **135**, 24.
plet, tenir plet **8**, 24, *faire une conversation* ; **106**, 17, *faire une convention*.
ponz, pont **5**, 21 ; **174**, 10, *pommeau*.
potences **275**, 26, *béquilles*.
preu **57**, 7 ; **63**, 18 ; **99**, 30, *avantage, profit*.
privetez **19**, 21, *secrets*.
prones **58**, 16, 18, etc., *grilles du chœur*.
pueploiee **18**, 3, *publiée*.

quoiz **43**, 27 ; **273**, 25, *calme*.

rade **92**, 17 ; **135**, 6, *rapide*.
raia **98**, 23, de raier, *émettre des rayons de lumière*.

reboucher **121**, 6, *rebondir*.
recet **93**, 19 ; **133**, 15, *refuge*.
recreoit **48**, 25, *s'avouait vaincu* ; recreant **261**, 1, *lâche*.
\* redemption **167**, 6.
regehir **66**, 3, *confesser*.
religion **272**, 5, *monastère*.
rendu **234**, 8, *moine*.
renges **205**, 15, etc., *ceinturon ou baudrier*.
repont **105**, 22, (*indic.*) ; repost **64**, 33 (*parf.*) ; repost, **200**, 27 ; **274**, 11, (*p. pass. et adj.*), *de repondre, cacher*.
repostailles **235**, 31 ; **270**, 8, *secrets, mystères (de la foi)*.
resnable **40**, 21, *juste*.
\* reverence **219**, 20, *respect*.
roiste **151**, 33 ; **154**, 26, *escarpé*.
roncin **88**, 23 ; **175**, 7, *cheval de charge*.

sache **6**, 14, *tire à soi*.
samit **15**, 20, etc., *étoffe épaisse de soie*.
seculer **45**, 24, *du siècle, mondain*.
senglement **38**, 10, *dans la solitude*.
serie **197**, 22, *paisible*.
serorge **33**, 26, *beau-frère*.
siecle **10**, 6, *les hommes vivants* ; **33**, 33, *vie terrestre*.
\* similitude **38**, 13.
soatume **247**, 9 ; **270**, 23, *suavité*.
sodement **272**, 3, *subitement*.
soffrance **124**, 17, *patience*.
soffrant **140**, 30, *qui supporte courageusement*.
soffrir (s'en) **17**, 12 ; **29**, 29 ; **166**, 31, *prendre patience, se résigner à*.
soutillier **221**, 19, *réfléchir, s'ingénier*.

soutilment **5**, 22 ; **223**, 9, *habilement*.
soutive **95**, 10, *écartée, solitaire*.
* subjection **97**, 33, **104**, 3.
* subtilité **222**, 3.
symoniaux **64**, 6, *simoniaque*.

* temptacion **167**, 29.
tesmoing **27**, 29 ; **135**, 13, *témoignage, marque probante*.
toaille, touaille **82**, 10 ; **269**, 5, *voile*.
torçonnerie **170**, 29, *violence*.
tortiz **199**, 14, *torche*.
tres devant **12**, 26, *par devant*.
tressuez **1**, 7, *couvert de sueur*.
* tribulacions **178**, 10 ; **243**, 28.
tricheour **276**, 22, *imposteur*.

ullant **92**, 23, *hurlant*.
user corpus domini, **82**, 31 ; **83**, 15 ; **153**, 21, *communier*.

vairié **149**, 17, *tacheté*.
vavasor **46**, 21, *vavasseur, tenancier d'arrière-fief*.
veer **120**, 7, *interdire*.
* virginité *pass*.
viseuse **221**, 24, *rusée*.
viuté, vilté **62**, 6 ; **123**, 29, *abjection*.
voie (en) **174**, 9, *(jeter) loin de soi*
voiete **142**, 30, *petit passage, ouverture*.
vonche **163**, 2, *vomit*.

# ERRATA

P. **31**, l. 4 il par par moi, *lire* : il par moi.
   **35**, l. 6 aura, » avra.
   **63**, l. 33 Apres, » Aprés.
 **121**, l. 5 li poissent, » il li poïssent.
 **194**, l. 8 appareilliez, » apareilliez.
 **204**, l. 30 revint à, » revint a.
 **211**, l. 30 raisel, » rainsel.
 **219**, l. 9 Mescil, » Mes cil.

# TABLE DES MATIÈRES

|  | Pages |
|---|---|
| INTRODUCTION | III-XIV |
| LA QUESTE DEL SAINT GRAAL | 1-280 |
| VARIANTES ET NOTES | 281-291 |
| INDEX DES NOMS PROPRES | 292-295 |
| GLOSSAIRE | 296-301 |
| ERRATA | 302 |